天下文化

BELIEVE IN READING

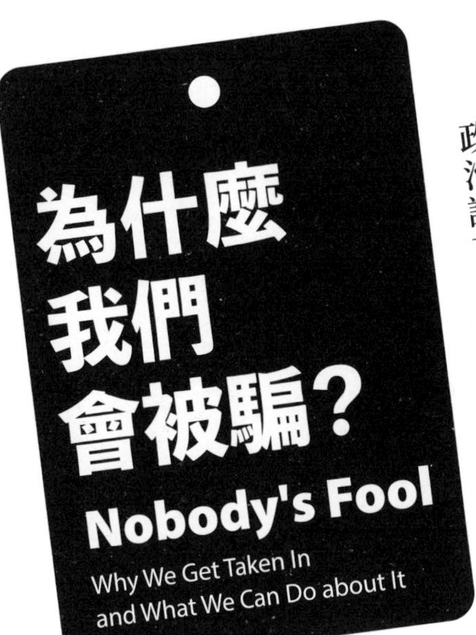
為什麼
我們
會被騙？
Nobody's Fool
Why We Get Taken In
and What We Can Do about It

破解金錢騙局、假新聞、政治謊言背後的詐騙機制

丹尼爾・西蒙斯 Daniel Simons
克里斯・查布利斯 Christopher Chabris ——— 著

龐元媛 ——— 譯

BCB822

CONTENT

第二部　陷阱

國際好評

易讀易懂……案例個個精采……我們就算不可能一輩子不上當，看了這本書也能少上一點當。

——《華爾街日報》

在這本讓人欲罷不能的新書中，兩位作者融合了駭人聽聞的藝術品詐騙案與學術研究，再細細爬梳個中學問，解析我們為何受騙，該如何避免受騙，遇到騙子又為何不必介懷。——Salon網站

有品味的讀者會喜歡的防詐騙指南。

——Kirkus書評（星級）

這本書以扎實的認知科學原理為根基，說理簡潔有力。無論是容易上當、還是疑心甚重的讀者，都能發掘不少值得深思的智慧。

——《出版者週刊》

想知道自己是否被騙，就要想想自己相信什麼。但人總不可能一天到晚事事猜疑。本書探討一個

較難回答也更為有趣的問題：何時該質疑自己的信念？

——扒竊藝術家、魔術師阿波羅・羅賓斯（Apollo Robbins）

這本書有動人的故事，分析也有理有據，帶領讀者探索人類大腦容易受騙的一面，也提供實用建議，讓我們的決策多一些理性。

——《高勝算決策》作者安妮・杜克（Annie Duke）

本書迷人有趣，帶你探索人類大腦的極限，以及如何避開詐騙的陷阱。兩位作者是文豪級的傑出科學家。在當今的世界，日常生活充斥著假訊息、詐騙、兩面手法、各式陷阱，這本書來得正是時候。

——《零阻力改變》作者凱蒂・米爾克曼（Katy Milkman）

難得有如此好書，既有超實用的建議，讀來又妙趣橫生。在騙子、冒牌專家、陰謀論傳播者橫行的時代，這本書是投資人、消費者、一般民眾必備的生存指南。我原先心想，兩位作者的前作《為什麼你沒看見大猩猩？》已是心理學經典，新作難道還能超越？看完才知道果然更勝前作，大家的詐騙免疫力也因此更升一級。

——《謊言教父馬多夫》作者黛安娜・亨利克（Diana B. Henriques）

想精進決策能力的投資人，一定要買這本書。

——《華爾街之狼從良記》作者蓋伊・斯皮爾（Guy Spier）

在日常生活要好好思考已經夠困難了，遇到騙子還要保持頭腦清醒，更是難上加難。這本書文采洋溢，好故事一個接一個，告訴你從正確的角度三思而後行。

——《泛蠢：偵測99%聰明人都會遇到的思考盲區》作者麥可・莫布新（Michael J. Mauboussin）

本書是科學寫作的顛峰之作。無論是想看有趣的社會科學研究、讓你欲罷不能的故事，還是純粹想避免受騙上當，都不能錯過這本書。

——《數據、謊言與真相》與《數據、真相與人生》作者賽斯・史蒂芬斯－大衛德維茲（Seth Stephens-Davidowitz）

本書價值遠超過售價，以詳盡豐富的內容，凸顯世界各地的騙子，坑害他人的招數原來極其相似。這本書是最精采的防詐騙大師講堂，告訴你如何避開騙子的虛假承諾。

——《超級預測》作者菲利普・泰特洛克（Philip E. Tetlock）

想知道恩隆、Theranos，以及FTX之類的詐騙案為何能維持這麼久，騙倒這麼多人，或純粹想避開下一場大騙局，兩位作者都是你的最佳後盾，帶領你了解騙子，還有網軍如何玩弄人類的認知缺點，才能屢屢得逞。

——《亂亂腦》作者蓋瑞．馬庫斯（Gary Marcus）

在這個資訊量前所未有的多，說別人是「假新聞」的，自己可能就是假新聞的時代，本書就像一劑防詐騙特效疫苗，不僅有助於預防感染假訊息，還能防止散播假訊息。

——《如何讓人改變想法》作者大衛．麥瑞尼（David McRaney）

本書介紹的詐騙類型包羅萬象，讀來津津有味，卻也膽戰心驚。幸好兩位作者破解騙局的內幕，細細解說我們一再上當的原因，也傳授不再上當的祕訣。本書是你的大腦該接種的疫苗。

——《跨能致勝》作者大衛．艾波斯坦（David Epstein）

前言

「人人偶爾都會被騙。」這是前美國國防部長、海軍上將詹姆士・馬提斯（James Mattis）說的話，也是他為伊莉莎白・荷姆斯（Elizabeth Holmes）以及她的公司 Theranos 擔保、出任 Theranos 董事會成員，並向新聞記者以及其他人士信誓旦旦，再三為荷姆斯的人格擔保的原因。[1] Theranos 宣稱研發出劃時代的小型醫學檢驗裝置，只需輕刺手指，取幾滴血，就能進行幾十種、甚至幾百種往常多半需要從手臂抽取一管血液才能做的檢驗。Theranos 的人員對馬提斯說，這種裝置可用於戰場。馬提斯聞言，便要求在他阿富汗的部屬測試這項科技。然而，始終沒有進行任何測試。Theranos 後來向消費者提供檢驗服務，使用的卻多半是其他公司生產的笨重儀器，而非它們自己生產的問題多多的新機器。Theranos 最終倒閉收場。荷姆斯歷經受審、定罪，最後因詐欺投資人，被判處超過十一年有期徒刑。[2]

坦承自己被騙，並不是件容易的事。馬提斯說得對，即使是最聰明的人，難免也有被騙的時候。但事情遠比這複雜得多。世上充滿了想騙我們的人。從華爾街的龐氏騙局，到奈及利亞的電子郵件詐騙；從西洋棋手用隱藏的電腦作弊，到橋牌玩家用隱藏的信號系統作弊；從欺騙容易上當的觀眾的靈媒，到捏造研究結果，騙得同僚團團轉的造假科學家；從藝術品偽造者，到騙錢的經銷商，天底下處處都是陷阱。所有成功的騙局，都有一個共同點：他們利用的是人類大腦運作的特性。

「週六夜現場」（*Saturday Night Live*）的角色漢斯（Hans）與法蘭茲（Franz）說過一句名言：「先聽我們說，以後再相信我們的話。」這句口號的諷刺之處，在於我們聽見什麼話都會立刻相信，不會等到以後。人類有所謂的「真相偏誤」（truth bias），會認為自己看見的、聽見的就是真相，除非有明確證據證明為假。我們現在聽見，就會馬上相信，往後也很少會求證。

真相偏誤是一種特質，並非一種缺陷。大多數人在大多數時候，說的都是真話（至少不是刻意說謊），所以真相偏誤是符合邏輯的，也是合理的。我們若是不相信他人大多數時候說的都是真話，就無法共同生活在群體之中，無法協調行動，甚至連簡單對話都無法進行。但真相偏誤也是個影響甚巨的因素，在每一場詐騙扮演關鍵角色，幾乎是每個欺騙行為的前提。我們的理性決策若是受到真相偏誤影響，就會形容自己輕信、天真、好騙。[3]

在二〇〇〇年代，由擁有法國與以色列雙重國籍的詐騙犯吉爾伯特·奇克利（Gilbert Chikli）首創的膽大妄為的知名「總裁騙局」：一位中階經理接獲來電，對方自稱是公司的總裁或執行長，又編了一套故事，誘導這位經理將公司的資金轉到某個看似無甚可疑的地方，其實就是直接轉入詐騙者的口袋。整個騙局能否奏效，關鍵在於這位經理願不願意相信。他若認為電話另一頭不是總裁，就不可能上當。但他若是一開始就受到真相偏誤影響，那可能還沒想到要確認，就落入口若懸河的詐騙者的陷阱。[4]

於是這就會面臨一個難題：我們必須相信別人，但太信任別人，又會惹禍上身，尤其在當今的世界。我們必須注意的事情愈來愈多，他人刻意誤導的操作卻也愈來愈多。不假思索就相信別人，是前所未有的危險。但除了事事存疑，遇到任何人、任何事都查問得巨細靡遺，還能怎麼辦？幸好我們能做的還真不少。

我們得知簡單的騙局，常覺得自己才不會上這種當，或是認為只有智商較低、教育水準較低，或是比較好騙的人才會上當。但其實每個人都有可能上當，即使最傑出、最聰明的人也一樣。本書會分析別人是如何利用真相偏誤，也就是利用我們接受太多、確認太少的傾向來遂行詐騙。書中也會告訴大家防範詐騙的具體步驟。本書不會一一列出詐騙方式與詐欺犯，也不是詐騙的歷史、經濟學、社會學的論著。我們也不會深入研究詐騙者，還有詐騙受害者的動機及情緒。我們要研究的是詐騙受害者的認知心理學，亦即是怎樣的思考模式與推理，才會讓人容易受騙上當。[5]

之所以寫這本書，有幾個原因。我們的專業是認知心理學，研究的是人們注意、疏忽、記得、遺忘的內容，以及決策的方式。我們的前一本著作《為什麼你沒看見大猩猩？：教你擺脫六大錯覺的操縱》（*The Invisible Gorilla*），探討的是很多人對於人類大腦運作，有一些想當然耳的錯誤觀念，以及這些觀念所造成的影響。身為教授，我們親身接觸過在報告、考試上作弊的學生。做研究時也處理過發生在所服務的學術機構的詐欺與欺騙行為，有些案子甚至還涉及認識的朋友與同僚。我們畢竟也是人，所以自己也被騙過許多次。我們研究的是心理學，所以會思考自己為何被騙。[6]

認真研究這個主題之後，這才發現欺騙行為如此普遍。各類型的詐騙，無論是詐騙金額，還是受害者人數，都持續增加。但詐騙不只是犯罪行為而已。也有企業採取更具欺騙性的手段，當作標準作業程序，模糊了合法與非法廣告手法的界線。例如在二〇〇〇年代，有些避險基金與共同基金允許、甚至鼓勵相關人員蒐集內線消息，以及依據內線消息交易的行為。有時候還會使用一些系統與程式，合理推諉這樣的投資行為。很多網路商家長期蓄意操縱自家產品與公司在亞馬遜、**Yelp** 等網站的評等。還有市值高達數百萬、甚至數十億美元的企業，賣的就只是作弊工具，從線上遊戲的外掛，到大學課程的代寫報告與考試解答。在世界各地，政治宣傳愈來愈倚重假新聞與陰謀論，至少也是不在乎自己所言是否屬實。[7]

寫這本書期間，我們研究了數百個各類型詐騙案例，也運用認知心理學知識，找出這些案例共有的特質與模式。過程中還思考了能避免被騙的策略。我們應該踏出的關鍵第一步，不僅能消滅真相偏誤，也是本書一再強調的具體建議的重點，是一個很容易記住的重點：**接受少一點，確認多一點**。難就難在要知道何時該確認多一點，還要知道該怎麼確認。下面用一個簡單易懂的例子說明。

最高法院的假新聞

「問題不是出在推特的推文，而是轉推……你看到你覺得不錯的東西，就轉推給別人，也不會去細查。」在假新聞、假政治訊息充斥的社群媒體世界，這可是金玉良言（想想說這話的人是誰，就會覺得這話其實也很諷刺）。假政治訊息要能散播，必須是收到的人轉發給朋友，朋友再轉發給自己的朋友，以此不斷擴散。所以收到這樣的訊息，就絕對不要轉發，訊息就不會再擴散。[8]

美國前總統川普於二〇一七年宣誓就職後，做的第一件事，就是任命已故美國最高法院大法官安東寧．史卡利亞（Antonin Scalia）的繼任者。他選擇了來自科羅拉多州的聯邦上訴法院法官，也是共和黨在司法界多年的寵兒尼爾．戈蘇奇（Neil Gorsuch）。幾天後，我們的一位朋友，在臉書分享一則重磅新聞：「最新消息：全體八位最高法院大法官一致反對川普任命戈蘇奇。」根據這則報導，其餘的八位大法官「一致認為，川普總統選擇戈蘇奇是完全選錯了人」，而且「首席大法官約翰．羅勃茲（John Roberts）於最高法院寫了一封信，反對戈蘇奇的『作風』成為『國家法律』」。[9]

剛看到貼文時，覺得這則新聞真是駭人聽聞。一位現任大法官，竟然公開譴責一位大法官提名者，這種事情真是聞所未聞。這篇報導竟然還表示，全體八位一致這樣做。眾所周知，這位貼文的朋友是個聰明人，也是出自善意。我們也沒理由去懷疑眾位大法官的判斷。但在按下「讚」

或「分享」之前，我們決定先確認。

這篇源自 BipartisanReport.com，關於尼爾・戈蘇奇的報導，是現在所謂的「假新聞」的典型。真相是羅勃茲以及其他幾位大法官，在戈蘇奇獲得提名之後，從未公開談論過戈蘇奇。這則假新聞就跟許多假新聞一樣，內容並非完全杜撰，而是引用最高法院最近發表的，推翻下級法院判決的意見。這項意見引用了戈蘇奇本人九年前發表過的意見。最高法院經常推翻下級法院的判決，並不是要譴責做出判決的下級法院法官。會推翻判決，通常是因為意見不同，或是解釋不同，最嚴重也不過就是改正錯誤而已。

我們知道，最高法院不可能做過報導指稱的事情，但剛看完報導，一時卻覺得內容是真實的（「哇喔！」），然後才愈來愈不確定（「真有這件事嗎？」）。這才開始確認，確定自己的結論才是正確的（「才沒有這種事！」）。

在這個例子，要確認其實很容易。對於如此重大的報導，Factcheck.org、Snopes.com 之類的網站，通常會發表調查結果（也確實發布了）。若是真有其事，左派與右派的主要新聞媒體（《紐約時報》、《華爾街日報》）就會報導（這幾家並未報導）。任何一位律師，無論政治立場有多強烈，也會告訴我們最高法院的運作才不像報導說的那樣。

有位重要人士表示，真相偏誤之所以存在，是因為演化過程在大腦留下了瑕疵：我們會將自己收到的所有資訊，一律標注為「真實」，必須刻意多走一步，才能將「真實」的標籤拿掉，或是換成「虛假」的標籤。看見那則臉書貼文的時候，若是正為別的事情分心，或是沒時間仔細思考，那就有可能少走第二步，腦袋裡就會裝著假訊息，久而久之甚至會散播給別人。[10]

保持不確信

除了司法體系，其他人很少會要求別人保證自己說的是「完整的真話，沒有半點虛假」。要別人這樣保證，絕對會得罪人。但若是問自己，某個重要資訊是否絕對為真，還是應該確認以後再行判斷，就不會受騙上當。刻意保持不確信，就能減少真相偏誤。

研究真相偏誤的科學試驗，通常是以測謊遊戲的方式進行。研究對象觀看影片，影片裡的演員說的故事有些為真，有些為假。研究對象必須自行判斷要相信誰。例如在由兩位認知心理學家克里斯．史崔特（Chris Street）與丹尼爾．理查森（Daniel Richardson）進行的標準試驗，研究對象觀看十八部影片，內容是不同的人分享自己的旅遊故事，其中半數是真實，另外半數則是謊言。結果顯示研究對象確實有真相偏誤：研究對象認為六五%的講者說的是實話，但其實只有五〇%。然而，研究對象若有第三項選擇，也就是可以說「不確定」，那他們就只認為四六%的講者說的是實情。[11]

有些人可能並不喜歡保持不確信，也必須刻意去做，才能保持不確信，無法自然而然做到，但還是應該盡量培養這種習慣。我們不需要聽到什麼都不相信，但還是可以養成習慣，先等一下，先保持不確信，想一想：**「這是真的嗎？」**

有時候，只要提醒別人想一想自己在網路上看到、發表的內容是否真實，就足以阻止假消息散播。心理學家戈登・彭尼庫克（Gordon Pennycook）與團隊直接傳送訊息給超過五千個推特帳號。這五千多個推特帳號，近來曾轉推兩個有黨派傾向的「新聞」網站的報導連結。研究團隊傳送的訊息，是一個標題，而收到訊息的人，必須評估標題的正確性，亦即研究團隊提醒他們，網路上的報導有可能是假新聞。這些帳號收到研究團隊訊息的隔天，轉推那些被事實查核網站認定為不可信的新聞網站的報導數量，與先前相比有所減少。[12]

保持不確信的方式有很多種。搖滾樂團范海倫（Van Halen）在一九八〇年代巡迴演唱期間，在巡迴演唱的合約加了一條很奇特的條款：每個場地必須提供一大碗 M&M's 巧克力，而且其他顏色都可以，就是不能有棕色的。每次開場前，主唱大衛・李・羅斯（David Lee Roth）都會到後台，親自檢查大碗裡有沒有棕色的 M&M's 巧克力。他認為，主辦單位若是連這麼簡單的事情都做不好，那一場內容繁多的表演所需的組裝、線路、台架、照明、煙火等項目，也絕對不會處理得安全可靠。主辦單位若是沒通過 M&M's 測試，范海倫就會更仔細檢查台架，羅斯說：「我們會仔細檢查所有設備，保證會找到疏漏的地方。」

范海倫附加的條款，就是科學家所謂的陽性對照（positive control），以一項額外的試驗，確認一切正常。范海倫以 M&M's 測試，檢驗當地的舞台團隊是否足夠認真，足夠重視細節。當然，這種檢驗方式並非萬無一失，因為即使挑出每一顆棕色 M&M's，也還是有可能在其他方面嚴重出錯。但樂團成員也不可能巨細靡遺檢查舞台上的每個細節。所以進行 M&M's 測試，還是比純粹相信舞台團隊「一切完備」的保證更為理想。簡單的檢查並非無懈可擊，但盲目相信更不理想。這本書就是要告訴你，如何在日常生活中運用類似的檢查，及早察覺詐騙，也判斷是否有必要進一步細查。

抽樣檢查別人的工作，而不是盲目認定沒有問題。這就像過馬路之前先看看左右兩邊，也像思考「這是真的嗎？」。這個步驟能降低真相偏誤。若是留意曾經認為為真，後來卻證明為假的次數，就能養成保持不確信的習慣。天底下並沒有能讓人永不受騙的特效疫苗。但就像學習任何新技巧，只要持續練習，久而久之我們的防詐騙雷達就會更為敏銳，能提醒自己該提高警覺。

我們為何相信太多

保持不確信，就能降低相信太多的風險，但正如往火上加油會讓火燒得更快，有幾項因素也會強化真相偏誤。尤其是傳訊者（messenger）的性質，至少是我們對於傳訊者的感覺，可能會讓其實並不可信的訊息顯得可信。

訊息來源若是做出客觀公正的樣子（例如假充中立的 BipartisanReport.com，就是率先發布戈蘇奇的假新聞的媒體），我們就比較容易被騙。任何訊息只要是來自權威，接收者又認得，也尊重這個權威，就很容易相信訊息內容，認為應該聽從。所以有一種常見的「客服中心詐騙」，所謂的「客服人員」要求受害者必須向稅務機關（例如美國國稅局）、移民機關，或是某政府單位繳清欠款，而且除非透過電話立即繳清，否則會立刻遭到執法人員逮捕。[13]

我們若覺得訊息來源值得同情，訊息來源就更能增強真相偏誤。所以那些想欺騙我們的人，才會刻意經營他們自己，還有他們的故事，以迎合世人的情緒、欲望，以及認同。傳記作家班傑明．威爾科米爾斯基（Binjamin Wilkomirski）編織了一則動人的故事，講述自己童年時在奧斯威辛集中營的歲月，《衛報》盛讚是「大屠殺主題的偉大文學作品之一」。但世人後來才知道，他二戰期間住在瑞士，而且根本不是猶太人。二十三歲的澳洲女子貝爾．吉布森（Belle Gibson）自稱治癒了自己的腦癌，就此開創了自然療法事業。其實她根本沒得過癌症，更不可能靠健康飲食治癒癌症，但相信她的人夠多，所以她靠販賣智慧型手機應用程式以及書籍，賺進超過一百萬美元。即使是最值得同情的人，也有可能是騙子。[14]

對於別人斬釘截鐵說的話，更應該提高警覺，因為騙子的自信，也會讓人更容易不經查證就相信。伯納．馬多夫（Bernie Madoff）設置知名的龐氏騙局，詐騙投資人數百億美元。在他的龐氏騙局如火如荼進行的超過十五年間，政府當局與記者接獲通報，覺得可疑，數度對他提出質問。根據一項事後分析，馬多夫向美國證券交易委員會（SEC）的稽查人員表示，他的投資績效如此之高，是因為「他坐在交易室的地板上，就能『感受市場』，知道買進與賣出的時機。而且馬多夫總能以理想價格買賣股票，日復一日、年復一年皆是如此。令人想不通的是，美國證券交易委員會竟然也就相信這番說詞，沒有再追究」。美國證券交易委員會之所以接受馬多夫天花亂墜的說詞，有一部分原因是馬多夫說起話來極其自信。財經記者麥可．奧克蘭特（Michael Ocrant）向馬多夫問起各界對於他事業愈演愈烈的疑心，卻發現馬多夫竟然樂於回應。他後來憶起這段對話，說道：「馬多夫沒有絲毫的內疚、羞恥、悔意。」在騙局崩盤的僅僅一年前，馬多夫在一場公開會議上，氣定神閒說道：「以現在的監理環境，幾乎不可能做違規的事情。違規不可能不曝光，尤其是長期的違規。」在其他條件相同的情況下，陳述的態度愈是自信，人們就愈有可能相信陳述。矛盾的是，講者愈具有說服力，論述就顯得愈正確，愈不證自明，我們也就愈需要深入調查。[15]

日常生活的詐騙

正如范海倫的舞台表演需要複雜的組裝，「瞞天過海」之類的電影，以及「紙房子」之類的影集所描寫的詐騙，通常是一群精明的罪犯密謀，在祕密地點作案，而且每個細節都要配合得滴水不漏，才能成功。但在現實世界，諸如馬多夫的假避險基金這種複雜、精細，而且長期運作的詐騙，其實是罕見的例外。我們遇到的詐騙，大都很簡單，而且是隨機出現，性質比較接近騙人的標題，而非精細的詐術，並且通常是在光天化日之下發生。

遍及全美的大學入學賄賂醜聞，亦即美國聯邦調查局的「大學入學弊案調查行動」（Operation Varsity Blues），就是最好的例子。多年來，一位名叫瑞克・辛格（Rick Singer）的顧問，向有錢的客戶與名人保證，能讓他們的子女進入知名大學。若是沒有他幫忙，這些人的子女可能就無法順利入學。他賄賂運動隊的教練或是主管，請對方發揮影響力，讓他的客戶入學。他還偽造學生的資歷，拿別人划船、游泳，或是打長曲棍球的照片，用Photoshop改造成他客戶的照片。他也會花錢找槍手，代替客戶參加入學考試。這一連串詐騙行為都很簡單，沒有隱藏的攝影機或舞台設備，沒有間諜圈的情報祕密放置點，也沒有電腦駭客，多年來卻始終無人察覺。受害者多達數十位，除了被騙的大學之外，還包括受到辛格的客戶的子女影響，無法進入好學校的學生。[16]

許多詐騙完全不需要陰謀。史上最惡名昭彰的科學界騙子，亦即荷蘭社會心理學教授德里克・斯塔佩爾（Diederik Stapel），是自行創造資料集（datasets），再拿給不知情的學生與同僚。這些學生與同僚再「發現」某些結果，證明他們與斯塔佩爾共同提出的假設為真。後來官方調查發現，而且斯塔佩爾自己也承認，那些資料都是他獨自偽造的。在風險更高的情境，例如可能可以救命的癌症藥物、新冠肺炎藥物，以及其他疾病的藥物的臨床試驗，這種科學家對科學家的詐騙，會敗壞醫學資料的品質。而醫師以及一般民眾都是依據醫學資料，才能做出與健康相關的決策。[17]

欠缺道德的新聞記者，進行的是最簡單的一種詐騙。他們想出一個適合報導的構想，這也是新聞從業人員會做的正常事情，然後就省略蒐集資訊、尋找消息來源、進行訪談、查核事實這些步驟，直接把最終的報導寫出來，彷彿這些步驟一個都沒省略。記者的文筆若是很好，那假新聞不僅比真新聞容易編造，往往還能比真新聞更吸引人，更具說服力。畢竟虛構小說的作者，可以隨心所欲賦予每個角色該有的特質，將情節與衝突打磨到最佳，還可以消除所有前後矛盾的地方，讓故事比真實事件稍微優雅一點、難忘一點。[18]

欠缺道德的作者即使寫的是真實故事，有時也會將瑕疵予以美化，提升故事的吸引力與說服力。知名科學作家喬納・雷勒（Jonah Lehrer）竄改歷史事件的內容，還會捏造別人說的話。舉個例子，魔術師泰勒（Teller）談到自己跌跌撞撞的職業生涯初期，曾說：「我一直以為我這輩子都會在附庸風雅的小劇院，快快樂樂表演魔術。」雷勒卻在著作《開啟你立刻就能活用的想像力》（*Imagine*）裡，將泰勒的顧慮放大成生存危機，扭曲泰勒的原話：「當時的我真的差點放棄當魔術師的夢想……我都已經打算回家，當個教拉丁文的高中老師。」社會心理學家先驅利昂・費斯廷格（Leon Festinger）滲透進一個相信世界末日、也相信外星人會在某日某時降臨地球的一九五〇年代教派。事情到了雷勒的筆下，就變成：「時鐘顯示的時間已經是十二點零一分，外星人還沒駕臨，教派信徒愈來愈擔憂。少數幾位哭了起來。外星人讓他們失望了。」費斯廷格真正看到的景象，與雷勒所寫的完全不同，而且還更驚人：「照理說，他們應該會有較大的反應。半夜十二點已過，什麼也沒發生……但現場這些人卻也沒什麼反應。沒人說話，沒有聲響。大家動也不動坐著，臉龐似乎僵住了，毫無表情。」費斯廷格看見的，是困惑與不確定的反應，到了雷勒筆下卻變成焦慮苦惱。[19]

比起將你的口袋或是銀行帳戶洗劫一空的詐騙，這種欺騙較為平淡。但這種輕微的欺騙若是愈來愈普遍，大眾暴露在編造的言論、扭曲的歷史、虛構的科學研究結果之下，那我們對於本應是「非文學類」的集體信任就會減少，也較難進行理性推論。[20]

即使是真的害我們損失金錢的騙局，有些也是平凡得很。ＦＴＸ是個頗有人氣的交易平台，交易的是比特幣之類的加密貨幣。平台由最高層級的創投業者支持，以名人代言以及美式足球超級盃廣告吸引用戶。ＦＴＸ與客戶的協議寫道：「您的數位資產的所有權，永遠屬於您。」後來ＦＴＸ於二〇二二年十一月申請破產，世人才驚覺ＦＴＸ多年來一直將客戶的存款，轉到一家名為Alameda Research的姊妹公司，由Alameda Research自行用於交易與投資。換句話說，ＦＴＸ承諾客戶的是一套，做的卻完全是另一套。[21]

這些例子足以證明，我們不見得知道何時該停下來查證，又該查證哪些內容。我們若是誰都不信任，就無法在社會上運作，但也不可能親自調查每個細節。難就難在要做到平衡。我們對別人必須有足夠的信任，日子才過得下去，但也要保留一定的判斷力，才能察覺自己可能被騙，為了自己著想，最好還是查證。

習慣與陷阱

很有真實感的詐術最能奏效。本書會告訴大家，所有成功的騙術，都是利用通常對我們有利的人類思考與推理特質。想詐騙我們的人，通常不會運用認知心理學的知識，細細雕琢計謀。但他們耍的花招，編派的劇本之所以奏效，是因為正中我們的弱點。因此必須了解自身弱點，才能培養識破、避開騙局的能力。

本書開頭的幾章，要介紹人人皆有的四大認知**習慣**，也就是我們思考、推理方式的特質，有可能害人受騙上當。這四大認知習慣，包括有能力**專注**在我們在乎的資訊，往往就是眼前的資訊，而忽視會讓人分心，或是不重要的資訊。隨著經驗累積，我們對於該發生的事、即將到來的資訊該有的樣子，會有一些預期。我們也會依據這些預期，自動做出**預測**，而且這樣做出的預測多半正確。我們思考、推理的能力，取決於對自己、他人，以及周遭環境的基本假設。這些假設若是夠強大，就會形成很少會質疑，甚至根本不知道自己正在形成的**信念**。熟悉了任何一種任務之後，**效率**就會提升，意思是我們會發展出例行常規、經驗法則，以及捷徑，大大減少決策所需的時間與精力。本書會詳細說明這些習慣是如何孕育出詐騙得以生根的沃土。

其餘章節則要探討四種**陷阱**，也就是日常生活會遇到的資訊特色，能吸引人，卻也會害人上當。陷阱就像能引發好奇心的電影預告片，非常誘人的簡報，也像餘音繞梁的音樂，不但能擄獲我們的興趣，還能誘導人不經查證，就相信別人的說詞。陷阱並沒有天生的好或壞，能吸引人注意力的事物，多半都值得我們或多或少予以注意。但我們若是被騙，幾乎絕對是受到一個或是更多的陷阱誤導。若是遇到的資訊符合或是近似我們已知也信任的事物，我們就會因為**熟悉**，而相信其為真。若接觸到的資訊具有**一致性**，我們也會因此而相信。我們將預測或證據的**精準度**，與預測或證據背後的思想的準確度、真實度畫上等號。我們也會受到有**效力**的故事吸引，在這樣的故事裡，小小的起因大大影響我們的人生，以及整體社會。

這些習慣與陷阱，正是讓人受騙上當的原因（被別人騙，也被自己騙）。大多數的詐騙，尤其是長久且複雜的騙局之所以成功，是因為利用多種的習慣與陷阱，也是因為受害者或多或少會自我欺騙。其實很多詐騙之所以成功，是因為最容易受騙的人，會讓騙子知道自己最容易受騙，等於幫騙子省事（本書結論會再討論這一點）。

在每一章，我們都會介紹犯罪、詐騙的案例。其中有些為人熟知，有些鮮為人知，少數幾個則是我們的親身經歷。這些案例能證明騙子是如何迎合眾人的認知習慣，誘使我們在應該查證時，卻貿然相信。這些詐騙案例有些很好笑，有些很慘痛。有些沒有受害者，有些會禍害所有人。有些甚至很諷刺，例如造假的研究探討的主題是不誠實，沒預料到自己悲慘下場的靈媒，還有一個美國人因受騙而成為「奈及利亞親王」詐騙的幫凶。[22]

本書引用認知心理學與社會科學從古到今的研究結果，探討為何每個人至少偶爾都有被騙的時候。我們會說明人的認知習慣與陷阱背後的科學原理，分析這些習慣與陷阱為何通常對我們有益，也要舉例說明騙子是如何運用這些習慣與陷阱，欺騙世人。我們把要給大家的建議，濃縮成每一章的格言，提醒大家何時該多一些戒備，又該問哪些問題，以便及時察覺有詐。希望大家認識認知習慣與陷阱，看過形形色色的詐騙案例，能漸漸懂得少一點相信，多一點確認，成為詐騙絕緣體。

第一部

習慣

01 專注：想想少了什麼

我們做決策，通常是依據眼前的資訊，會忽視那些不重要、會讓人分心的資訊。我們有這種專注的習慣，所以不在場的資訊的重要性，甚至是這些資訊本身，通常會被忽視。使用一種叫作可能性表格（possibility grid）的工具，能讓我們意識到，自己可能被沒注意到的資訊誤導。

約翰．愛德華（John Edward）是現今最知名的靈媒之一。在二〇〇〇年代中期，他的人氣正值顛峰的時候，在WE電視台有一檔節目，名為*John Edward Cross Country*。節目開頭，是愛德華提出的警告：「靈媒並不是悲傷的解藥。靈媒可以很有治癒效果，可以很療癒，幫助也很大。只要你了解整個程序，靈媒可以發揮很大的力量。但你若是希望靈媒幫你**解決**你的悲傷，那是辦不到的。這一點我要講得非常、非常清楚。」[1]

愛德華身材矮矮壯壯，頭髮剪得短短的。節目上的他身穿黑色皮外套搭配藍色牛仔褲。他說完開場白，就拿著麥克風，在小小的舞台走來走去，開始發揮他的魔力。

「我要開始了……我在這一區感應到年輕男性的能量。」他站在舞台右側，看著面前的人，說道：「感覺應該是一位兒子、姪兒、外甥，還是孫子。我也感應到了癌症。」攝影鏡頭從愛德華的後方拍攝，也拍攝到在愛德華前方的觀眾。「有人知道是誰了嗎？誰認識羅伯特、羅比、羅伯？有人認識名字開頭有『R』的人嗎？」

坐在觀眾席中間的一排，一位深色頭髮、身穿灰色毛衣的女性舉起手。她與幾位親戚一起參加現場錄影。愛德華要求現場工作人員將麥克風交給她。

他說：「你認識羅伯？」

她說：「是我父親。」

「過世了嗎？」

「是的。」

「這樣啊，是癌症嗎？」

「不是。」

「骨頭有問題的是哪一位？」

她說：「有兩位。一位是我的祖父，」她示意坐在她身旁的一位男子，又說：「另一位是他的母親。」

愛德華說：「有人罹患了影響到骨頭的病。」他是直接對著女子說這話，用拿著麥克風的手指著女子。

女子說：「是他的母親。」女子身旁的男子沒拿麥克風，說道：「是骨癌。」現在男子也拿到麥克風。

愛德華問：「她罹患骨癌？」

女子說：「是的。」

愛德華確認了男子的母親因骨癌過世，又表示他接觸到男子母親的靈體。他說：「她讓我感覺到，她去世的日子，是在國定假日當天，或者是國定假日的前後。反正是慶祝的日子，是國家慶祝什麼的日子。」

女子結結巴巴，帶著一點波士頓口音說道：「呃，我的，我的父親。」

「我看見美國國旗，看到美國國旗就知道，比方說美國國慶，還有退伍軍人節……。」

女士開口說道：「九月十一日。」

「他是**那**一**年**的九月十一日過世的嗎？」

「是的。他是消防員。」

「你的父親叫作羅伯特，我們剛才已經說過了。」

「是的。」

「你是不是家裡排行最小的女兒？」

「我是最年長的。」

「好，他讓我覺得你是排行最小的，他讓我感應到的是這樣。」女子點頭，像是快要哭了。

「他也讓我感應到……他的母親還健在嗎？」

「還在。」

「他要我向他的母親致意。我們一定要讓他的母親知道，他現在跟我們在一起。要給他的母親一個大大的擁抱。大大的擁抱。」女子現在抹去滾落臉龐的淚水。

「好。」

「我常常說，做為一個母親，最慘痛的損失，莫過於失去子女。我們不要忘了那種感覺，好不好？」

觀眾紛紛點頭。女子的手上還拿著面紙。

這個電視節目的效應極為巨大，大到能讓愛德華打造一個帝國，橫跨書籍、多家電視台的節目、拉斯維加斯的舞台表演、國內巡迴表演，以及向名流提供的私人諮詢服務。即使是金．卡戴珊這樣的名人，有幸獲得愛德華在百忙之中抽空接見，哪怕只有短短幾分鐘，也是欣喜若狂。據說她在這位靈媒的協助之下，與過世的父親接觸。幾天後，她與第二任丈夫離婚（這段婚姻維持了七十二天），轟動各界。愛德華雖說頗有名氣，卻也飽受外界嘲諷。動畫影集「南方四賤客」用了標題為「宇宙第一大爛貨」的一整集嘲諷他，揭穿他自稱能通靈的真相。我們覺得，這本書大多數的讀者並不相信愛德華能與死者溝通，但無數人確實相信通靈。[2]

剛剛寫了幾百字的這段對話，在電視上播出的時間不到兩分鐘。你在書上讀到這段對話，可以有時間仔細思考對話的內容，以及沒說的內容，也可以從另一個角度，解讀愛德華自稱擁有的通靈力量。如果你對於通靈存疑，那你大概已經往這個方向想。但愛德華的現場觀眾，是在真實生活中，遇見一位頗具魅力的表演者，自己又因為心懷希望而顯得脆弱，所以很難抗拒。我們從這個「簡單」的例子說起，目的是訓練你識破騙術的能力。接著再仔細看看愛德華的表現。

首先，愛德華大多數的觀眾都想相信他真的能通靈，因為他給了他們錯誤的預期，讓他們誤以為真能與逝去的親朋好友溝通。觀眾懷抱這樣的預期，再加上愛德華又能與個別觀眾在情感上有所交流，因此觀眾很難以最合乎邏輯的角度，去解釋愛德華的行為。第二，愛德華就像許多「靈媒」表演者，也會預先蒐集某些觀眾的資料，或是在觀眾席上安插幾位自己人。有了自己人，他的表演就必定會「命中」很多次。第三，愛德華精通魔術師在進行讀心術表演的那種技巧，俏皮話更是信手拈來。他一旦說錯，就會立刻改口，所以他說的話、做的決策顯得很權威、很精準。觀眾幾乎沒空去思考他說錯的地方，最後只記得他說中的那些例子與資訊，也因此認定他確實能通靈。[3]

愛德華會在施展讀心術的過程中，添加一些觀眾能有各種不同解讀的空泛描述詞。他展現的態度，彷彿觀眾的解讀正是他要表達的意思。他說：「她去世的日子，是國定假日當天，或是國定假日的前後。反正是慶祝的日子，是國家慶祝什麼的日子。」隨後聽見對方說「九月十一日」，又表現得好像自己說中了一樣，但其實九月十一日並不是慶祝的日子，也不是國定假日。但回答的人聽見，會覺得他說中了。此外，大多數的日子，其實都算是「國定假日的前後」、「慶祝什麼的日子」。現場觀眾的家人無論在何時過世，都會是在某個重要日子的前後。但觀眾當下只會想到家人過世的時間，不會想到其實每一天都可以是愛德華所說的國定假日前後。

專注的範圍若是太狹窄，被騙的機率是出乎意料的高。舉個例子，公司的執行長若是花很多時間在社群媒體發布自家公司的消息，較為單純的投資人，往往就會忽視其他來源所提供的與執行長發表的內容相反的訊息。我們在演講，以及課堂上，常用魔術師哈利．哈汀（Harry Hardin）的經典招式「紙牌讀心術」（Princess Card Trick）的超級簡化版本，來闡述這個概念。我們用紙牌讀心術表演讀心術，或是看懂肢體語言的能力，但這其實只是障眼法而已。首先，打出一張投影片，上面有六張紙牌：

然後轉身，背對觀眾，請一位志願者用雷射筆選擇其中一張紙牌。然後將畫面清空，請觀眾專心想著志願者挑選的紙牌。你現在也可以試試看。選一張紙牌，專心想這張牌。接著再轉身面向觀眾，刻意緊緊凝視著志願者的眼睛，然後說：「現在，要拿走你選的紙牌。」我們打出下一張投影片，你選的紙牌不見了：

是不是很神奇？我們若是告訴你，拿走的紙牌絕對不會有錯，你就不會覺得神奇了。我們其實不知道你選的是哪一張牌。[4]

這個把戲的原理，就是愛德華所利用的想像力失靈。觀眾只專注在志願者挑選的紙牌，就幾乎絕對不會去想其他的紙牌。他們不去注意志願者沒選的紙牌，當然也就不會發現，我們其實是將原本的紙牌**全數**更換，而不是只更換志願者選的那一張。他們只看見自己想著的那張紙牌不見了，卻沒注意到是原本的紙牌全都更換了。

愛德華能得逞，是因為他的觀眾只專注在那位女士的父親，也就是在九一一事件喪生的消防員羅伯特。觀眾並沒有想到，愛德華的通靈對象，其實隨便換一個假日，換一個名字，換一個關係，也照樣說得通，就如同志願者拿走的即使是另一張紙牌，得到的結果也還是一樣。

愛德華之所以能得逞，是因為我們很難想像自己沒看見的其他選項，也很難去想，他有時候能猜中，純粹只是湊巧而已。一個人因為「骨頭的病」而死，那罹患的是骨癌的機率有多大？大概很大，除了骨癌，還有哪一種骨骼疾病是致命的？但愛德華說出「癌症」，觀眾就會覺得他真的能通靈。現場觀眾有一位已故親人名叫「羅伯特、羅比、羅伯？有人認識名字開頭有『R』的人嗎？」的機率有多大？大多數觀眾都會有幾位感情深厚的已故親人，畢竟愛德華這個節目的主要目的，就是與死者溝通，而且觀眾也是自願前來。羅伯特是個很普遍的名字，有很多種變體，但只要是「R」開頭的名字，都符合他的說法（包柏、巴比，以及其他變體也符合）。而且他以飛快的速度說出這些選項，觀眾根本沒時間思考，還有哪些名字其實也符合，就只專注在某人說出的那一個名字。想要展現每猜必中的「超能力」，最好的辦法，就是設計出可以有千百種正確答案的問題。

人們並不擅長推斷出看似罕見的事件的發生機率。想像一下，你參與一場會議，發現一位同事與你的生日是同一天。是不是很罕見的巧合？其實不見得。假設這場會議共有二十三人參加，那其中兩人生日在同一天的機率，超過五〇％。是，一個人的生日，可以落在一年三百六十五天的任何一天。但這場會議共有二十三人參加，一共有兩百五十三種可能出現的二人組合（二十三乘以二十二除以二）。從這些數字來看，其中一個二人組合的生日在同一天，也就不足為奇。總人數若是五十人，那至少有一個二人組合的生日在同一天的機率，就高於九五％。但正如愛德華的觀眾，還有「R」開頭的名字，我們發現生日在同一天的兩個人，就會只注意這兩個人，忽視了生日並不在同一天的其他二人組合。

愛德華假稱我們深愛的人也愛著我們，這種言論是無害的。但是有些靈媒的言論卻是圖謀不軌，蓄意害人，所以才會有人批評靈媒是「利用他人的悲傷吸血」。二〇一三年初，三名女子從克里夫蘭一處破舊的房屋中逃出。她們在此地被囚禁了將近十年。其中一名女子的母親盧瓦娜．米勒（Louwana Miller），曾於二〇〇四年與知名靈媒蘇菲亞．布朗（Sylvia Browne）一起出現在電視節目「孟代爾秀」（*The Montel Williams Show*）。當時她的女兒才剛失蹤不久。布朗對米勒說，她的女兒阿曼達已經死了。布朗還說，她看見阿曼達「在水裡」。她向心神俱裂的米勒說，她會「在另一頭的天國」，與女兒團聚。米勒在兩年後逝世，死時還以為女兒已不在人世。[5]

像布朗、愛德華這樣的靈媒，預測準確就大肆宣傳，卻很少提到失準的時候。他們就算會提起自己預測失準，也是別有目的。心理學家馬特．湯姆金斯（Matt Tompkins）也是職業魔術師，還是讀心術歷史的專家。他說，有些靈媒會刻意讓人注意到他們職業生涯眾多失敗的某一次。他們特別強調那一次的失敗，做出懊惱的模樣，等於告訴大家自己有多誠實，通靈有多準確。觀眾通常也只會記得靈媒自行宣布的那一次失敗，「我真不敢相信，他只猜錯過一次而已耶！」忘記靈媒沒說的許多次失敗。

專注是如何讓我們誤入歧途

會參加愛德華節目的觀眾，多半相信他通靈的能力，不會懷疑，也不會否定。但任何人只要處在不會立刻起疑的環境，都會像在*Cross Country*錄影現場的愛德華粉絲一樣容易受騙。那是因為我們若只注意現有的資訊，就很容易輕信。

很多人在學校的文學課，學到「自願暫停懷疑」（willing suspension of disbelief）一詞，意思是暫停批判思考或是懷疑，接受自己平常不願接受的假設，以便理解、欣賞虛構內容的其餘部分。敘事與作品只要說服力夠強，我們就不會停下來思考為何駭客只需一台MacBook，就能連結外星人太空船的電腦。也不會停下來思考為何改變一隻動物的DNA，就能消滅整個物種。我們觀看紀錄片的時候，不會自願暫停懷疑，因為沒必要這樣做，大家認為紀錄片就是真實的紀錄，並非虛構。日常生活也是如此。我們在日常生活不會暫停懷疑，因為沒什麼好懷疑的。人的預設立場是相信，相信別人對我們說的話，不會馬上懷疑，而且很少查證，甚至根本不會查證。就日常生活經驗來說，我們應該努力暫停的是相信，而不是懷疑。

許多企業以及某些產業，會利用眾人的這種傾向，有時也許是不經意的利用。他們推出在嚴格控制的環境製作出來的「樣品」，將新科技、新產品包裝得比實際更強大。樣品的作用幾乎一定會展示出來，一展示就等於向觀眾放送一個強而有力的真實訊息。畢竟你很難質疑親眼看見的東西。人受到真相偏誤影響，認為眼前所見至少與現實相當近似，也認為自己沒有受到刻意誤導。

舉個例子，生產機器人的波士頓動力公司（Boston Dynamics，曾為 Google 所有）經常發表影片，內容是其所生產的人形機器人表演驚人特技，例如跑酷動作。但沒有一支影片能告訴我們，人形機器人在從未遇過的障礙場地，遇到從未遇過的障礙物體，是否還能順利完成跑酷動作。也許可以，但看見如此有說服力的示範影片，就會認為人形機器人在類似的環境，也能完成同樣的動作，但其實並沒有直接證據能證明人形機器人做得到，至少示範影片沒有提供這樣的證據。[6]

至少五十年前，就有人開發出能在嚴格限制的情境中展現顯著智慧的電腦系統，而且明示或是暗示，這樣的電腦系統在各種情境都能照樣展現顯著智慧。開發者有時候並不是刻意吹噓，只是對於自己改良自家科技，讓自家科技能適用於更多情境的能力過於樂觀。幾十年來，電腦視覺與機器人學專家認為，機器人若能理解含有規則的幾何形體（立方體、稜錐體、圓柱體等等）的場景，那最困難的部分就已經解決了，只要再邁出小小一步，機器人就能在自然情境發揮這種能力。但一次次的結果證明，人工智慧（AI）系統始終無法從最佳化的「微世界」，進階到真實世界。正如尚在研發階段的新藥，在實驗室進行的動物試驗效果卓著，在人體試驗卻無效。有時候僅僅是改變數位影像一個像素的顏色，都會導致物體辨認系統將船辨識成汽車，或是將鹿辨識成飛機。那些拿示範當宣傳的人很少會承認，在嚴格控制的示範環境順利奏效的方法，到了複雜的真實世界，往往難有堅實可靠的表現。[7]

我們通常認為，刻意操作的短暫經驗，就能代表普遍的實際現象，騙子利用的就是人的這種傾向。Theranos 公司在他們的微型血液檢測機器，設置了特別的示範模式，名為「零程序」，在招攬投資的會議上使用。Theranos 公司的代表採集某位來訪的貴客的少量血液，放入匣中，再插入檢測機器，然後再敲敲螢幕，彷彿機器正在運作。但其實機器只是發出一連串雜音，根本沒有進行任何醫學檢驗。公司人員其實是將血液樣本偷偷送往一般實驗室進行分析，再招待公司鎖定的貴客投資人去吃午餐，或是參觀公司（參觀行程當然會省略分析血液樣本的真實地點）。整個程序都是事先討論過，也演練過。Theranos 的高層就像魔術師，操縱觀眾的注意力，讓觀眾以為自己看見了其實並未發生的事。就連聲譽卓著的福斯汽車，也做過類似的事情。福斯將自家生產的汽車，設定成只有在檢測的時候，排放量才會降至最低，如此就能達到規定的標準。福斯後來也因為這種欺瞞行為，遭到政府罰款四百億美元。[8]

沃德在哪裡？

不同於靈媒表演或是企業簡報，我們大多數時候並不需要別人操縱我們去注意不該注意的事物。因為人本來就會專注眼前，不會煩惱不在眼前的事物。你若花時間在社群媒體上，遲早會看見一個布滿圓點的飛機示意圖。會貼出這種圖，通常就是在誇耀：「你若看得懂這張圖，那你就跟我一樣聰明。」但這張圖真正代表的，是一個基本的推理錯誤。你了解這張圖背後的故事，就懂得防範詐騙。[9]

一九四三年十月十四日，是二次世界大戰期間，同盟國軍隊空襲德國工廠較為順利的日子之一。美國空軍將位於施韋因富爾特（Schweinfurt）的滾珠軸承工廠做為空襲目標，意在打亂納粹陣營的戰備。這場空襲就是後來世人熟知的「黑色星期四」，目標是達成了，卻也付出慘重的代價。從英國起飛的兩百九十一架B－17轟炸機當中，有七十七架全毀，只有三十三架完好無損返回。參與任務的兩千九百名軍人當中，有六百多名陣亡或被俘。

B－17是美國在歐洲戰事使用最頻繁的轟炸機，投下的火力比其他飛機都多，但損失也十分慘重。幸好，返回的受損飛機提供大量數據。空軍希望研究這些數據，能找到提高存活率的辦法。加強整架轟炸機抵禦防空火力的能力並不可行，因為轟炸機重量增加，會導致航程與載貨量大減。但也許可以加強轟炸機的某些部位。轟炸機受損的部位若是並不固定，那這樣做的效益有限。但轟炸機受損的部位若是比較固定，某些部位受損又比其他部位嚴重，那空軍可以修復脆弱的部位，強化轟炸機，也許戰爭就能更快結束。

為了解決這個問題，軍方找到了出生於羅馬尼亞，任職於哥倫比亞大學統計研究團隊的統計學家亞伯拉罕．沃德（Abraham Wald）。沃德的研究成果影響深遠。他研發的某些統計方法，至今仍廣為應用於心理學、經濟學等學科。當時的他正在研發「存活分析」（survival analysis）的統計方法。他全盤研究了B－17轟炸機的損壞情形。如果損壞完全是隨機的，那轟炸機某個部位的損壞機率，應該與這個部位的面積大小成正比。較大的部位被擊中的頻率，應該高於較小的部位。沃德發現的規律，對軍方來說可能有用：轟炸機的某些部位，被擊中的機率遠高於隨機被擊中的機率。

現在假設你負責B－17轟炸機的安全事宜，你會如何運用沃德的研究結果？最明顯的做法，是加強轟炸機被擊中機率極高的部位的表面，例如在轟炸機最頻繁被擊中的部位，加裝鋼板。

如果你打算這麼做，那麼恭喜你！你的選擇也是很多人的選擇，卻有可能釀成大禍。為什麼？你只要想想缺失的證據就知道了。沃德對於轟炸機損壞情形的分析，依據的是順利返回的轟炸機。在順利返回的轟炸機上，那些損壞的部位，其實對於轟炸機能否倖存**較不重要**。這裡缺失的資訊，是**沒有**返回的轟炸機的狀況。照理說，如果這些未損壞的部位並不重要，那你在返回的轟炸機上，會看見這些部位受損。如果這些部位是轟炸機能否倖存的關鍵，那這些部位被擊中的轟炸機，倖存的機率就很渺茫。

這個道理沃德當然也懂。他對於B－17轟炸機的分析，為現在所謂的倖存者偏差（survivorship bias）奠定了基礎。我們通常會比較關注仍然存在的案例，忽視那些已經不存在的案例。我們受到倖存者偏差影響，全面誤解了成功與失敗。這種現象在商業寫作格外普遍，卻導致許多重大決策出錯。你現在應該可以看出，戴夫・魯賓（Dave Rubin）主持的 Podcast 裡關於新冠疫苗接種的言論當中的邏輯瑕疵。他說：「我認識很多後悔打疫苗的人。我不認識半個後悔沒打疫苗的人。」[10]

只要聽見別人討論從**現有**資訊歸納出的結論，就要記得那個布滿圓點的飛機迷因。想起這個迷因，就要想想別人缺失了哪些資訊，因為現有的資訊，很少會與缺失的資訊相同。

別人腳上的 Hush Puppies，也能照樣暢銷嗎？

人人都想成功，也直覺認為模仿成功人士的習慣與策略應該有用。但只關注成功故事，反而有可能看不見成功的真正原因。商業寫作行之有年的方法，是從資料庫找出長期表現較佳的企業，再列出這些企業都具備的特質。很多商學院設計課程，其實非常偏重成功的企業、領導者，以及決策的個案分析。但這樣做很像只研究順利返回的轟炸機。

有個特別知名的例子，是麥爾坎．葛拉威爾（Malcolm Gladwell）的暢銷書《引爆趨勢：小改變如何引發大流行》（*The Tipping Point*）一開頭介紹的故事。葛拉威爾寫道，休閒鞋品牌 Hush Puppies 銷量原本低迷不振，直到一九九四年，搭上曼哈頓下城一種頗具影響力的次文化，才突然變身潮牌。年銷量在一九九三至一九九五年間，從三萬雙增至四十三萬雙。這個故事足以證明，企業可以利用知名的「影響者」推廣自家品牌。有些消費者的影響力，確實比其他消費者大，但難道只要將產品提供給少數幾位精選出來的消費者，由他們為你向社會大眾宣傳，就能做好行銷？[11]

Hush Puppies 的案例，其實完全沒有充足的證據，能證明銷量突然一飛沖天是因為文青紛紛購買 Hush Puppies 的休閒鞋。也無法證明花錢請「影響者」宣傳，就一定能刺激買氣。要判斷成功的原因，必須考量所有的根本原因，而不是只考慮一種看似有理的可能性。

也許產品更好，銷量更高，獲利更大的公司，只是比較願意嘗試最新的行銷構想而已（所以那麼多令人嘆為觀止的趣聞，包括 Google 如何善待員工、亞馬遜如何開會、芬蘭的教師如何備課，美國海軍三棲特戰隊如何運作，這些故事有趣歸有趣，卻完全沒有告訴大家到底該怎麼做，才能成為頂尖人士）。想證明文青行銷是銷售量暴增的主因，就必須進行類似醫學臨床試驗的商業研究。首先要邀集一群類似的企業，隨機分配至「採用文青策略」與「不採用文青策略」兩組，再比較兩組的成功率。當然，大多數的公司不會如此大費周章，但即使證據難以取得，也不代表你就應該欺騙自己，認定自己已經有證據。

我們可以將企業與產品發布，想成是投資人與選股。有些會成功，有些會失敗。我們常認為，只有一首成名曲的歌手之所以能紅，是因為機緣或運氣，但即使是長期成功，也不見得是只靠能力就能做到。

假設任何一項投資，都有五〇%的成功機率（例如表現優於一般股票）。一開始，讓一千零二十四人隨便猜，平均有半數（五百一十二人）第一次就會猜對。五百一十二人當中，有半數

（兩百五十六人）第二次會猜對。兩百五十六人當中，又有一半第三次會猜對。到了第十次以後，只有一人每次都猜對，而且純粹是因為運氣好。如果我們只知道這個每次都猜對的人，不知道其他一千零二十三人，那可能會誤以為此人是個精明的投資人。要強調的是，我們的意思並不是說，彼得．林區（Peter Lynch）、瑞．達利歐（Ray Dalio）、吉姆．西蒙斯（Jim Simons）這幾位投資人之所以能有漂亮的績效，只是因為運氣好。我們想表達的是，在思考成功案例時，應該要記住，最常聽見的，就是像他們這樣的成功人士的故事。[12]

想了解成功真正的原因，需要的不只是巧妙的敘事。我們必須思考未返回的轟炸機、沒人挑選的紙牌，以及還有哪些結果也符合靈媒所言。我們必須注意到平常不會注意到的事物，例如未能暢銷的鞋子，以及沒能成功的企業。

關注、投入、輟學，然後致富？

當然，問題在於人生來就會受好故事吸引，也會相信好故事。行銷奇才、投資天才的故事寫成書是很暢銷，但我們受到好故事吸引，並不會去思考故事沒說的東西。喬治．利夫奇茨（George Lifchits）、鄧肯．華茲（Duncan Watts）以及一群心理學、社會學、電腦科學的專家，在二〇二一年發表的一項研究提到這點。他們挑選了商業媒體常見的一種說法，亦即大學輟學生成立的新創公司發展成「獨角獸」的機率，是驚人的高。「獨角獸」就是市值超過十億美元的私營企業。[13]

比爾．蓋茲、史提夫．賈伯斯、馬克．祖克柏都是大學輟學創業致富的知名例子，但他們是例外，而非常態。克里斯（本書作者之一）、他的共同研究者強納森．韋（Jonathan Wai），以及他們的同僚發現，截至二〇一五年，兩百五十三位獨角獸企業創辦人與執行長，全數都是大學畢業，其中還有多位擁有碩博士學位。相較之下，不到半數美國成年人擁有學士學位。[14]

在利夫奇茨的研究中，研究人員告訴每一位研究對象，現在有個問題：究竟是大學畢業生創辦的新創公司更有可能達到獨角獸的地位，還是大學輟學生創辦的新創公司更有可能？研究對象必須判斷，一位匿名的大學畢業生以及一位匿名的大學輟學生，哪一位更有可能創辦會發展成獨角獸的企業。不過研究對象在判斷之前，會先看見一份由大學畢業生創辦的真實存在的五家獨角獸企業名單，或是一份由大學輟學生創辦的真實存在的五家獨角獸企業名單，或完全沒看見任何企業名單。此外，研究對象必須確認，他們知道自己看見的名單上的企業是經過挑選，所以只含有同一類型的創辦者。

看見大學輟學生創辦的企業名單的研究對象當中，六八％認為大學輟學生創辦的企業更有可能成為獨角獸。但看見大學畢業生創辦的企業名單的研究對象當中，只有一三％認為大學輟學生創辦的企業更有可能成為獨角獸。換句話說，研究對象的判斷，深受他們看過的經過選擇的少數範例影響。他們要是思考自己**沒看見**的資訊有多重要，也許就會做出不同的判斷。值得注意的是，幾乎每一位研究對象解釋自己判斷的理由，說的都是他們選擇的創辦人更有可能成功的原因，而不是他們沒選擇的創辦人更有可能失敗的原因。這兩種解釋其實都成立，只是思考正面的例子，會更容易想到認同的理由。

在這項研究中，並沒有一般所謂的詐騙。研究人員給研究對象看的，是真實存在的企業創辦人的真實案例，但這些案例並不能代表所有的企業創辦人。同樣的道理，假訊息宣傳活動只要刻意挑選符合需求的真實案例，不必含有明確的謊言或假新聞，照樣能奏效，還能避開一般常見的反詐騙「事實查核」。[15]

可能性表格

看到現在，你已經知道，做決策時，通常只參考我們看見的轟炸機的資訊，很少會想到沒返回的轟炸機。這裡要強調的是，探究你看見的事物，並不是愚蠢、不理性的行為。人的專注力效率很高，能藉此找出有意義的模式，做出推論，以及解決一些若是不專注，就無法進行較為密集的資訊處理，也就無法解決的問題。若是沒有專注力，就會連足球比賽的過程都無法看懂，只會看見模模糊糊的一堆身體，還有一個小小圓圓的東西，在身體之間彈來彈去。但除非專注的對象能代表問題的全部內容，也就是說順利返回的轟炸機，跟沒能返回的轟炸機一模一樣，否則專注能帶來的高效率對我們也無益。看足球賽時，若是只關注持球的隊伍，就有機會破解這支隊伍的策略，但就很難知道防守方為了對抗持球方的策略，做了哪些（或沒做哪些）。

騙子、商販以及行銷人員，就是利用人類專注力的這項缺點，發展出最古老，也最簡單的騙術，誘導人做出錯誤決策。他們不需要隱藏重要資訊，只要略去不提，指望我們別想到就行了。

想克服這種有問題的心理習慣，我們可以問：**「還少了什麼？」**在做出重要決策之前問這個問題，就能思考究竟需要哪些資訊，才能評估別人告訴我們的是否為真。**可能性表格**是個簡單的工具，有助於評估自己缺少了哪些重要資訊。

想像一個二乘二的表格。以靈媒的預測為例，表格的上面一行是靈媒做出的預測，下面一行則是靈媒**沒有做出**的預測。左列是實際發生的事件，右列是**沒有發生**的事件。所以左上方是靈媒預測過，也確實發生的事件。可能性表格的這個部分，是靈媒聲名大噪的原因，因為裡面只有靈媒的成功經歷，完全沒有靈媒的失敗經歷。

右上方是靈媒曾預言，但實際沒有發生的事件：蘇菲亞・布朗預言人們會在水裡發現那個失蹤女孩的屍體，但女孩其實沒死。

左下方是靈媒應該預測到，卻沒有預測到的許多事情，例如蘇菲亞・布朗就沒有預測到，會有人發現失蹤的女孩還活著（也沒有預測到她自己會因為證券詐欺被定罪）。思考可能性表格的這個部分並不容易，因為我們比較會注意別人做了什麼，而不是沒做什麼。以理查・桑德斯（Richard Saunders）為首的團隊，列出二十多年來幾百個全球重大事件，知名靈媒沒能預測到其中任何一件。這些事件包括哥倫比亞號太空梭爆炸、導致超過二十萬人喪生的二〇〇四年印度洋海嘯、巴黎聖母院大火，以及新冠肺炎疫情開始。[16]

最後，表格右下方是沒有一位靈媒預測過，也從未發生的事情（例如我們的前一本書贏得普立茲獎）。

思考可能性表格的所有內容，看見表格左上方的成功故事，再與表格另外三格的內容比較，看待出現在左上方的少數事件或軼事，感動的程度就會降低許多。

若要分析成功的行銷，表格上面那行是公司嘗試一種策略的案例，下面那行則是公司沒有嘗試策略的案例。左列是成功的產品，右列是失敗的產品。所以聽聞 Hush Puppies 精采又十分可信的故事，其實得知的只是表格左上方的資訊，也就是影響者使用 Hush Puppies 休閒鞋，隨後銷售量就有所成長。這時應該停下來，想想那些採用文青行銷業績卻不佳的公司、沒有採用文青行銷業績還是很理想的公司，以及沒有採用文青行銷業績也不理想的公司。檢視、估計，或僅是想像另外三個方格裡有幾家公司，再與左上方格比較，你就會知道，究竟有沒有證據能證明文青行銷確實能帶動業績。

思考「還少了什麼？」，就像想起布滿圓點的飛機示意圖，能提醒自己看見的只是倖存者，而不是當初要完成同一個目標、同一件任務的每一個人。考量其他三種可能性，也思考了眼前沒有的資訊，往往就能明白，我們只有巧合，沒有證據。

來看看一個可能性表格應用在日常生活的例子。行銷向來是聚焦在成功故事。每一家有名望的金融業者都會承認，過往績效並非未來績效的保證，但這些業者卻還是用過往的理想績效，做為招攬新客戶的賣點。多年來，我們兩人經常在社群媒體上看到一則廣告，照片裡的白人中年男子身穿不太合身的粉紅色上衣，標題寫著「五年後的今天，你大概會希望你當初買了這些股票」。字體更小的說明文字寫道：「他在一九九七年推薦亞馬遜，二〇一一年又推薦了特斯拉，現在他要宣布最新精選的幾檔股票，建議您立刻買進。」撇開那些標準的行銷廢話不談（難道這則廣告每次出現，都剛好是他「現在」要宣布最新精選股票的時候？），廣告詞暗示的意思，是此人深諳投資之道。畢竟他慧眼挑中了有史以來最大的兩家企業，第三次又豈會出錯？[17]

我們相信他說的話，也坦白招認確實很後悔多年前沒買這兩檔股票，因此在粉紅色上衣先生的可能性表格，我們將亞馬遜與特斯拉放在左上的空格，也就是他預測會大漲，也確實大漲的股票。但在大多數其他人的可能性表格，這兩檔股票是位於左下的空格，也就是我們沒買，後來卻大漲的股票。為了更準確判斷未來該不該聽從粉紅色上衣先生的選股建議，必須仔細看看他的可能性表格的其餘欄位。

天底下沒有一位職業投資人或選股者，能靠每十四年才推薦一檔股票過日子。他一定還選了其他股票，只是我們不知道其他那幾檔是大漲還是大跌。他很有可能也選了Zynga、MySpace、Pets.com（「因為寵物不會開車！」）這幾檔地雷股。地雷股會出現在表格的右上方：他認為會大漲，結果卻是地雷的股票。大家錯過這些地雷，可不覺得遺憾！我們還知道他沒選後來大漲的幾檔股票，例如Google、臉書、萬事達卡，因為他若是選了，就會跟亞馬遜、特斯拉放在一起大肆宣傳。許多公司的市值從一九九〇年代末開始大增，所以表格左下欄位一定有很多檔股票。最後，其他所有股票，都位在表格的右下欄位：他從未挑選，表現也不佳的股票。[18]

每個欄位各有幾檔股票並不重要。只要想想整個表格的全部內容，就會知道沒有證據能證明，我們應該相信十四年來選中兩檔飆股的粉紅色上衣先生。可能性表格是個萬用的利器，能提醒我們思考缺失的資訊。只要弄懂可能性表格的邏輯，就會發現很多用途，你會很納悶，沒有使用這個表格的那麼多年，你是怎麼活下來的。以下再舉幾個例子，讓你擴大關注的範圍：

- 歐普拉的雜誌《*O*》，頌揚「聽從直覺的偉大時刻」。雜誌列舉的其中一個例子，是雷・考克（Ray Kroc）的故事。他聽從自己的直覺，不顧律師團勸阻，貸款兩百七十萬美元（一九六一年的美元幣值），買下他在麥當勞的其他合夥人的所有股份。幾十年後，麥當勞成為全球最大連鎖餐廳。雜誌並未提到聽從律師建議，後來也成功的商人，或是不顧律師建議，後來卻失敗的商人。[19]

- 二〇一六年，阿邁德・汗・拉哈米（Ahmad Khan Rahami）於紐約市幾處地點設置炸彈。相關新聞報導指出，他在二〇一六年之前的十二年間，數度往返美國、巴基斯坦，以及其他伊斯蘭國家。但這些報導並未提到還有無數人也以同樣頻率往返於這些國家之間，而這些人並非恐怖分子。報導也未提及有些恐怖分子（或疑似恐怖分子）並沒有頻繁往返於美國與伊斯蘭國家之間。[20]
- 我們研究在接種新冠疫苗不久之後過世的案例，就會發現這樣的案例不少。但可能忽略數億人接種新冠疫苗之後並沒有死，還有一些人與這些案例的死亡日期相同，但在死亡前不久並未接種新冠疫苗。
- 所謂「吸引力法則」，又稱「意念顯化」，意思是你所想的就會實現。你想著你的朋友，朋友打電話給你，是因為你正想著他們。你想帳單，就會得到帳單。但你想的如果是錢，那就會得到錢。你想著不理想的人際關係，就永遠不會有理想的人際關係。但你若是想像理想的另一半，這樣的人就會走進你的人生。但你可能忽略你想的某人並沒有打電話來，而且這種事情常常發生，只是你不太記得。有時候是沒在想的人突然打電話來。更不用說有時候是**沒在想**某人，某人也**沒打電話**來，而且人生的每一刻，幾乎都是如此。[21]

想欺騙我們的人，會不斷強調左上欄位的內容，刻意不提其他欄位。從左上欄位的少量證據歸納出結論，是完全合理的，只要能找出一個看似合理的因果關係，能解釋左上欄位的例子，並不是碰巧出現在左上欄位即可。有人列出中槍後死亡者的名單，那就能合理推斷這些人是被槍彈擊中而身亡，因為我們知道槍是能打死人的。所以騙子常引用神祕、複雜，或是無法驗證的因果關係。別人告訴我們一個成功的原因，哪怕這個原因是捏造出來的，都更難去思考別人沒說的。

吸引力法則的支持者，認為吸引力法則的力量，在於量子物理學（對大多數人而言）深奧難懂。約翰．愛德華自稱是專業靈媒，彷彿要精通「通靈」這個「專業」，需要懂得可以驗證的原則，以及可以證明的機制。行銷人引用神經科學當廣告詞（消費者確實愛上了自己的 iPhone，因為僅僅是看著 iPhone，「大腦掌管愛的區塊就會活躍」），但這種因果關係，與他們推銷的產品無甚關聯。[22]

這種搶奪注意力的行銷行為，最新也最駭人聽聞的例子，是研發人工智慧產品的新創公司。二〇一八年，一家名叫 Nikola 的公司發表一支影片，內容是公司生產的自動駕駛卡車行駛在公路上。這家公司在二〇一六年發布自動駕駛卡車原型的時候，創辦人兼執行長崔弗．米爾頓（Trevor Milton）說道：「這個產品完全可以運作，真是太神奇了。」二〇二〇年，公司才承認這個原型缺乏燃料電池與電動機。影片的拍攝手法，是讓卡車滾下淺坡，再將攝影機拍攝的角度予以傾斜，讓地面顯得平坦。公司方面辯稱，影片說明文字只說卡車「在移動」，並未指出卡車是自行推進、自行駕駛。不過影片的目的，並**不是**要讓投資人與合夥人相信，Nikola 有能力打造與松林德比賽車（pinewood derby）同樣具有自動駕駛功能的卡車。[23]

有時候，我們不能僅憑推理，就推斷出可能性表格其他欄位的內容。但尋求更多資訊，可能會讓人不自在。想像一下，在約翰・愛德華節目現場，只有你這一位觀眾起身，要求他說出過往預測失準的經歷，或是全場只有你一人表示，你能說出他所謂的通靈行為背後的原理。「南方四賤客」諷刺愛德華的那一集就是這麼演的，也是那一集那麼好笑的原因之一。在很多情況，其實應該要有人挺身質疑，卻很少看到這樣的例子。也許正是因為不想造成難堪的場面，所以幾乎沒人質問 Theranos 公司高層：「你們這台機器，真的會執行你們聲稱的檢查嗎？」投資人與合夥人不好意思深挖公司隱瞞的資訊，結果就是害自己損失數十億美元。他們要是勇於質問，也許得不到可靠的答案，但不誠實的答案，也能暴露其中的問題。尋求更多資訊是值得的，就算沒拿到資訊也值得，因為若是很難挖掘事實，甚至挖掘不出事實，就代表一定有問題。

我們先不談知名靈媒、自動滾動卡車、生物科技詐騙這些無聊的事情，先來看看管理顧問這種令人振奮的產業。想像一下，一家中等規模的連鎖零售業者，想聘請一位顧問，協助公司留住有價值的員工。公司執行長建議找賴瑞・泰勒（Larry Taylor）。《財星》雜誌全球五百大企業（Fortune 500 firms）其中十幾家的高層，都對泰勒讚譽有加。現在我們已經知道，泰勒的推薦人名單，只是可能性表格的左上欄位而已。但還需要哪些資訊，才能確定他不是顧問界的約翰・愛德華？我們除了他的成功經歷之外，還要知道他的**成功率**。他的客戶當中，有多少確實提高了員工留用率？用了多長時間？沒有聘請泰勒的同等級公司，員工留用率的變化又有多大？我們也應該研究，泰勒的成績與其他顧問相比又是如何？

在這樣的決策中，應該在理性與禮儀許可的範圍之內，竭盡所能蒐集所需的資訊，以衡量表現。行銷就像所有類型的說服，必須控制哪些資訊要呈現，哪些資訊要隱藏。做決策時，依據的應該是我們盡可能蒐集到的資訊，而非僅憑別人呈現的資訊。就我們的經驗，企業的決策過程有時相當粗陋，所以最好能有人做個不討喜的少數，主動詢問還缺少了哪些資訊，也說明這些資訊又為何重要。[24]

不在場的就是證據

從可能性表格的右下欄位，能看出不少端倪，但要判斷哪些資訊屬於這個欄位，卻也很不容易。即使我們的行動確實防止壞事發生，也很少會記得。例如：

- 吃了藥後症狀若是沒有立刻緩解，或是有副作用，我們就會有怨言，卻沒想過若是沒吃藥，病情可能會比現在嚴重多了。
- 水災警報即使確實能預防水災，也不會有人稱讚，但防波堤若是失靈，則會引燃眾怒。

- 一座橋倒塌，我們會責怪相關人員，卻不會聲援幾十年來屢次寫報告表示橋梁需要維修的工程師，更不會想到維護其他橋梁安全的工程師。
- 各國政府會不惜代價，平息嚴重的公共衛生危機，但負責預防公共衛生危機的各國政府衛生部門，卻長年缺乏經費。[25]

可能性表格的概念最好的用途，是保留一份「失敗履歷」。我們能保留的不只是成功經歷，也就是在履歷表，或是商業推銷常看見的左上欄位的資料，亦可保留失敗經歷。人通常會遺忘自己的失敗，因為失敗的後果很少會讓人印象深刻：應徵工作卻沒錄取、很快就停擺的企業品牌再造活動、沒能提振銷量的行銷活動、全然無效的搭訕台詞等等。從失敗履歷，也可看出自己僥倖逃過，但其實應該承受的後果，以及應該成功，卻因為運氣不好而失敗的經歷，甚至可以看出曾經想過要做，但終究沒做的事情。看著這份較為真實的履歷，就會想起若是沒有這份履歷，便很有可能遺忘或忽視的行動及事件。我們要想知道哪些是成功的關鍵，哪些又與成功無關，就必須了解這些行動與事件。[26]

知名創投機構貝瑟默風險投資公司（Bessemer Venture Partners）相當認同「失敗履歷」的概念，甚至發表了一份「反投資組合」，列出幾家他們沒投資，後來卻極為成功的公司，例如蘋果、eBay、Airbnb。貝瑟默創立至今已有一百多年，這份清單保存了公司共同的回憶，記錄了現在的合夥人沒有親身接觸的決策（例如為何在一九六〇年代沒投資英特爾，一九七〇年代又為何沒投資FedEx）。這份反投資組合並不是完整的可能性表格，卻也呈現出公司除了平常投資大賺之外，確實也曾錯過大好的投資機會。許多較為年輕的公司，現在也仿效貝瑟默的做法。我們也有樣學樣，檢視過往的投資。克里斯永遠不會忘記，微軟股票在一九八六年首次公開發行時，他勸他爸不要買（「因為MS-DOS很爛，Windows 1.0是個笑話」，他到現在還是這麼想，只是他現在明白，做投資決策不該以這個理由為依據）。丹尼爾（本書作者之一）則是記得，他大舉買進一家名叫American Eco的環境清潔公司，這家公司後來在二〇〇〇年破產。[27]

本章探討了專注的力量與危險。我們專注的內容被人操縱，就有可能受騙上當。不去尋找缺失的資訊，就有可能看不見真相。問題是，僅僅在正確的地方尋找資訊是不夠的，因為我們找到的資訊，以及對於資訊的解讀，會受到我們的預期與預測影響。若是看見的符合預期與預測，可能就覺得不需要再查證。下一章要介紹壞人判斷出我們的預期，再迎合這些預期，也能欺騙人。

02 預測：做好感到意外的心理準備

為了理解這個世界，我們會依據自身經驗，預測接下來會發生的事。若是預測得不正確，就會據此調整預期。但我們的經驗若符合預測，往往就不會去質疑這些預測。騙子只要想辦法讓我們的預測成真，我們就有可能上當。其實，運用幾個策略，就能提醒自己對於未來預期的思考，可能不夠縝密。

二〇〇四年九月底，「六十分鐘」（*60 Minutes*）節目主持人丹・拉瑟（Dan Rather）罕見的代表CBS新聞台公開致歉：「我們判斷錯誤，為此我深感抱歉。雖然我們犯錯，卻是出於善意，也是秉持CBS新聞台調查式報導，無所畏懼，亦無所偏袒的傳統。」[1]

出錯的報導在美國總統大選僅僅兩個月前播出。報導指出，後來成為美國總統的小布希在一九七二與一九七三年，於美國空軍國民警衛隊（Air National Guard）服役期間，刻意逃避必須完成的體能測驗。他的上級長官迫於壓力，不得不幫他捏造好成績。外傳小布希沒有盡到空軍國民兵應盡的職責。多年來一直有記者在調查此事，卻始終沒找到明確證據。

退役的空軍國民兵比爾・伯克特（Bill Burkett）將一些備忘錄，提供給CBS新聞台製作人瑪麗・梅普斯（Mary Mapes），據說是來自於一九八四年去世的小布希上級長官傑瑞・基利安（Jerry Killian）中校的個人檔案。這些在事發當時寫下的備忘錄，能證明當時是空軍國民兵的小布希的犯罪行為，包括不服從命令，以及以缺乏時間為由不參加操練（他當時在競選參議院席位）。中校在備忘錄也提到自己迫於政治壓力，不得不「美化」小布希糟糕的表現。

小布希在那個年代曾經吸毒酗酒，此事眾人皆知，而知道這段歷史的記者，應該會覺得小布希逃避體檢也很正常。而且他能逃避在軍中的職責，還能動用當時是眾議院議員，後來成為美國總統的父親喬治・布希的政壇人脈，為自己脫罪，感覺也很合理。也許正因如此，CBS的記者才沒有針對伯克特提供的文件進行應有的查證。然而其他新聞媒體的記者，都認為伯克特是個反小布希的狂熱分子，經常發表毫無根據的言論，因此CBS的記者其實更應該查證才對。[2]

CBS新聞台的報導表示，備忘錄已經「經過鑑定」，但報導首度播出之後，備忘錄的來源幾乎立刻就受到立場保守的部落客以及新聞媒體抨擊。其中有些人指出，備忘錄的字型類似現代的Times Roman，問題是一九七〇年代初的打字機，根本打不出這樣的字型。基利安中校的兒子向福斯新聞的肖恩・漢尼提（Sean Hannity）表示，他懷疑備忘錄的真實性，而且他父親「很敬重（小布希）」。有人要伯克特交出原版文件，他說，他將原版文件傳真給ＣＢＳ之後，就予以燒毀。[3]

到了九月二十日，質疑聲浪已經巨大到無法忽視。ＣＢＳ坦承，無法確認文件的真實性，也成立由美國前司法部長迪克・森堡（Dick Thornburgh）領軍的獨立調查小組，調查相關人員的疏失。調查小組雖然無法「百分之百」確定文件是偽造的，卻在最終的調查報告，指責ＣＢＳ「短視近利，未能查證消息是否真確，就急著要做率先報導消息的新聞媒體」，以及「儘管諸多跡象顯示該報導確有缺失，卻依然冥頑不靈，盲目辯解」。報導指出，丹・拉瑟並未參與新聞內容的審查工作，在播出之前也並未看過這則新聞，但他還是辭去在ＣＢＳ的工作，從此再也沒回到知名電視台的新聞主播台。兩位製作人瑪麗・梅普斯與喬許・豪瓦德（Josh Howard）遭到開除。[4]

這個案例的特殊之處，在於像ＣＢＳ這樣的老牌新聞媒體，其實都訂有驗證文件，查證新聞來源的程序。事實查核的程序有時候非常繁瑣，甚至導致調查報告要延後幾個月才能發布。《華爾街日報》揭露 Theranos 騙局則是如此。記者約翰・凱瑞魯（John Carreyrou）本來要在二〇一五年七月的第三週發表，但報社等了十週，也就是等到十月八日才發表，甚至在發表的一週前，還與 Theranos 的律師團最後一次會面。[5]

我們對於世界的預期，是從自身經驗所衍生出的預測與直覺。你的手機的自動完成功能，是使用人類語言常見字序的模型，猜測你接下來要輸入什麼字。我們也是依據累積的經驗，形成一個世界模型，就能更準確預測近期可能發生的事。預測是人理解事物的關鍵。明明如此重要，我們卻往往沒發現，預測其實會深深影響我們對世界的解讀。即使是察覺到移動的物體這樣簡單的事情，也需要預測才能完成。大腦需要時間處理我們看見的光，所以我們感覺到的「現在」發生的事情，其實比「現在」延遲了幾百分之一秒。若是不想被車子撞，那需要掌握的並不是車子剛剛在哪裡，而是現在在哪裡，以及稍後會在哪裡。但等到掌握所需的視覺資訊，就來不及了，所以大腦必須使用類似「自動完成」的功能，預測車子稍後所在的位置。人面對移動物體的經驗豐富，而且向來就知道物體不會突然出現，也不會突然不見，因此可以建立一個有效的預測模型。要預測複雜得多，更久以後的行為、決策與行動，也是依循同樣的原則。

我們對於動作的預測若是出錯，就會被撞。對世界將會發生的事情的預測出錯，就會感到意外。而一旦感到意外，自然就會懷疑，但經驗若是符合預測，通常就不會質疑。人不能什麼都懷疑。同樣的道理，若是什麼都接受，就無法理解這個世界。我們必須做出預測。從經驗歸納出預期，再據此解讀所遇見的事物，而預期通常能讓人專注在重要的資訊上。

有時候，我們因為預測成真而感到高興，卻容易陷入確認偏誤（confirmation bias）。存心推銷的人就會利用確認偏誤這個弱點，刻意將「產品」塑造成我們想要，也符合我們預期的樣子。精明的騙子知道漢娜．鄂蘭（Hannah Arendt）說得對：「謊言往往比現實看起來真實多了，也更為合理，因為騙子握有巨大的優勢，能事先得知觀眾想聽見，也預期會聽見的東西。」[6]

要避免犯ＣＢＳ在小布希報導所犯的錯誤，就要問自己一個有些矛盾的問題：**「這跟我預測**

的一樣嗎？」如果答案是「是，這跟我預測的一模一樣」，那就代表你應該確認得更多，而不是更少。確認的方法之一，是假設你的預期與實際發生的完全相反。CBS的記者看到伯克特提供的文件，若是認為小布希不會逃避應盡的職責，也許就較有可能質疑備忘錄的來源。若是以這種方式檢視支持先前想法的證據與論點，就會發現這些證據與論點往往站不住腳。

不過要假裝相信你並不相信的東西，其實很困難。另外還有一種方法，源自軍方與情報界，最近應用在科學界，就是邀集同僚擔任「紅隊」，負責抓出你思考的錯誤之處。美國中央情報局在建議歐巴馬總統發動二〇一一年那場最終擊斃賓拉登的襲擊行動之前，選擇了多年來並未參與追捕賓拉登行動的四位情報分析師，挑戰中情局「賓拉登住在巴基斯坦阿伯塔巴德的一處院落」的結論。四位分析師評估其他三種假設的合理性，這三種假設都研判賓拉登不在院落裡。他們尋找這三種假設成立的理由，仍然認為賓拉登在院落的機率為四〇至六〇％。「紅隊」最終的結論，與中情局的研判類似。紅隊質疑的聲浪若是較大，這起行動很有可能就不會發生。[7]

口罩若是不合身，你就有可能感染

即使是最有思考能力的人，也會被預期蒙蔽。有些證據甚至證明，推理能力更強的人，在為自己的想法辯護時，會**更容易**被騙。

在二〇二二年初，新冠病毒 Omicron 變異株大為流行期間，《華爾街日報》發布一份資訊圖，顯示不同類型的口罩，可阻擋引發新冠肺炎的 SARS-CoV-2 病毒傳播的小時數。這份圖表顯示，沒戴口罩的未感染新冠肺炎者，若是與戴著並不完全貼合的N95口罩的新冠肺炎患者說話，受保護期是二．五小時。如果兩人都戴著不完全貼合的N95口罩，未感染新冠肺炎者的受保護期會是二十五小時。但如果兩人都沒戴口罩，受保護期就只有十五分鐘。[8]

流行病學家與傳染病專家長久以來始終認為，品質較佳的口罩，能防範藉由空氣傳播的病毒。對於已經依照這項建議的人來說，這張資訊圖足以證明他們小心謹慎是正確的。他們的預期是N95口罩，尤其是貼合程度較佳的N95口罩，保護作用遠勝於布口罩，或是完全不戴口罩。資訊圖的內容也符合他們的預期。這張圖在口罩愛好者當中，像病毒一樣迅速擴散（抱歉）。

像N95這種過濾效率較高的口罩，確實頗能防範藉由空氣傳播的病毒，這一點毋庸置疑。但製作這張資訊圖的人，是直接將每一款口罩的過濾效率，直接乘以十五分鐘（再除以六十），得出一種叫作「受保護小時」的荒誕無稽的標準。那個十五分鐘是哪裡來的？最有可能是美國疾病管制與預防中心、英國國民保健署，以及其他主管機關所使用的「緊密接觸」的門檻，以追蹤新冠肺炎患者可能傳染的對象。這個標準既非生物學事實，亦非病毒學定律。其實接觸到新冠病毒不到十五分鐘，就有可能感染，也確實有這樣的例子。以十五分鐘做為追蹤接觸者的門檻，雖然武斷，卻也務實。因為新冠檢測陽性者，應該會記得跟他們接觸十五分鐘或更久的人，也許還能說出他們的名字。但他們應該不會記得在某個商店為他們結帳的店員，也不會記得在走廊遇見哪幾位同事。[9]

將過濾效率乘以追蹤接觸所使用的截點，並不能算出「受保護小時」。其實依據現有的知識，就能知道那些數字根本沒有意義。會不會染疫，與其他很多因素有關，例如是在戶外，還是在密閉空間，所在的空間是否通風，是扯開嗓門大吼，還是安安靜靜坐著，染疫者的傳染性是否位在最高峰等等。我們也必須知道，要有多少病毒粒子進入，才能引發感染，而這又會受到許多因素影響，例如個人免疫反應的差異，甚至也包括鼻毛的數量。[10]

如果你戴著未經密合度測試的N95口罩，與戴著布口罩大聲尖叫，且有傳染力的新冠肺炎患者面對面，那你幾乎絕對不會有三．三小時的受保護期（即使有，你受到的保護也不會從三．二九小時的一〇〇%，大降至三．三一小時的〇%）。然而我們有幾位精通量化研究的同僚，卻還是將這張圖表發表在臉書與推特上，做為贊成使用優質口罩的理由。我們認為，他們是因為圖表的結論符合他們的預測，所以沒有仔細思考。

類似這樣的圖表，能鼓勵大家使用更好的口罩，而過濾效率更高的口罩，保護效果確實更好。但這種圖表也有可能收到反效果。反對強制規定大家戴更好的口罩，甚至反對戴口罩的人，會以圖表中荒誕的數字為由，抨擊在其他方面有理有據的圖表的可信度。呼籲更多人使用更高品質的口罩，以減緩全球疫情擴散是件好事，但好的目的也不能用錯誤的手段達成。[11]

以預期為根據的推理

企業高層經常說些「我們是數據導向的公司」或是「數字不會說謊」之類的陳腔濫調，表達他們是多麼相信數字。注意數據總比忽視數據好，但要記住，先入之見也會影響我們的解讀。丹．卡韓（Dan Kahan）與同僚在二〇一七年的一項研究，就證明了這一點。他們先呈現出不可能引發強烈意見的主題的資料，亦即假想的新款護膚霜能否有效治療皮疹。他們向一千一百一十一名美國成年人組成的代表性樣本，展示了一張二乘二的表格，表格顯示皮疹好轉或未好轉的人數，並根據他們有無使用新款護膚霜進行分組。[12]

這個表格似曾相識，因為就跟先前介紹的可能性表格一樣。上面一行是使用過護膚霜的人，下面一行是未使用護膚霜的人。一列是皮疹好轉的人，另一列是皮疹並未好轉的人。要判斷使用護膚霜的好轉人數，是否多於未使用者，就必須將使用護膚霜之後皮疹好轉的人數百分比（上面一行），與未使用護膚霜，皮疹卻仍舊好轉的人數百分比（下面一行）做比較。

先前說過，在這樣的二乘二表格，很多人往往只會注意左上欄位的內容，忽視其他欄位。而在這個例子，左上欄位是使用過護膚霜，皮疹也有所好轉的人。在這種類型的研究（以及在這次試驗）中，數字通常經過刻意挑選，所以你如果只看左上欄位，就會得到錯誤的答案。可想而知，卡韓的團隊發現，許多研究對象都犯了這種錯誤。這項研究最主要的結論，是數字能力較佳的人（以同一試驗中另外進行的測試判斷），更能使用數據，正確判斷護膚霜是否有效，不會因為只注意左上欄位，而受到誤導。

這項研究的重要部分沿用了同樣的設計，但將不會引發預期的護膚霜標籤，改換成會引發熱議的政治話題：一個城市是否明令禁止隨身攜帶藏在身上的手槍，將決定這座城市的犯罪率的增減。所有研究對象在表格看見的都是一樣的數字。但半數研究對象在左上欄位看見的，是有禁令的城市犯罪率下降。而另外半數研究對象在左上欄位看見的，則是有禁令的城市犯罪率上升。

在美國，政治立場較為保守的人，比較反對槍枝管制法令，而政治自由派則是比較贊成。這項研究在數據所指向的政策，以及研究對象較有可能支持的政策之間，巧妙設置了一種對立。數據是人為編造的，所以研究對象如果只看左上欄位，那有一半機率會答錯，但也有一半機率會答對。研究人員即可探討，研究對象若看見左上欄位的數據與自己的先入之見相同，而非不同，是否還會仔細思考。

在與政治立場無關的護膚霜測試，擅長數字、邏輯較佳的人，通常能正確解讀數據。但主題一旦換成槍枝管制政策，數據若顯示槍枝管制與犯罪率下降有關，這時計算能力測驗成績較好的自由派，對於數據的解讀，比保守派更為正確。數據若顯示槍枝管制導致犯罪率上升，那計算能力較好的保守派，對於數據的解讀，比自由派更為正確。無論是哪一組研究對象，只看左上欄位所得出的結論，若是不符合預期，他們都會進行批判性思考。但結論若是符合預期，就比較不會進行批判性思考。[13]

看見能證明「無須採取行動因應氣候變遷」的可疑證據，自由派通常會詳加思考。但自由派若是看見支持「增加移民人數」的數據，就比較不會進行批判性思考。保守派則是完全相反。我們傾向認同符合自己預期的結論，因此會只注意呼應自己預期的薄弱證據，而非強大的反證。舉個例子，《紐約郵報》於二〇二二年一月刊出的一篇意見評論，以二〇二一年八月的一項分析為依據，宣稱最高品質的研究，也不足以證明口罩確實能「防範」呼吸道病毒。然而這項分析所依據的各項研究當中，除了一項之外，其餘都是在新冠肺炎疫情暴發之前進行。而且文章也沒提到史上最佳的口罩研究，亦即一場複雜的試驗，研究孟加拉六百個村莊數十萬居民的新冠防疫措施。這項研究於二〇二一年十二月發表於《科學》（*Science*）期刊，在《紐約郵報》那篇文章刊出的幾週之前，便已頗受矚目。[14]

預期甚至會破壞我們運用基本邏輯原則的能力。以「一隻動物若是一隻狗，那這隻動物就是哺乳類」為前提，而且小花是一隻狗，那很容易就能得出結論，小花是哺乳類（這種邏輯原則稱為「肯定前件」〔modus ponens〕）。只要前提與結論符合所知、所信，要順著邏輯得出這種結論並不難。但若將前提改成「如果一隻動物是一隻狗，那這隻動物就是爬蟲類」，已知小花是一隻狗，那按照這個邏輯，就不得不說小花是爬蟲類。要這樣做就比較困難，因為我們很清楚狗並不是爬蟲類。

現在要請你想一想，前提如果是我們堅信，卻有爭議的想法，而不是簡單的動物分類事實，該怎麼辦？以下結論是否符合前提的邏輯？

所有危險藥物都應該立法禁止使用。

大麻是一種危險的藥物。

所以應該要立法禁止使用大麻。

一個人若是認為大麻是危險藥物，也認為應該立法禁止使用危險藥物，就會認同這種結論。若是認為大麻的風險相對較低，或是認為危險藥物應該是合法的，那就不會認同這種結論。

心理學家阿納普．甘帕（Anup Gampa），與同僚測試九百二十四位線上研究的志願參加者解決邏輯問題的能力。這些邏輯問題的結論可能符合，也可能不符合志願參加者自行表述的思想與信念。整體而言，志願參加者的表現非常好，正確解答了七三％的問題。但其中的保守派傾向認為「自由派」的結論錯誤，而自由派則是認為「保守派」的結論錯誤。兩組志願參加者在結論與他們的想法相符的狀況下，多半會誤將錯誤的結論當成正確。[15]

看看下面的例子：

所有馬克思主義者都認為，自由市場是不公平的。

總統的顧問當中，有幾位認為自由市場是不公平的。

因此，這幾位總統顧問是馬克思主義者。

九四%的自由派志願參加者表示結論是錯誤的，所以他們的回答正確。但只有七九%的保守派志願參加者表示結論是錯誤的，也許是因為這個結論，符合他們對於當時執政的歐巴馬政府的某些預期。問題偏誤一旦顛倒過來，保守派的表現就優於自由派，兩組的整體表現大致相當。在三項研究中，包括一項以一千一百零九人代表全國的樣本所做的研究，結論若是符合研究對象的想法，那研究對象認為結論合理的機率，就會增加至少一五%，有時甚至會增加超過一倍。

遇到不符合預期的結果，我們就會更仔細探究，看見結論符合自己所相信的，就會接受。這種傾向是造成科學、商業，以及日常生活各種錯誤的原因。卡門．萊因哈特（Carmen Reinhart）與肯尼斯．羅格夫（Kenneth Rogoff）這兩位經濟學家，就吃了這種傾向的虧。他們分析政府負債與經濟成長之間的關係的歷史數據，不小心忘記在 Excel 試算表某一列的最後一欄，「填入」一個方程式，因此得到錯誤的結論：一個國家的負債一旦達到國內生產毛額（GDP）的九〇%，這個國家的經濟成長前景就很不樂觀。他們以這個結論為依據，提出備受爭議的政策建議：政府應該嚴加防範支出太高，借錢還債。簡言之，他們認為政府應當撙節。羅格夫身為前國際貨幣基金首席經濟學家，提供的建議極具影響力。他與萊因哈特合著的探討債務危機的著作《這次不一樣：800年金融危機史》（*This Time Is Different*）不僅是暢銷書，也是政策制定者必讀的書目。[16]

許多科學上的錯誤，都是這種無心的簡單過失。科學家就像一般人，在研究結果不符合預測的時候，比較有可能再三檢查。對於符合自己預期的研究結果，就不會這麼仔細。因此，最終發表的科學研究結果裡面的錯誤，通常是出現在研究人員偏好的假設。如此說來，與萊因哈特與羅格夫意見相左的經濟學家，會發現他們的錯誤也就不足為奇。萊因哈特與羅格夫若在研究發表之前，就與這些和他們意見相左的經濟學家合作，兩組人之間的預期不同，也許就能避免錯誤發生，至少錯誤就不會發表。邀請不同意見者加入你的陣營，也就是科學所謂的「對立合作」（adversarial collaboration），也許是一種需要練就的能力，卻能帶來巨大的收穫。[17]

看見預期會看見的

在美式足球比賽中，中鋒每次「發球」，都要從兩腿之間將球傳給四分衛，四分衛會先退後兩步，再採取其他行動。但其實沒有一條規則規定，一定要以這種方式發球。在二〇一〇年的一場比賽，美國德州一所中學的球隊，是由中鋒將球高舉過肩，拋給四分衛。四分衛接了球，不但沒有後退，還若無其事走向敵隊的線鋒之間，而敵對的線鋒顯然沒發現比賽已經開始。四分衛發現前方無人阻擋，就快速衝過其他防守隊員，達陣得分。[18]

在競技運動，類似這樣的「欺敵戰術」，是一種利用預期心理的詐術。這不算作弊，並沒有違反比賽規則。但這種戰術是以推翻既有的模式與標準取勝，由此可見人的預期，確實深深影響自身對於他人行動的解讀。

預期會影響所見，這是我們第一本書《為什麼你沒看見大猩猩？》的主題。我們看見的，絕大多數是預期會看見的；而且很少會注意生活當中那些出乎意料的事件、物體，以及模式。我們在一九九九年進行的原版「大猩猩實驗」證明，人們若是忙著計算籃球球員的傳球次數，就不會看見穿著大猩猩裝走過整個場景中間的人。大猩猩實驗的影片暴紅之後，很多人從此明白，別人叫你計算傳球次數的時候，你就該尋找大猩猩的身影。於是丹尼爾製作了一部新影片，名為 *The Monkey Business Illusion*。建議大家先到 YouTube 看看這部影片，再繼續看這本書。[19]

如同第一部大猩猩影片，這部影片也有一群人計算白衣球員傳球的次數。也如同第一部影片，一個身穿大猩猩裝的人，從傳球的球員當中走過，在中間停下，面向攝影鏡頭捶胸，再從另一頭離去。也如同第一部影片，並未預期大猩猩會出現的人當中，大約有半數沒注意到大猩猩。看過第一部影片的人，知道要尋找大猩猩的身影，也幾乎都會注意到。但即使預先知道大猩猩會出現，也不見得就能注意到其他預料之外的物體與事件。預先知道大猩猩會出現的人，注意到現場其他變化的可能性，甚至還**略低於**其他人。

即使沒有發生預料之外的事情，我們的預期與信念，也會影響自己對於看見的事物的解讀。日本相機業者Canon的澳洲分公司，推出一系列影片，展示攝影師創作的方式，也證實這一點。公司邀請六位職業攝影師，拍攝同一位中年男子麥可的照片。麥可每次前來拍照，都身穿黑色牛仔褲，搭配白T恤，外面罩一件扣子沒有全扣上的藍色禮服襯衫。每位攝影師都收到一份關於麥可其人以及過往成就的簡介，但每位攝影師收到的內容都不一樣。一位攝影師得知，麥可曾經入監服刑。另一位則是得知麥可曾經救過別人的命。第三位收到的資訊，是麥可自稱會通靈。其他幾位攝影師分別得到的資訊是，麥可是白手起家的百萬富翁，曾經酗酒，以捕魚為生。同一個人在同一個攝影棚接受六次拍攝，成品卻截然不同。攝影師努力捕捉他們眼中的麥可的精髓。他們得到的資訊，影響了他們對於麥可的預期，這種預期又影響了他們在攝影過程中，如何安排麥可的位置、如何打光、選用的鏡頭與角度，以及他們從第一次與麥可見面，到完成攝影作品，當中的每一個決策。[20]

騙子與模仿者也是用同樣的原理欺騙我們：想冒充他人，就要模仿世人預期此人會有的言行。在「星艦迷航記」電影的第二部，里卡多．蒙塔爾班（Ricardo Montalban）飾演的角色「可汗」（Khan），是基因工程的產物，也是片中的反派。他熟知這項原則。為了伏擊「企業號」星艦以及艦上人員，他先控制另一艘星際聯邦的星艦「信心號」，再以不會引起警覺的方式接近「企業號」。雖然「信心號」的表現有些奇怪，但寇克艦長認為「信心號」應該是設備故障，並非打算發動攻擊。等到他發覺不對勁，圈套已經開始奏效，「企業號」遭受重創。詐騙能否成功，關鍵在於能否符合受害者的預期，進而讓受害者放鬆戒備，因為我們看見的若是符合預期，就很少會停下來質疑，也很少會深入探究。[21]

從混亂的科學，到科學的混亂

所謂科學，就是運用試驗與資料，測試各種預測的過程。大家都知道，科學家對於證據不足的主張，會抱持懷疑態度。令人意外的是，科學家竟然也會跟其他人一樣，落入同樣的預期陷阱。獲獎的荷蘭心理學家德里克．斯塔佩爾是蒂爾堡大學教授。他以研究周遭環境對於人的思考與行動的微妙影響而揚名國際。他的某項試驗曾於《科學》期刊發表，證實人僅是走過骯髒的火車站，或是走過髒亂的街道，就會有更多種族歧視的想法。斯塔佩爾是多位以實例證明「隱喻促發」（metaphorical priming）現象確實存在的社會心理學家之一。所謂隱喻促發，意思是人的知覺與經驗，會促發一些只有些微相關，或是在隱喻意義上相關的概念（例如實體的汙穢與種族歧視），而且這些聯想會改變我們的態度，甚至也會改變我們的行為。類似的研究證實，置身在一個箱子之外，就能有更具創意的構想。拿著一杯熱咖啡，就會覺得別人顯得更為親切。想著一位教授的生平，知識競賽的成績就會更好。聞到可疑的氣味，就會更懷疑別人。[22]

我們在這裡提到斯塔佩爾的研究，是因為他的研究與其他例子相比，有一項重要的差異：他壓根沒做研究。他的數據都是虛構的。多年來，他讓同僚、學生、合作對象看見他們預期會看見的研究結果，用這種方式騙了他們。[23]

有些科學詐騙確實有全新的發現或突破。但大多數虛構的研究結果，其實都是針對既有且普及的主題，做出小幅度的漸進變化。看在相關領域的專家眼裡，會覺得這些虛構的研究結果是主流的，典型的，並不會覺得真正新奇，或是出乎意料。相同研究領域的科學家，第一次聽見某個後來證明是造假的研究結果，多半會點頭，說「對，這就對了」，而不是搖頭說「不可能」。

知名康乃爾大學心理學家達瑞爾．貝姆（Daryl Bem）接連發表研究，據說證實了「預知」（precognition）能力確實存在。預知能力是一種超自然能力，能預測其實是隨機發生的未來事件。當時科學界的反應是懷疑，難以置信。正如二十年前物理界過早發現冷融合（cold fusion）一樣，科學家多半沒能預料到貝姆的研究結果，於是他們徹底檢視他的研究方法與統計數據，卻發現根本不存在。並沒有證據能證明貝姆跟斯塔佩爾一樣偽造數據，但他的結論太「不合常理」，難免會受到質疑。真正的詐騙，往往必須是足夠新奇的研究，能吸引大眾的注意與肯定，但也不能誇張到引來懷疑且追究的目光。

無論是不是科學家，但凡看見符合我們的預期，卻需要專利技術，或是其他研究人員都拿不到的特殊資源才能取得的研究結果，都應該提高警覺。這樣的研究，多半是細心的研究人員所成就的重大突破，必須持續努力多年，才能取得這些資料。但想走捷徑的人，若是知道別人拿不出數據反駁自己的研究結果，就更想走捷徑。斯塔佩爾據說是在真正的火車站，為研究對象進行測試，而不是安排研究對象看著電腦螢幕上的火車站照片，因此要複製他的這項研究，就更不容易。演化生物學家馬克·豪瑟（Marc Hauser）研究棉冠獠狨（cotton-top tamarins）的認知表現，世上只有少數幾位學者研究過這種猴科動物。加州洛杉磯大學政治學研究生麥可·拉庫爾（Michael LaCour）據說安排四十一位研究助理，挨家挨戶訪談九百七十二人，以了解與同性戀者互動，是否會改變他們的政治觀點。這幾位學者發表的論文被調查之後，全都被撤回。除了隱瞞有問題（甚至根本不存在）的數據之外，將研究方法刻意形容得神乎其技，也會塑造出新奇、嚴謹的表象，贏得或許不該擁有的讚譽。[24]

一九九〇年代末，我們在哈佛大學的同事凱倫·魯傑羅（Karen Ruggiero）接連發表了刻板印象的社會心理學的幾項研究。她的研究頗具影響力，也有很多人引用，但就像斯塔佩爾的研究一樣，是自行捏造出來的。我們親眼目睹了凱倫·魯傑羅造假的後果與影響。幾位同事對丹尼爾說，他們自己針對類似主題，循規蹈矩做了研究，卻無法發表，因為得出的結果並不如魯傑羅的明確。編輯與審查人員通常認為某個主題率先發表的研究是「正確」的，後來發表的研究，若是出現較為薄弱，或是不同於率先發表的研究的結果，就會被他們認為是研究方法出了問題，或是不完整，但這種觀念其實有問題。[25]

魯傑羅承認造假之後，她的共同作者，包括她的幾位學生，也受到嚴格檢視。大多數學生攻讀博士學位，是想學習研究方法，如果學習的榜樣是他們的指導教授，那他們可能永遠沒想過要仔細檢查數據與分析。人通常要等到預期破滅之後，才會想到應該要仔細檢查。但即使事後檢討，也很難了解自己受到預期蒙蔽的程度有多嚴重。[26]

斯塔佩爾就跟魯傑羅一樣，最後坦承自己作假。他的論文有多達五十八篇被科學期刊撤回，他也因此登上獨立團體「撤稿觀察」（Retraction Watch）被撤回論文數量排行榜的第七名。他在憶起這些事件的回憶錄寫道：「我杜撰的內容是符合邏輯的，並不算震撼世界。」他造假的研究新奇到能吸引別人的注意，但並沒有誇張到會引發質疑，而且也符合大家的預期，所以沒人深究。[27]

使用造假數據的造假數據

並不是每個人的預期都相同，這也是好事。一件事情也許符合了一個人的預期，卻會引起另一人的質疑。一個值得參考的例子，來自一項探討造假的研究，而這項研究本身也是造假。在一項於二〇一二年發表的研究，四個知名商學院的行為科學家組成的團隊，研究如何鼓勵人們更誠實揭露事實與資訊。他們與美國一家保險公司合作，請一萬三千多名汽車險保戶，透露他們汽車的里程數。里程數愈高，保費就愈貴，因為駕駛時間愈長，發生事故的累積機率就愈高。所以駕駛人若是低報從上一次揭露至今的里程數，也就是作弊，對自己是有利的。每位駕駛必須在「我保證我所提供的訊息皆屬實」的聲明下方簽名。[28]

這種聲明往往是為了防範不誠實的行為。在二〇一二年前，這種聲明最常出現在文件的結尾，例如美國聯邦所得稅表格（「依據偽證罪的刑罰，本人聲明……」）。在這項里程數的研究，每位駕駛會隨機拿到兩種版本的表格的其中一種：一種是一般常見的格式，在文件末端簽署聲明。另一種的簽署聲明，則是出現在里程數的欄位**之前**。研究團隊認為，先簽署聲明，可強調誠實申報里程數的義務。結果不出研究團隊所料，先簽署聲明，再申報里程數的駕駛人，申報的里程數大約高出一〇％。[29]

一〇％看起來也許不多，但效應擴散到幾萬名或幾十萬名駕駛人，就代表只要稍稍調整簽署聲明欄位的位置，保險公司的保費收入就會大增。研究結果於《美國國家科學院院刊》（*Proceedings of the National Academy of Sciences*）發表之後，政府機關與私人機構開始採用這種先簽署聲明的策略，以提高誠實申報的機率。唯一的問題在於，沒有任何人知道，至少有一部分汽車里程數是捏造的。

杜克大學教授丹・艾瑞利（Dan Ariely）是探討不誠實、不理性，以及金錢的幾本暢銷書的作者，負責領導這項研究中與保險公司合作的部分。這項研究發表九年後，三位行為科學家喬・西蒙斯（Joe Simmons）、萊夫・尼爾森（Leif Nelson），以及烏里・西蒙森（Uri Simonsohn）

（還有另外一群擔心被報復所以匿名的研究人員）證實，研究數據不可能是真的。舉個例子，大多數車主一年駕駛兩千至一萬五千英里的路程，里程數超過這個數字的人數則是少得多。但在這項研究的資料集之中，有人申報一萬英里，也有人申報四萬九千英里。西蒙斯與同僚仔細研究，發現資料集當中有好幾行重複的數據，而且被隨機添加零至一千的數字，讓數據看上去不會完全一樣。他們深入調查，最終導致這篇論文被撤回，五位作者均坦承，研究使用的是不實數據。這個例子的特別之處，在於所有論文作者都承認論文使用的是不實數據，而真正申報不實的人，卻是身分不明。[30]

這很可疑

一項研究若是有統計學上的異常值，是否就一定是造假？丹尼爾在研究所開設的研究方法課程上，使用凱倫·魯傑羅被撤回的一篇論文，進行一項練習。他告訴學生，論文裡的研究結果是偽造的，再問學生，能從論文中發現哪些不對勁的地方？精明的學生發現，少數據說來源不同的數據，卻一模一樣，而且有些變率的相似程度，也超出一般的預期。

但爬梳科學數據，或是爬梳任何類型的數據，想找出造假的證據，是一種很危險的做法。因為幾乎所有的真實數據，都有很多「雜訊」。即使是毫無問題的數據，幾乎都能找出看起來怪怪的模式。

政治學家馬卡坦・亨弗瑞斯（Macartan Humphreys）開設了一個名為An Exact Fishy Test的網站，完全道破這個道理。網站邀請你隨便輸入1至100之間的十個數字，無論你輸入什麼數字，網站都能找出統計上的異常之處。舉個例子，隨機輸入下列數字：71、51、90、88、65、48、87、18、57，以及35。應用程式顯示，這些數字「呈現出非常明顯的模式」。數字「8」出現了五次，而在隨機選擇的數字當中，同一數字應該只會出現兩次。出現五次的機率，不到五％。我們再試一次，這次輸入的數字是80、11、96、40、18、29、43、29、22，以及97。系統仍然判定這一連串數字異常，因為含有五個質數。而在1至100之間隨機選取的十個數字當中，通常平均只有二・五個質數。出現五個質數的機率不到八％。太多2開頭、3開頭的數字、太多奇數或偶數、太多低於50或低於30的數字、太多一位數單數搭配另一位數偶數等等的現象，全都會被網站判定為異常。即使是真正隨機選取的一組數字，尤其是只有十個數字的話，只要存心挑剔，都能挑出一些異常之處。[31]

一如Fishy Test網站，你若是一開始就預期會發現異常之處，那一個真正的資料集即使確實是隨機產生的，你也會找出異常之處。僅憑一個異常模式，就認定數據造假，是經驗不足的數據研究者經常會犯的錯誤，尤其是他們先檢視數據，再察覺異常模式（而不是預先打算要找出異常之處），然後再計算究竟有多異常的時候。結果就是做出看似有憑有據，實則錯誤的造假指控。[32]

僅憑有問題的數字，並不足以認定研究造假，尤其是許多已發表的科學文獻，難免會有很多無心的錯誤。不過在類似里程數研究這樣的例子，看到了一個又一個罕見的異常，難免會認為必有蹊蹺。此外，真實數據具有一些已知的數學特性，所以缺乏這些特質，等於是造假的鐵證，因為這些特性極難偽造。

1並不是最寂寞的數字

你若是請別人在1至10之間隨便選一個數字，你會發現很多人會選7。身兼心理學家與魔術師的傑．奧爾森（Jay Olson），以及他的同僚阿林．阿姆拉尼（Alym Amlani）與羅恩．倫辛克（Ron Rensink）請超過六百五十人挑一張紙牌，結果半數以上選了這四張牌的其中之一：黑桃A、紅心A、紅心國王、紅心王后。你請別人隨機說出硬幣正反面出現的順序，就會發現他們的順序往往變換太頻繁，而且持續得不夠長。很多人想到「隨機」，說出的反而是固定的模式。但隨機的事物會具有可預測性。[33]

正常成長過程所形成的數字，例如追蹤、按讚，或是線上瀏覽人數的累積，通常都會依循乘冪律（power law），較大的停止值，出現的頻率愈來愈少（瀏覽次數為一百至兩百的 YouTube 影片，數量遠多於瀏覽次數為一百萬至兩百萬的影片。賓客五至十人的派對，數量遠多於賓客五百至一千人的派對）。所謂的班佛定律（Benford's law），是只要一個數值能無限增長，而且可能的數值範圍橫跨至少幾個量級，那隨機性就會產生一種固定的模式。無論是湖泊的體積、銷售營收，還是社群媒體的追蹤者計數，很多領域都符合班佛定律。

從這個角度看，就能輕鬆搞懂班佛定律：遇到新的量級時，第一個碰到的數字總會是1。個位數是從1開始，所以計數一定會先從1開始，才會數到2。如果在隨便一個點停下來，那已經數過1的機率，會高於數過比1大的數字的機率。數完個位數，接下來的十個數字，也就是10至19，第一位數會是1。數完這些數字，就會發現從1至19的這些數字中，1出現了十一次，也就是出現的機率為五八%。過了99之後，接下來的一百個數字（100至199）也會是1開頭。如果接著數下去，隨便在某個點停下來，我們都必須數完第一位數是1的數字，才會數到第一位數是其他數字的數字。無論停下來的點是哪個數字（例如一個推特帳戶在隨便一個時間點的追蹤人數），這個數字開頭是一的機率，高於開頭是其他數字的機率。

班佛定律告訴我們，在這類數據中，各數字出現在第一位數的詳細機率。班佛定律的特點在於，第一位數是1的機率約為三〇%，第一位數是2至9的機率則是遞減。如果數據照理說應該符合班佛定律，卻不符合，那就很有可能是造假的數據。

馬里蘭大學電腦科學家珍妮佛．戈貝克（Jennifer Golbeck）是社群網路的專家。她研究網際網路易受攻擊的弱點的模式，包括陰謀論的擴散，以及殭屍網路的運作。她研究人們在臉書之類的社群網路的好友人數，或是在推特的追蹤者人數，發現人數的演進符合班佛定律。社群媒體追蹤者的人數，總是從一人開始，久而久之逐漸累積。而且擁有少數幾位追蹤者的人，多於擁有幾千追蹤者的人。假設你在推特上追蹤一千人。只要你檢視這一千人的帳戶，看看他們每一人追蹤的人數，就會發現這些數字也符合班佛定律。[34]

殭屍網路與人類使用者不同，通常不會依循班佛定律，因為追蹤者人數的增加，並不是自然成長。一般而言，殭屍網路追蹤的帳戶數量都相似，有時是追蹤隸屬同一個殭屍網路的其他帳戶，然後再發出預先設計的內容，或是轉推其他帳戶的內容。戈貝克觀察這些三階追蹤者人數，亦即殭屍網路自己追蹤的帳戶的追蹤者人數，藉此抓出一個殭屍網路。這些追蹤者人數並不符合班佛定律。她發現這個不對勁的地方之後繼續深入研究，發現這些帳戶幾乎每一個都屬於同一群人經營的同一個網路。[35]

有時候，有些人初次得知班佛定律，就會應用得太過積極，甚至套用在不可能符合班佛定律的情況。舉個例子，川普的某些支持者宣稱發現二〇二〇年美國總統大選舞弊的證據。他們認為拜登在各選區的總得票數，並不符合班佛定律。但標準版的班佛定律，其實並不適用這種狀況。因為選區是經過刻意設計，所以每個選區的人口數都很接近，沒有一個選區的人口會無限成長。因此，選區大小的分布不會符合乘冪定律。此外，拜登的總得票數會限制川普的總得票數，反之亦然。想像一下，芝加哥的一個選區有一千位選民，拜登在這個選區拿到九百票。假設沒有第三黨候選人，那川普就會拿到一百票。在許多類似的選區，川普的得票數也許常常會是1開頭或是2開頭，看似符合班佛定律。拜登在這些選區的總得票數，8開頭與9開頭的出現次數，當然會遠高於班佛定律的規律。這並不是選舉舞弊的證據，而是拜登與川普分配固定總數的選票，所必然會出現的數學結果。[36]

即使是確實符合班佛定律的數據，有時所謂的異常其實只是假警報。舉個例子，公司的營收與支出通常符合班佛定律。但公司若是經常購買一種要價四十九・九五美元的產品，支出報表就會有比較多的項目是四開頭的數字，因此不符合班佛定律。以班佛定律分析，會覺得支出報表有問題，但只要確認這些支出是正確的，就能輕易解決這個問題。有時候細查不符合班佛定律的地方，就會發現原來只是企業數據正常的異常。

但有的時候，不符合班佛定律之處，就代表有人造假。在美國，所得稅以前是用一張表計算，以五十美元為一個級距。在一九七〇年代末，跨越一個五十美元的級距，應繳稅額就會增加七美元。馬克・尼格里尼（Mark Nigrini）寫了一本書討論班佛定律在會計領域的應用。他在書中分析了納稅申報書的數據，發現很多人申報的所得正好略低於級距門檻，也就是所得數字的末兩位是49或99。他也發現，很少人申報的所得正好略高於級距門檻（51與101）。大多數人為了節省七美元的所得稅，謊報自己的所得。而這種造假很明顯，因為違反了數位應有的分布方式。[37]

尼格里尼等人證明，很多做假帳事件之所以被識破，有一部分原因是假帳裡的數字，不符合班佛定律。那些捏造假銷售或營收數字的人，大概也知道不應該捏造太多整數。但他們也許不知道，從一些比較細微的模式，也可看出造假的破綻。他們無法確定數字的首位數的分布，一定能符合班佛定律的模式。就算他們熟悉班佛定律，也很難偽造符合班佛定律的數據。其實無論使用的進位制的底數為何，都適用班佛定律。十進位適用，八進位也適用。即使你是造假高手，也很難捏造或是竄改出在任何一種底數的進位制，都能呈現出符合班佛定律的自然成長模式的數字。

什麼最能帶動預期

預期往往很重要。人若是沒有預期，就不可能感知，也不可能理解任何東西。我們到認為能找到某樣東西的地方去尋找（而不是隨機或任意尋找），通常都找得到。之所以會記得這個方法不管用，唯一原因是把東西放在不尋常的地方。若是沒有預期，人就永遠不會感到意外，而感到意外可以促進學習。在很多情況，大腦會自動將我們的預期與實際發生的事情予以比較，進而修正大腦對於世界如何運作的內部模型。

西洋棋大師、職業賭客強納森．列維特（Jonathan Levitt）認為，人應該超前部署，事後再檢討未能預測到的事情，就能更明確展現我們的期待。他說：「我從西洋棋學會了超前部署的心態，要盡量去規劃未來。心裡對於未來可能會發生的事情有個底，總比完全不知道未來會怎樣，只能摸索來得好。西洋棋讓我了解到自己思考的局限。」世上最傑出的預言家，經常會寫下自己的預測，也就是對於未來的預期，再將這些預期與實際情況一一比對，以此逐步累積預測失敗的履歷，才能了解自己真實的預測能力。[38]

我們依據知識與經驗，做出預期與預測，所以留意失準的預測，對我們是有益的。但是累積的經驗常常相當一致，形成根深柢固的假設。為了理解這個世界，按照常理行事，人必須相信一些事實，但相信得太多，就不會再確認自己的信念是否依然正確。存心欺騙的人，就會利用我們錯誤的信念，甚至予以強化。下一章就要介紹，沒能辨識，進而檢視自己的信念，會害得自己容易被騙。

03 信念：假設的時候要小心

人若是相信一種假設或信念，以後也很少會再想想。有些毫無爭議的假設非常重要，是我們能否理解這個世界的關鍵。但要能察覺，進而避開騙局，就必須願意了解，進而質疑自己的信念，因為信念能在不知不覺中誤導人。

一九七〇、八〇年代初的歐洲搖滾樂迷，也許還記得來自西柏林，成員來自世界各國，以實驗性樂風聞名的樂團 Lustfaust。吉他手來自比利時，貝斯手來自德國，鼓手來自日本，主唱則來自加州。根據二〇〇六年回顧展 *Lustfaust: A Folk Anthology 1976-1981* 所提供的資訊，樂團是偶然成軍的，幾位成員原是要為一位主唱伴奏而前往錄音室錄音，結果主唱並未現身。他們以 Mutter Theresa 的團名錄製第一張專輯，一年後開始在德國各夜總會巡迴演出，將團名改為 Lustfaust。Lustfaust 不欣賞當時音樂產業的規範，只發行錄音帶版本的專輯，刻意將錄音帶的外盒紙卡做成空白，鼓勵樂迷自行創作專輯封面。他們有創新的音樂，又展現出反商業化的態度，這樣的樂團注定會吸引眾多樂壇同行成為樂迷。比 Lustfaust 晚出現，也遠比 Lustfaust 成功的樂團 Einstürzende Neubauten 主唱柏莉莎・巴傑爾德（Blixa Bargeld）回憶道：「Lustfaust 真的是引路的藍圖……沒有他們這些開路先鋒，就根本不會有我們的樂團。」歷經一連串轉折，Lustfaust 最終於一九八一年解散，只留下鮮為人知的錄音帶、演唱會海報，以及回憶。

在一九七〇年代聽過 Lustfaust 音樂，至今還有印象的人，要是知道樂團當時根本還不存在，也許會很驚訝。其實這個樂團一直到二〇〇〇年代中期才出現，樂團的歷史、團員、音樂作品目錄，以及巡迴表演時程表，全都是倫敦概念藝術家傑米・肖林（Jamie Shovlin）編造出來的。他為樂團根本不存在的所謂一九七〇年代的「公演」，接連設計幾款漂亮的傳單與海報，自行製作「樂迷繪製的錄音帶專輯封面」，還成立了照片檔案庫，裡面據說有一些是樂團的公演照，還有一些是偷拍的照片。他還架設了內容詳盡的樂團專屬網站 lustfaust.com，裡面有重聚巡迴演唱會的消息，還有一個部落格。肖林也開設一個 MySpace 網頁，甚至在維基百科發表簡短的 Lustfaust 詞條。有人質疑為何沒有展出樂團歌曲的錄音，他的回應是製作簡短的影片，也表示樂團成員之間的版權爭議尚未解決，所以無法展出所有的音樂作品。這些「紀念品」在紐約、倫敦展出時，口號是「傑米・肖林策展，展品由（兩位虛構的樂團成員）麥可・哈特（Mike Harte）與莫瑞・華德（Murray Ward）提供」，很多參觀者根本不知道，整件事是個騙局。幾位參觀者甚至對肖林說，他們還記得以前看過的 Lustfaust 現場演出。[1]

重點當然在於騙局。肖林製作一九七〇年代一個真實的德國噪音音樂樂團應該會留下的實體與數位文物，營造一種假象，又舉辦一場活動，引導眾人相信樂團確實存在。這個例子證明人有多容易相信關於歷史的假象。這種錯誤的記憶影響其實很廣泛。多年來，獨裁統治者以及野心勃勃的暴君，會使用錯誤消息改變人民對於歷史的想法。其實用不著極權政權，甚至用不著精明的騙子，照樣能玩這種記憶造假的把戲，人就會對自己玩這種把戲。

曼德拉效應

有句老話說，不記得歷史的人，注定要重蹈覆轍，但是萬一不同的人記得的歷史完全不同，該怎麼辦？二〇〇九年，一位名叫菲歐娜・布梅（Fiona Broome）的女子，說她記得尼爾森・曼德拉（Nelson Mandela）於一九八〇年代，在南非的一處監獄逝世。曼德拉因為陰謀推翻南非的白人政府，被判處無期徒刑，就在這處監獄服刑。但其實曼德拉於一九九〇年獲釋，透過談判廢除了種族隔離政策，於一九九四至九九年擔任南非總統，並於二〇一三年以九十五歲高齡去世。曼德拉在二〇〇九年還活著，但布梅卻宣稱看過曼德拉死訊的新聞報導，包括世界各大城市發生暴動的新聞，她印象非常深刻。而且她還發現，其他人也有類似的記憶。但誰也無法從史書、新聞報導，或是任何可靠的消息來源，找到能證實他們的記憶正確的證據。[2]

一群人的歷史記憶，怎麼可能與所有正式可靠的歷史記載完全不同？早在布梅領悟之前，認知心理學已回答了這個問題，答案並非這些人的心理有問題。我們都會遇到類似這種尋常記憶失靈扭曲的狀況。你記得「星際大戰」的達斯．維達曾說：「路克，我是你的父親。」或寇克艦長說：「史考提，把我傳送上去。」這些話？其實這兩個角色根本沒說過這兩句名言。如果你對這兩句話有印象，那是因為你聽過他們說過類似的話（維達說的其實是「不，我是你的父親」，寇克說的是「史考提，把我們傳送上去」），而且你也聽其他人說過不正確的版本。[3]

很多人認為記憶就像錄影或是電腦硬碟，將我們認為重要的事件的完整副本儲存起來。我們的回憶很逼真，又能輕易想起，所以就認為這些記憶是真實的。但一百五十年來的科學研究已經證明，記憶是可以重建，也可以回憶的。我們感覺自己在擷取一段記憶，有時候其實是在結合不同來源的資訊，建構過往事件的一個版本。看似一段連貫的記憶，實際上可能是發生在不同時間，不同地點的多段經驗的混雜。[4]

人的記憶甚至有可能夾雜從別人那裡聽來的細節。記憶若有缺口，也會自行以預期或假設填補。我們在寫這本書的期間，有時也會爭論某些主題以前是否寫過，又是何時寫的。我們的記憶即使不一致，只要看看已發表的著作，就能知道誰對誰錯，不會一口咬定我們活在兩個平行時空。

菲歐娜．布梅就是認定自己跟別人活在不同的時空。她堅稱她所記得的曼德拉之死，以及全球各界對於曼德拉之死的反應的所有細節，全都是正確的，而且屬於另一個現實，又稱「分叉的時間線」。在另一個現實，曼德拉確實於一九八〇年代逝世。她等於是認定自己的記憶不會有錯，所以不接受關於她的經驗的正確解釋。她認定自己的記憶正確，所以她能接受為何其他人的記憶與她不同的任何解釋，再怎麼荒誕都接受。認為現實在改變、在分裂，所以不同的人經歷的事件次序才會不同（而不是以各種可預期的方式，記錯同一個次序），這種觀念叫作「曼德拉效應」（Mandela Effect）。愈來愈多人的鮮明記憶，其實與一般認為的現實不同，卻堅信自己的記憶正確無誤，還拿「曼德拉」效應為自己開脫。

曼德拉效應造成的記憶差異，多半是兩個或更多類似的記憶痕跡（memory traces），合併成一個記憶。舉個例子，很多人都記得小時候有一款花生醬品牌叫 Jiffy，但 Jiffy 花生醬根本不曾存在過，吉比（Skippy）與 Jif 這兩種品牌的花生醬倒是存在過（至今也依然存在），而「jiffy」是一個英文單字。同樣道理，有些人記得有一部關於精靈的電影，片名叫 *Shazam*，主角是喜劇演員辛巴達（Sinbad）。但實情是辛巴達出現在一九九〇年代的另一部電影，穿著類似精靈的服裝。大約在同一時期，籃球明星俠客歐尼爾（Shaquille O'Neal）在一部名為「精靈也瘋狂」（*Kazaam*）的電影飾演精靈。一九七〇年代還有一部與精靈無關的電視節目叫 *Shazam*。尼爾森・曼德拉其實有很大的機率死在獄中，他的同胞史蒂芬・比科（Stephen Biko）就在一九七七年被警方拘留期間逝世。彼特・蓋伯瑞（Peter Gabriel）寫了一首流行歌曲紀念此事。整個一九八〇年代，南非確實發生反種族隔離暴動，世界各地也確實暴發反種族隔離示威。如果你在一九九〇年代很少關注南非，就很有可能將這幾項事實合併成一種信念，誤以為最知名的南非黑人領袖一定是死在獄中，而且你是在電視新聞看見他的死訊。一九八〇年代的人要吸收新聞，最常見的途徑是收看電視新聞。

有些曼德拉效應的支持者認為，那麼多人對於過往有相同的記憶，恐怕並不是因為尋常的記憶扭曲。但事實並非如此。曼德拉效應的例子，全都與知名的新聞事件、領導人、產品、電影，以及名流有關。曼德拉效應的這種記憶合併，是可以預測的，也很常見。如果有非常多小朋友看過「Berenstain Bears」系列的書，那幾乎可以斷定，會有很多小朋友記錯，把書名記成「Berenstein Bears」。結尾是「stein」的名稱，比結尾是「stain」的名稱普遍多了。而且很多人看見不常見的「Berenstain」，可能就誤認、誤唸成「Berenstein」。少數人記錯不奇怪，每個人都記對才奇怪。

此外，人的記憶很少是獨立的，也很少是完全私人的。我們會與親朋好友說起自己的經驗，而且每次擷取回憶，回憶的內容都會改變，所以一次又一次討論回憶，共有的回憶就會扭曲。網際網路與社群媒體，會讓記憶扭曲發生得更快，因為你的信念無論有多麼不合情理，多麼違反物理定律，在網際網路與社群媒體上，都能找到同樣擁有這種信念的人。（對了，在「星艦迷航記」，史考提真的說過：「我不能改變物理定律。」）要記得，只要聽見別人用量子力學解釋人類行為，就要把謊言偵測器開到最大。

人的記憶會變，而且很多人對自己的記憶太有信心，這些現象其實並不奇怪。這些現象幾十年來都為人熟知。比較奇怪的是，有些人一口咬定自己的記憶絕對正確，甚至會依循荒誕的信念系統，包括分叉時間線、另類現實，以及遍及全球的陰謀論，去修改每一則關於曼德拉的新聞，刪除網際網路上每一則關於 Jiffy 花生醬的貼文，以證明自己的記憶正確。就像誤以為 Lustfaust 樂團確實存在，記憶錯誤的風險似乎很低。辛巴達究竟有無出現在精靈電影，或是一本童書的書名究竟含有哪一個母音字母，其實並不重要。但人若是不接受科學對於現實的合理解釋，反而擁抱偽科學與陰謀論，那問題可就嚴重了。我們若是相信所有的地理區域不存在，或者從古至今的歷史是假的，那問題可就嚴重了。掌權者若宣傳另一種版本的歷史，做為征服與種族滅絕的藉口，那可就是攸關生死的問題。[5]

就我們的判斷，曼德拉效應現象之所以興起，延續至今，是因為相信自己的記憶不會有錯的人，總能找到跟他們一樣記憶有誤，卻又無比自信的人。在很多情況，認為別人也有相同的記憶，就代表這份記憶是正確的，是合理的想法。一場會議過後，若大多數與會者，對於會議內容的記憶都相同，那少數一兩位有不同記憶的與會者，有可能是記錯了。如果一對父母對孩子的行為的記憶相同，但孩子卻有不同的記憶，那八成是父母的記憶正確。但你若是一心認定自己的記憶正確，這種觀念成為你心中無可動搖的鐵律，那你難免就會得出荒謬且對自己不利的結論。[6]

假設vs.信念

一群人對於歷史的理解之所以相同，是因為這群人的假設與信念相同。假設是思考與推理的必備條件，我們在生活中經常在假設。若是做了假設卻又渾然不覺，或是沒發現已經沒有證據能佐證自己的假設（或是一開始的假設就沒有根據），更何況是假設越了界，演變成**信念**，也就是根深柢固、完全不會去質疑的想法，那假設就會變得危險。*Slate Star Codex* 部落格有一位匿名作者，將信念與證據之間脆弱的關聯形容得十分貼切：

> 從內在的角度看，堅定的信念無論是否有根據，無論是以何種方式產生，感覺都差不多。換句話說，我們的內在很難分辨「我檢視了現有的全部證據，所以對這個信念堅信不疑」以及「我秉持這個信念，是因為強大的文化、社會，或是個人的原因，與證據無甚關聯」的差異。有些思想家的表現就是明證。他們在某個領域思路清晰，換了一個領域卻頭腦不清，但他們卻對自己所有的信念無論對錯，深信不疑。[7]

一種信念若是變得非常強烈，到了我們不覺得需要質疑的地步，我們可能就不想再了解與這個信念的主題相關的知識。若看見與自己的觀點相左的新證據，可能會不當一回事，或是裝作不知道。這叫作「有意無視」（willful blindness）。在許多司法案例，被告不得以不知道現有證據為由，辯稱自己僅僅是「監督」詐欺，或是在不知情的狀況下參與犯罪。[8]

即使是堅信某個假設，也會讓人對這個世界的其他假設產生連鎖效應。我們若是堅信一種假設，那按照邏輯，就必須捨棄比這種假設有憑有據得多的假設，例如我們每個人都活在同一個現實，同一個時空。舉個例子，思覺失調症的患者，往往有古怪偏執的想法。若是有人相信自己日常的活動其實隱含一種能解開某個深奧謎團的密碼，或是中情局在他們的大腦植入一種裝置，追蹤他們的一舉一動，你可能認為這種人的推理能力有問題。但思覺失調症患者解決邏輯推理問題的能力，並不會不如智商水準相同，但並未罹患思覺失調症的人。[9]之所以會有偏執妄想，似乎並非因為推理能力不佳，而是因為對於日常經驗的知覺或解讀不正確。思覺失調症患者有兩種可能，一種是會聽見、看見其實不存在的聲音或影像（尤其是聽見說話聲、看見人）。另一種是相信尋常的巧合（在超級市場看到同一群人，在家裡聽見聲音）全都與自己有關。這些都是心理疾病患者常有的狀況。若是堅信這些經驗是真實的，也有其意義，那妄想出來的解釋就會顯得比較合理。

我們在不知不覺中產生的信念，是最危險的。這種隱藏的信念，會減損我們有效決策的能力。俄羅斯於二〇二二年二月二十四日對烏克蘭發動戰爭。俄羅斯先前一直在集結兵力，進行軍事演習，種種政治動作也是意在侵略。美國政府幾個月來，也公開預言侵略行動會發生。但是世界各國的人民與政府接獲戰爭暴發的消息，還是頗為驚訝。即使在俄羅斯與烏克蘭，大多數民眾也不認為普丁會下令開戰。幾乎沒人在二月二十四日之前逃離烏克蘭，但接下來的一百天，卻有六百五十萬人逃離。很多人起初並不相信真的開戰，這也代表他們在不知不覺間相信，俄羅斯只會進行軍事恫嚇，不會真的動武。[10]

我們覺得驚訝的時候，往往代表本應抱持保留態度，卻過早相信某種信念。二〇〇〇年代盛行的次級不動產抵押貸款證券的買家，都相信不動產市場不會長期走跌。結果卻是真的長期走跌。二〇一〇年代投資人造訪 Theranos 總部，看著 Theranos 研發的機器「檢驗」自己的血液，以為檢驗結果真的來自這些機器。但其實不是。要避開這類型的詐術，在重要的採購、協議、投資，以及做成結論之前，必須先問自己：**「我的假設是什麼？」**想要有條有理的分析我們的決策依據是否站不住腳，唯一的辦法，就是釐清自己與當前決策相關的信念，暫且對這些信念抱持保留態度。

衡量信念的價值

人在運動而不是看電影，或是存錢而非花錢的時候，都是犧牲當下某些東西，換取未來的好處，例如更佳的健康狀況，或是更多的財富。要在不同時間點的酬賞之間做出選擇，稱為「跨期選擇」（intertemporal choices）。你會選擇一年之後領取兩百美元，還是現在領取一百美元？如果你選擇一百美元，等於是以一年五〇%的速度，**折現**未來金錢的價值（因為一百美元是兩百美元的五〇%）。克里斯進行一系列研究，發現年輕成年人若能選擇現在或是以後（「以後」的時間點有幾種，最長一年）獲得不同金額的金錢，折現率大概是每日一%，遠遠高出他們能從任何合法的投資管道獲得的報酬率。[11]

經濟學家奈德・奧根布里克（Ned Augenblick）與同僚運用折現率，研究一群狂熱崇拜分子有多相信他們的信念系統。所謂狂熱崇拜團體，是一群人的共同信念與主流差異甚大，例如某種邊緣宗教、陰謀論，或是某位頗具魅力的領袖的信徒。看在外界眼裡，會很難理解狂熱崇拜分子的信念，而且往往很難看出狂熱崇拜分子的信念究竟有多深。基督教牧師哈羅德・康平（Harold Camping）是廣播談話節目主持人。他預測《聖經》記載的「被提」（rapture），將發生在二〇一一年五月二十一日：到了這一天，忠實信徒將飛升天堂，其餘的人在接下來的五個月，將承受「人間地獄」般的痛苦，直到眾生在十月二十一日滅絕。奧根布里克的團隊從被提預定日的不到兩個星期前開始，向康平的二十三位信徒提供一連串選項，從立刻領取五美元，到四星期之後（也就是被提發生之後）領取最多五百美元。康平的信眾認為，塵世的錢財到了來生就會變得一文不值，因此幾乎每一位都寧願在被提之前領取五美元，也不要在被提之後領取五百美元。相較之下，基督復臨安息日會（Seventh Day Adventists，不相信世界末日即將到來的基督徒）的信眾，則是願意等四個星期再拿五百美元。[12]

二〇一〇年，皮尤研究中心（Pew Research）的意見調查發現，超過四〇%的美國受訪者，認為耶穌基督會在接下來的四十年之間回到人間，被提也會因此發生。這項研究的作者丹尼爾·寇恩（Daniel Cohen）表示：「但也不該將現代的末日論者，視為騙子、蠢人或是瘋子。這樣的人通常是正直、聰明，而且神智清楚，只是非常相信一種不正確的思想。」換句話說，末日論者相信的信念，能決定哪些結果會發生，哪些又不會，即使後續造成的結果（例如現在的五美元比四星期後的五百美元更有價值）看在不認同這些信念的人眼裡，是毫無邏輯可言。事實證明，世界並沒有在二〇一一年滅亡，所以康平的信眾少賺了一些零用錢。奧根布里克省下了一些研究資金，可用於以後的試驗。[13]

脆弱的信念

並不是所有的信念，都像狂熱崇拜分子所懷抱的那樣強烈。有些信念遠比我們所知的還要脆弱，而克服這些信念的難度，也比想像中要來得低。有些試驗甚至證實，改變信念能發揮神奇的效果。

佩特·約翰松（Petter Johansson）、拉爾斯·霍爾（Lars Hall）、斯韋克·西克斯特倫（Sverker

Sikström），以及安德烈亞斯・奧爾森（Andreas Olsson）二〇〇五年於《科學》期刊發表論文。他們給一百二十位研究對象觀看兩個人的紙本照片，請他們指出哪一張比較好看。研究團隊再將研究對象選擇的照片，交給研究對象，請他們解釋選擇的原因。研究對象也樂於說出原因（「眼睛很好看」、「我喜歡棕髮」等等）。這樣進行幾次之後，研究團隊再略施小計，將研究對象不喜歡的照片，而不是喜歡的照片交給研究對象。結果四分之三的研究對象不但沒注意到照片被更換，還會解釋為何覺得他們不喜歡的這張臉更好看！[14]

這種「選擇盲視」的研究，證明了人自認為理性、無可動搖、有憑有據的信念，其實很容易被操控。選擇盲視是個有趣的現象，凸顯出我們不吝於質疑別人的信念，卻很少質疑自己的信念。[15]

霍爾、約翰松，以及兩位同仁伊曼紐・特魯什（Emmanuel Trouche）與雨果・梅西耶（Hugo Mercier）以另一項試驗證明，人非常懶得去思考自己的假設與論點。在研究的第一階段，研究對象看見一組五個關於虛構街道上的商店的邏輯問題。每個問題都有兩個前提，以及幾種可能的結論。例如前提可能是：

- 第四間蔬果店賣的產品包括蘋果。
- 蘋果都不是有機的。

接下來，研究對象必須從下列清單中，選出「關於這家商店的水果是否為有機，自己能確定說出」的句子。

- 所有水果都是有機的。
- 水果全都不是有機的。
- 有些水果是有機的。
- 有些水果不是有機的。
- 我們完全無法確定，這家店的水果是否為有機。

研究對象也必須在空格填上自己選擇的理由（喔，對了，正確答案是「有些水果不是有機的」。）

在下一個階段，研究對象必須評估其他研究對象對於同一組邏輯問題的選擇與說明是否合理。在每個例子的上方，他們看見的是自己的選擇，下方則是另一位研究對象的選擇與解釋。他們要針對每個問題，決定另一位研究對象的解釋，是否足以說服自己改變原先的答案。

研究對象並不知道，在他們評估的五個例子的其中之一，頁面上方是「我的選擇」，但其實內容呈現的是別人的選擇。而「別人的回答與理由」一欄，記載的其實是他們自己在作答時寫出的答案。結果竟然有將近五〇%的研究對象，沒發現「別人」的選擇與解釋，其實是他們自己的！而且這些研究對象當中，超過半數選擇保留他們誤以為是自己的答案，不願改為他們幾分鐘前才親自給出的答案所寫出的理由。換句話說，他們誤以為這就是他們先前的答案，所以不願意更改，即使看見自己原先給出的不同答案，也還是不願意更改。[16]

從萊因哈特與羅格夫的負債與成長數據試算表的例子可以看出，我們若是不相信別人的說詞，就更有可能察覺此人的錯誤。這項原則適用的範圍很廣泛：我們遇到自己不認同的說法，往往會挑剔相關的邏輯與證據，卻幾乎總是默許符合自己信念的說法。水果店試驗則是證實，即使是自己的論點，若誤認為是別人的論點，也會加以批評。

不要理會你腦袋裡的假設

選擇盲視研究是使用神奇的花招，揭露某些信念與假設的脆弱。魔術師就是以顛覆人的假設為生，他們對於信念的看法很值得參考。

二〇〇七年，意識科學研究協會（Association for the Scientific Study of Consciousness）於拉斯維加斯舉行年會。那年年會最吸引丹尼爾的，是以「意識的魔術」為主題的特別研討會。主講人包括世上最知名的魔術師：泰勒、詹姆士・蘭迪（James Randi，別號神奇蘭迪）、麥克・金

（Mac King）、阿波羅・羅賓斯（Apollo Robbins），以及強尼・湯普森（Johnny Thompson，別號偉大的湯索尼）。職業魔術師向來對於意識、注意力，以及記憶的心理學感興趣。身為誤導大師，他們對於觀眾思考、推理的方式瞭若指掌，而在與假設及信念的本質相關的魔術理論與實務方面，也是經驗豐富。[17]

我們先前討論過哈利・哈汀的紙牌讀心術，也就是魔術師讓觀眾選擇的紙牌消失。這個魔術要奏效，關鍵在於自願參加的觀眾做出的假設。魔術師說會把觀眾選的紙牌變不見，也確實做到，觀眾就會相信，魔術師真的說到做到，而不會去質疑「其他紙牌沒有改變」的假設，甚至想都不會去想。

詹姆士・蘭迪在研討會上強調，魔術師必須挑起觀眾的預期，但不要明言要觀眾相信什麼。他說，魔術師不該告訴觀眾箱子是空的，而是應該讓觀眾看到空箱子。他說：「要讓別人假設，這樣他們欣賞完魔術之後，就會完全相信自己的假設是正確的，就代表事實。」

強尼・湯普森解釋魔術的表演過程。他說，魔術師讓觀眾接連做出幾項假設，引導觀眾思考關於魔術的幾種可能解釋。然後在表演魔術的過程中，又接連推翻觀眾的假設。魔術師會說：「你一直拿著這副牌，想洗牌幾次都行，然後再切牌，選出一張牌。」這番話的作用，是逐漸排除每一種可能的解釋。等所有解釋都被排除，我們就只剩下「魔術」，至少會有一種猜不透魔術底細的詫異感（也許是因為在那副牌交到觀眾手上之前，魔術師就已經動了手腳，只是沒人想到這種可能性）。

麥克．金則是介紹，以不同的方法達到相同的結果，也能消除觀眾的預期。就他的例子而言，這個結果是從他的鞋子變出大石頭。如果他第一次從鞋子變出石頭，石頭掉在地上是很響亮的一聲砰，那觀眾就會覺得，他從鞋子變出的下一顆石頭，也會是實心的。如果他在將第二顆石頭變出鞋子的整個過程中，一直讓觀眾看見他的雙手，意思是他不可能先將石頭偷偷放進鞋子裡，你看了可能會認為，他第一次變出石頭的時候，也不可能將石頭偷偷放進鞋子裡。只要每一次出現相同的結果，很多人就會認為，魔術師每次使用的方法都相同。[18]

魔術師很了解觀眾，了解觀眾在一開始的信念，也了解觀眾會做出哪些假設。他們即使表演給其他魔術師看，也是如此。在「潘恩與泰勒：魔術大比拚」（*Penn and Teller Fool Us*）影集，任何人只要表演潘恩與泰勒無法參透的魔術，就會獲得「魔術師師傅」獎盃。從這個影集可以看出，職業魔術師知道很多種方法都能製造出同一種魔術效果，所以對於變出一種魔術的方法，也會有一些假設。而且魔術師的假設會比一般人高明得多，但仍有可能被誤導。例如觀賞魔術的觀眾可能會認為，魔術師會以優雅複雜的手段，把東西變不見，而不是表演只有外行人才看不出破綻的簡單手法。

信任與信心

相信一種觀念，對世界的看法就會改變，而相信一個人，也會影響思考方式。「信任」經常成為人們受騙上當的理由。我們分析人容易受騙上當的原因，並不是將信任視為單獨的一種認知類型，而是視為一種信念。信任一個人或是一個組織，就會認為他們說的都是實話，不會細查他們的說法，也不會像面對不信任，或你認為不會說實話的對象那樣，以大量批判性思考分析他們的說法。信任他人並不代表缺乏推理能力，也不代表缺乏智力。無論是選擇盲視研究或其他研究都可得知，人其實有能力發現有瑕疵的論點，只要相信這個論點是別人，而不是自己提出的。

某些最大的詐術之所以長盛不衰，是因為人與人之間強大的信任。法蘭克・凱西（Frank Casey）的合夥人向美國證券交易委員會舉報馬多夫的龐氏騙局。凱西對一位客戶的家人說，把所有錢全都投資馬多夫風險未免太大。兩個月後，馬多夫的騙局垮台，這位客戶對凱西說，他的岳父聽了凱西的建議，說道：「他們應該是好意，但他們不了解。馬多夫不會害我們。」馬多夫的騙局能延續那麼久，正是因為這種信念。[19]

信託人與受託人愈熟悉，就愈可能產生信任，信任也愈深。很多人都說，馬多夫是在成為紐約金融業的龍頭人物之後，才開始行騙。他的投資人很多都是他的親朋好友與相識，以及這些人的親朋好友與相識。說穿了就是他運用人脈，逐步累積信任他的投資人。馬多夫被捕的幾年後，一位美國證券交易委員會的前任律師告訴我們，馬多夫雖然罪行重大，但說穿了就是一個反社會的內線交易者，針對猶太群體所犯下的「熟人詐騙」。

日常生活的信念

人對於世界的運作做出假設，以及不去質疑這些假設就行動的能力，是一種特色，並不是一種瑕疵。這些假設多半會是正確的。想想一件簡單的事情，例如如何辨識一個常見的物體。我們在課堂上教視覺知覺（visual perception），有時會在白板畫一個圓圈，再畫一條線將圓圈一分為二，接著問學生這畫的是什麼？有些學生說是加了赤道線的地球，也有人說是寶可夢精靈球，還有人說是平頭螺絲。但沒人提到，如果從正上方看，就會覺得像一個手把豎起的水桶。從正上方以外的任何角度看，都能輕易看出這是一個水桶。從正上方俯視的角度看，會看到一種偶然的奇異排列，是一種「退化視野」，顯示的區辨性訊息（distinctive information）太少。我們看見一個物體，多半會認為自己看到的是典型視野，而不是退化視野。這麼想多半也是正確的。[20]

我們並未聽說過騙子利用他人的退化視野騙走巨款的例子，但日常生活中會不知不覺產生其他類型的信念，也因此更有可能受騙上當。這一章給出的建議，是要更常問自己：「我的假設是什麼？」下列是幾種思考時應該避免的信念。

大家都懂我在說什麼。

我們說出術語、縮寫字，提起名人以彰顯自己的人脈，就意味著認為別人知道自己在說什麼。這種假設又稱知識的詛咒（curse of knowledge），反映出我們很難想像，也很難掌握別人不了解的事物。人們通常不願意打斷一個正在說話的人（尤其是地位較高之人），針對他剛才的說話內容提問，唯恐自己會顯得無知。別人若是沒提問，我們就很少注意到知識的詛咒，也會以為自己傳達了其實並沒有傳達清楚的訊息。

自然產品比人工產品好。

你可能認為，自然或有機的食物與藥物，本來就比人工或基因改造的食物與藥物更好。有時候也許是如此，但很多所謂的自然產品，品質與價格其實比較差。例如某些基因改造食物就更容易種植，需要使用的殺蟲劑更少，而且每單位價格能餵飽的人更多。過度相信「自然」，可能就會以高價購買高風險產品，例如未經加熱消毒的牛奶、未受管制的藥物，甚至所謂的「原水」，也就是未經過濾、未經處理的泉水，充滿殺蟲劑以及可能對人體有害的細菌。客觀來說，我們也有可能犯了過度相信科技解決方案的毛病。重點在於要檢視自己的偏好所依據的事實，才有餘裕做出真正的最佳選擇。[21]

經過同儕評審的文章，就是科學真理的保證。

同儕評審是個過程，新的發現與研究結果必須通過專家檢閱，才能在科學期刊發表（在某些領域，甚至必須經過同儕評審，才能在研討會發表）。一篇文章是否經過同儕評審，在很多人眼中往往是「尚待確認的初步研究」，以及「可靠與真確」的明確界線。科學研究的結果先經過審查再公開發表是很有意義，卻也有可能出錯。

外科醫師保羅．馬基亞里尼（Paolo Macchiarini）研發人工氣管，也就是一種定製的塑膠氣管，表面塗有幹細胞，植入病患體內，病患即可正常呼吸。二〇一一年，他於斯德哥爾摩的卡羅林斯卡醫院（Karolinska Hospital）第三度進行這項手術，這一次病患復原的速度不如醫療團隊的預期。馬基亞里尼將前兩次的手術報告發表於頂尖醫學期刊。按照報告內容，第三次手術的病患狀況應該要理想得多才對。波塞．林吉斯特（Bosse Lindquist）製作關於馬基亞里尼的影片，近距離觀察他一年多。他告訴我們，馬基亞里尼的一位同事，幾個月來都是依照馬基亞里尼經過同儕評審的論文所列出的程序作業，但他看了先前兩位病患在醫院的正式病歷，發現病歷與論文記載的內容有幾處重大差異。他向醫院檢舉，經過幾番調查，最終馬基亞里尼因為傷害病患身體而被定罪。馬基亞里尼的第三位病患終究沒有離開醫院。她又經歷了大約兩百次額外的手術，最終去世。馬基亞里尼的二十位氣管移植病患，幾乎全數死亡。[22]

依據「胡扯不對稱原則」（bullshit asymmetry principle），駁斥一堆胡言亂語耗費的精力，比說出這些胡言亂語所需的精力多出一個量級。不正確的科學主張也是如此。一項研究結果一旦通過同儕評審，正式發表於科學文獻，那相反的研究結果要想發表，就必須具備十倍的證據（甚至更多）。二〇〇七年，社會心理學家亞當・奧特（Adam Alter）與同僚研究四十位普林斯頓大學學生，發現困難的數學問題若是以難以閱讀的字體呈現，這些學生答題的正確率反而上升。決策科學家安德魯・邁耶爾（Andrew Meyer）以及另外一群科學家組成的團隊，對奧特的研究結果感到懷疑，因為不符合他們的預期，因此決定重新進行這項研究。他們研究了七千三百六十七人，蒐集的證據多了不只一個量級，而是兩個量級，結果發現數學題目無論是以正常字體，還是難以閱讀的字體呈現，研究對象的答題表現並無差異。[23]

邁耶爾的論文於二〇一五年發表，但不幸的是，許多學者仍然繼續相信奧特原先那個違反直覺的正面結果。索羅摩・班納齊（Shlomo Benartzi）與喬納・雷勒在合著的《螢幕陷阱》（*The Smarter Screen*）中，先是詳細介紹了奧特的研究，接著又指出「並不是每項研究」都得到相同的結果，最後表示：「顯然還需要更多研究。」讀到這一段，實在很想對著書頁大喊：「已經有人研究了，也證明了最早的研究是錯的！」

統計學家安德魯・傑爾曼（Andrew Gelman）提出一種有效的辦法，能對抗這種認定「最早出現就是正確」的傾向。他建議運用「時間反轉捷思法」。想像一下，如果這項資訊對你來說是最晚出現的，你會怎麼想。如果你聽見一項七千人參與的研究並未發現差異，而後來進行的相同研究，只有四十人參與，卻發現了差異，你就不會相信第二項研究。[24]

這是以合宜的方式蒐集資料並加以分析，所得出的資訊。

我們將這種假設稱為「儀表板謬誤」。企業以及其他組織愈來愈依賴軟體生成的表格與圖表，以即時掌握各項活動的摘要與財務指標。汽車儀表板上的各項儀器，包括速度計、溫度計，以及油表，都是非常精確的指標，但是企業儀表板顯示的資訊，並不見得能完全反映現實情況。企業儀表板產生資訊的過程，通常比將油箱連結至油表的過程更為複雜，也更容易出錯。這個過程牽涉到人的選擇與干預，而這些選擇與干預又會增添偏誤。儀表板使用得愈久，就愈有可能脫離實際情形。例如一家公司可能建造新設施，或是更改軟體系統，但若是現有的分析管道沒有隨之更新，儀表板就會顯示出過時或是不正確的資訊。就我們的經驗，日常使用儀表板的人，通常不會質疑儀表板顯示的數據來源或是品質，而是相信他們看見的數字，就好比相信他們汽車上的速度計。

研究結果並未用於傳達特定的概念。

我們通常會假設，別人提供的資訊，來自客觀中立的過程，這個過程也忠實反映了其所宣稱要反映的東西，正如溫度計或時鐘，而不是經過扭曲，刻意要呈現某種概念。在一九九〇年代末期的多頭市場期間，一些表現亮眼的企業，例如恩隆以及可口可樂，每季發布的獲利數據，都稍稍高於華爾街分析師的估計值。分析師看見如此「優於預期」的表現，不免調高未來獲利成長的預測值，因此這些企業能贏得投資人青睞。後來的調查發現，有些企業會刻意操縱每季末登記銷售帳的方式與時機，讓每股獲利比預期值至少高出一美分。[25]

想一想《美國新聞與世界報導》（*U.S. News and World Report*）的大學及研究所排行榜。為了製作排行榜，《美國新聞與世界報導》蒐集各大學的資料，套用祕密加權公式。各校極為重視這些排行榜，會用排行榜吸引學生與金主，甚至還會聘請顧問公司針對公式進行逆向工程，指導學校獲得更高的排名。我們若是假設所有學校申報的數字都正確無誤，也許就不會想到，學校為了拉高排名，也有可能造假或是扭曲數據。在二〇二二年，數學教授麥可．撒迪厄斯（Michael Thaddeus）發表一篇文章，分析他所服務的學校，也就是哥倫比亞大學，排名驚人的進步，從一九八八年的第十八名，到二〇二一年與哈佛大學、麻省理工並列第二名。他的研究發現，哥倫比亞大學提供了不少可疑的數據給《美國新聞與世界報導》。舉個例子，哥倫比亞大學將十二億美元的醫院病患照護費用，計入「教學支出」項目。研究公開之後，《美國新聞與世界報導》暫時將哥倫比亞大學從排行榜移除。在下一版的排行榜，哥倫比亞大學的排名從第二名降至第十八名。

即使是善意的調整，也會影響排名的可信度。舉個例子，有些大學，例如克里斯擔任教授服務十年的聯合大學（Union College），不再硬性規定新生入學必須一律繳交標準化測驗成績，因此新生的平均標準化測驗分數得以上升，因為申請入學的新生若是分數較高，就會繳交成績，分數較低的就不繳。[26]

主管機關不會允許詐騙發生。

一種活動若是由政府機關監管，很多人就會認為這項活動是合法的。很多馬多夫的受害者坦承，他們以為美國證券交易委員會已經查過馬多夫的底細，也時時留意金融市場的風吹草動，所以騙子不可能得逞。馬多夫自己也曾公開表示，違反規則的人在華爾街是玩不長的。但正如吉姆・坎貝爾（Jim Campbell）在著作《話說馬多夫》（*Madoff Talks*）所言：「美國證券交易委員會並不是正在巡邏的員警。」主管機關並非時時刻刻都在盯著他們負責督導的單位，而且主管機關也是會犯錯的凡人，也有可能被人收買或利用。大多數受到管制的金融商品與藥品，大概比未受管制的安全，但並不保證完全零風險。

系統是安全、防竄改的。

企業或政府若是必須維護資訊或實體財產安全，才能正常運作，我們就有可能低估系統被駭客入侵的可能性。加州的史東斯賭場（Stones Casino）決定在線上直播定期舉行的撲克比賽的其中一場，使用的是與世界撲克大賽相同的科技。線上直播的觀眾能看見每一位玩家的牌，所以可以全程評論玩家決策的優劣。為了避免觀眾將玩家持有的牌透露給其他玩家，直播刻意設計成延遲三十分鐘。但有一位玩家無論在直播的哪個階段，表現始終優異，幾位對手因此起疑。賭場堅稱直播系統能防範駭客入侵、射頻監控等科技攻擊。也許真是如此，但依據所有間接證據，最聰明的旁觀者研判，受質疑的玩家一定是得到賭場內部能接觸到現場未延遲直播內容的人員透露的訊息。[27]

一九九〇年代，美國聯邦調查局在麥當勞門市的地產大亨遊戲促銷方案，發現類似的內部人員詐欺行為。在這項促銷方案，遊戲配件會隨機放入顧客的餐點。但負責保管遊戲配件的人員，竟然將價值最高的遊戲配件賣給熟人，這些人再謊稱是在本地麥當勞領到遊戲配件。我們對於安全性最大的假設，是負責安全的人絕對不會利用安全性的漏洞，但這並非完全不可能。[28]

我並不是在跟一個已經曝光的罪犯或騙子打交道。

創作歌手泰勒絲（Taylor Swift）說得對：「騙子就是騙騙騙，一直騙。」與他人或任一機關團體打交道之前，最該確認的是他們是否曾因詐欺，或是其他不道德行為而被判有罪，負有法律責任，或是在專業上受到處罰。我們為了寫這本書，做了一些研究，看過不少詐騙案例。令人意外的是，很多騙子先前就曾因為不當行為而被捕，甚至被定罪。Fyre 音樂節騙局膽大妄為的程度，甚至衍生出兩部不同的紀錄片。那是在巴哈馬群島的某島舉行的騙錢音樂節，主辦單位宣稱購票即可享有豪華別墅住宿與美味佳餚，但購票者實際得到的卻是難民營等級的帳篷以及午餐盒。整起騙局的主謀比利・麥法蘭德（Billy McFarland）在等待 Fyre 音樂節詐騙案宣判期間，因為主導另一件詐騙案而被判兩項重罪。神奇的是，他是利用宣傳 Fyre 音樂節時期所累積的客戶名單，進行其他詐騙。很多科學界的造假者，確實會一而再、再而三偽造數據。犯罪學家認為，許多並未曝光的詐欺案件，都是慣犯所為。合規專家表示，絕大多數的內部詐欺案，是少數員工屢次偷竊雇主的東西。我們認為每個人都應該有第二次機會，但就算要給曾被定罪的騙子第二次機會，也不代表我們就得受騙上當。[29]

二〇二二年，美國佛羅里達州的奧蘭多藝術博物館（Orlando Museum of Art）舉行「英雄與怪獸：尚－米榭・巴斯奇亞，撒迪厄斯・芒福德二世威尼斯收藏」（*Heroes & Monsters: Jean-Michel Basquiat, the Thaddeus Mumford, Jr. Venice Collection*）展覽，展出知名美國當代藝術家尚-米榭・巴斯奇亞二十五件從未公開的畫作。據說二十五件都是在一九八二年於洛杉磯創作，整批賣給得獎編劇芒福德。據說芒福德收藏了這批畫作三十年，但後來沒有繳交存放空間的租金。兩位企業家在拍賣會上買下這批畫作，又找來第三人投資。三人打算展出畫作，再以一億美元的價格賣出。

我們看著相關報導，注意到幾個不太對勁的地方：幾位專家稱讚展出的作品，卻沒有明確表示畫作是真跡。有人質疑畫作持有者對於畫作由來的說法（也就是畫作所有權的完整歷史，從畫家創作一直到當時）。可以證實這些事情的幾位關鍵人物已經過世。最後，鑑定結果顯示這批畫作當中至少有一幅的創作時間不可能早於一九九〇年代，也就是巴斯奇亞逝世之後。二〇二二年六月，美國聯邦調查局沒收全數二十五件作品，奧蘭多藝術博物館也開除了館長。我們是看了《紐約時報》關於本案第二篇報導，才知道本案背後的三人先前至少有七項罪名成立，包括販毒、競選財務違規、證券詐欺，以及消費詐欺。博物館館長也許會後悔在與三位新伙伴合作之前，沒能查查關於這三人的公開資訊。[30]

在二〇〇〇年代初，有一位「認知科學家」分別與我們兩人聯絡，想與我們合作研究。不曉得他知不知道我們兩人彼此認識。他提議的合作案也很特別。他提到幾位我們都聽過的知名學者，也說了一些很有意思的構想，態度溫文有禮。不過他提議的案子最後都沒開始，這也是好事，因為他涉及幾十件詐欺或不實陳述的司法案件。種種跡象顯示，我們這位「同行」兼職做詐騙，藉由假稱資歷，東騙個幾千美元，西騙個幾千美元。

若是少依賴「直覺」一些，仔細查證別人的資歷，受騙上當的次數就會變少。一個人若是完全可信，你跟他說話就能感覺到。但話說回來，騙子說話也一樣可信。

有時候可以請別人幫忙查證。學校老師、校車司機，以及其他負責照顧孩童的工作人員，都必須通過正式的背景調查，所以家長通常不需自己出馬。問題是背景調查也有可能出錯，我們也不可能花時間調查所有人的背景。但儘管如此，還是應該盡力查證。要聘請外包公司？最好先參考這家公司的評等與評價，看看工作品質是否低劣，是否曾經欺騙顧客。想換一個新醫師？要確定這位醫師擁有頂尖醫學院的學位，而且沒有多次因為醫療過失而被控告（但不要被他們網站上少數病患的偏頗評論影響）。要開創新的合夥事業？要確定你的合夥人沒有侵占上一位雇主。這樣講雖然很不浪漫，但你在結婚、訂婚，甚至第一次透過 Tinder 約會之前，最好在網路上稍微做些功課。[31]

接收到資訊，包括據稱的事實在內，若沒有仔細查證就相信，很容易被騙。下一章要介紹，人有追求效率的習慣，亦即想以最少的認知作業達成目標。但在一切表面上看似沒問題的時候，我們就可能感到自滿。想欺騙我們的人，會利用這種效率。但我們可以了解何時該放慢速度，多問一些問題。

04 效率：多問一些問題

做決定時，我們通常會盡量簡化尋求資訊的過程，比較喜歡快速行動，而不是詳細調查。但面臨最重大的決策，就必須克服這種與生俱來的習慣，其實只要多問一個好問題，就能克服這種習慣，就這麼簡單。

每年七月，超過一千名西洋棋玩家齊聚美國費城的一家旅館，參加世界公開賽，進行九輪面對面的廝殺。一場比賽得花上五小時，甚至更久都有可能，最高階段的首獎是兩萬美元。獎金如此誘人（職業西洋棋手的圈子相對貧窮），也不時傳出作弊事件。舉個例子，在一九八二年，一位知名職業西洋棋手被人發現在西洋棋類書店，尋找關於他要參加的比賽的開局資料。但誰也沒預料到一九九三年發生的事情。[1]

一開始是小小的轟動。在第二輪比賽，照理說排名前幾的種子還在碾壓實力較弱的對手，最終才會是種子之間的對決。但就在這一輪，來自冰島的西洋棋特級大師海爾吉·奧拉夫森（Helgi Ólafsson）卻被逼成和局。他的對手是來自美國加州的約翰·馮紐曼（John von Neumann），是個沒有等級分的選手，第一次參加正式比賽，至少他在報名參賽，加入美國西洋棋協會（US Chess Federation）時是這麼說的。[2]

西洋棋手第一次在美國參賽就參加世界公開賽，並不是聞所未聞的稀奇事。豐厚的獎金吸引了不少來自前蘇聯的棋手，雖然他們在自己的國家知名度不高，但在前蘇聯，西洋棋幾乎是全民運動，所以這些棋手的實力卻也足以在美國競爭獎金。馮紐曼並不是俄羅斯人。他是個頂著一頭細髮辮，戴著美國海豹部隊棒球帽的年輕黑人，在白人為多數的西洋棋界格外突出。來自波士頓的西洋棋大師大衛·維戈里托（David Vigorito），率先發現馮紐曼的棋術有點奇怪，跟其他棋手都不一樣。

第一，他走棋的方式不太得體。專業棋手拿棋、走棋已經成千上萬次，所以走棋的動作很流暢，甚至堪稱優雅，不會像電影演員那樣一把抓住棋子，將棋子重重放下，或是用力按下計時鐘。專業棋手也會一連幾分鐘專注凝視棋盤，眼睛來回看著不同的方塊。馮紐曼走棋的姿態卻有些笨拙，而且輪到對手下棋的時候，似乎就不會看著棋盤，即使輪到他下棋，他有時候也不怎麼感興趣。在第三輪比賽，他的時間用盡，雖然局面大好，還是輸給一位強勁的對手。有時候該走的一步棋很明確，也非這樣走不可，他卻還是思考很久。在某一場比賽開局後不久，他有三種選擇：吃掉對手的一枚棋子，失去自己的王后，或是將國王移至棋盤中間（對於你想保護，不被對手吃掉的棋子來說，棋盤中間是最不安全的位置）。任何棋手只要不是毫無經驗的初學者，根本不用想也知道該吃掉對手的棋子，但馮紐曼不知為何，卻思考了四十分鐘才這麼做。

馮紐曼在第二輪與奧拉夫森戰成平手之後，輸了接下來的三場比賽，不過最後的四場，他倒是贏了三場。最後輸的那一場，又是因為時間用盡。總分九分，他的總得分是四．五分，有資格獲得保留給無等級分選手的特別獎。然而到了此時，維戈里托已將內心疑慮告訴了幾位參賽的棋手以及賽事的官員。馮紐曼種種詭異的事蹟，包括業餘的走棋，奇怪的舉止，以及優異的成績，已經成為這次賽事的熱門話題。眾人推敲出兩大理論，一個是他在比賽時，同一場地有一位棋藝高強的棋手在觀看他的比賽，再透過被頭髮遮住的耳機，告訴他下一步棋該怎麼走。另一種理論是馮紐曼偷偷將對手走的棋，傳送給遠方的同夥，同夥輸入電腦程式後，再將電腦建議的對策回傳給他。

無論是哪一種辦法，都能讓西洋棋新手贏得無等級分選手的首獎，因為三十年前的西洋棋軟體，棋藝已經勝過許多人類的西洋棋特級大師。大多數旁觀的專家認為，馮紐曼是得到電腦提示，他之所以有時候需時很久，是因為資料傳輸出了問題。他走了幾步莫名其妙的棋，大概也是因為訊號不好，例如他將主教走到f5，平白無故被吃掉，而不是將兵走到同一個位置，就能以和局作收。[3]

有人看見馮紐曼比賽的時候，有一名神祕男子不時走近，不曉得寫了什麼東西，隨即又消失，或許也是因為訊號中斷的緣故。此人可能是馮紐曼的同夥，從大本營出來，更正棋盤上的棋局，與電腦以為的棋局之間的差異。

世界公開賽的最後一輪結束，這位「同夥」（他自己並未參賽）與馮紐曼一起進入發放獎金的房間。賽事總監暨主辦人比爾·戈奇伯格（Bill Goichberg）已經得知維戈里托以及其他人提出的問題，也知道確實有能證明馮紐曼作弊的間接證據。戈奇伯格不希望作弊的人得到獎金，真正應該獲獎的誠實棋手卻得不到。但他又沒有直接證據能證明馮紐曼作弊。馮紐曼表示，主辦單位只要退還他的報名費，他可以不領獎金。戈奇伯格也同意，但他還是不想獎勵作弊行為，所以他請馮紐曼解決一道簡單的西洋棋題目：用棋盤上的少數棋子，兩步做到將死。

戈奇伯格知道，跟特級大師戰成平手，又能打敗大師，這種人只需一秒就能解決這個問題。然而馮紐曼面臨證明自己實力的機會，卻連試都不想試。他悻悻然離開賽場，沒領到獎金，也沒拿到退款。他再也沒參加任何一場有等級分的西洋棋競賽，至少沒有以約翰·馮紐曼的名義參加。他與同夥再也不曾出現在西洋棋界。馮紐曼案至今仍是西洋棋界未解的一大謎團。[4]

一九九三年至今，使用電腦作弊的類似事件層出不窮，變成西洋棋競賽的一種「智力禁藥」。現在智慧型手機的處理能力，已經足以打敗人類的西洋棋世界冠軍，所以要謀求不公平的競爭優勢，是史無前例的容易。馮紐曼雖說像個從未接觸西洋棋的新手，連棋子該怎麼走都不知道，但步上他後塵的許多作弊棋手，棋藝本就相當精湛。最著名的例子是二〇一九年，來自拉脫維亞的特級大師伊戈爾斯・勞西斯（Igors Rausis），於史特拉斯堡參賽期間，在洗手間使用手機被發現了。這次也跟馮紐曼案一樣，在還沒曝光之前，已經有人對勞西斯的表現起疑。但勞西斯引人質疑的並不是舉止詭異，而是排名上升太快。當時五十幾歲的他，突然間每次參賽都能累積等級分，躍居世界前一百名的棋手。他要是沒被抓到，排名眼看就要進入前五十名。中年西洋棋手的棋藝當然可以進步，但從未有人步入中年才第一次上升至前五十名。[5]

美國前總統雷根解釋自己為何願意與蘇聯談判，說了一句知名的俄文格言：「要信任，但也要確認。」信任對我們來說很容易，應該說往往太輕易，但確認則是必須刻意培養的習慣。遇到不合常理的事，就該**多問一些問題**，調查清楚。所謂多問一些問題，可以是真正的問題，例如戈奇伯格的「能不能麻煩你現在解開這道西洋棋題目給我看？」也可以是比較含蓄的提問，例如跟蹤一位可疑的棋手，看看他離開棋局的時候都做了些什麼。

有時需要稍事挖掘，才能找到這些問題的答案。克里斯有個學生，有一次要求晚一天考期末考，因為在原訂的日子，他還有另外兩場期末考。克里斯同意，也親自監考。兩小時的考試進行到一半，學生說要去洗手間。幾分鐘後，克里斯親自到洗手間去。他洗了手，扔掉一張紙巾，發現垃圾桶底部有個不太尋常的東西。他從垃圾桶取出一本黃色的記事本，原來是班上成績最好的學生在課堂上做的筆記。他寫了電子郵件詢問，立刻就發現成績最好的學生已經考完期末考，將她的筆記借給晚考的這位同學，但並沒有叫他把筆記扔掉。[6]

多問一些問題既然如此有用，為什麼我們不更常這樣做？其實只要掌握足以做出一**個**決策的資訊，通常就會基於現有資訊，立刻做出決定，不會花時間與力氣尋求更多資訊。但我們有這種追求**效率**的傾向，往往就不會尋求也許非常重要的資訊。有時別人會刻意隱瞞額外的資訊，有時則是很容易就能取得這些資訊。

隱蔽屬性

日常生活有各種因素，會在不知不覺中影響我們的決策。舉一個相對簡單的例子，桌上型印表機以前很昂貴，現在卻便宜到幾乎像免費贈送。但即使是現在的價格，若加上印表機整個壽命期間，使用的碳粉或墨水的總成本，就不見得划算。以一台彩色雷射印表機來說，全套四個新的碳粉匣（黑色、青綠色、黃色，以及洋紅色）的價格，是印表機的兩倍，而且可能只印個兩千頁就會用盡。販賣印表機的公司知道持有印表機的總成本，卻刻意不去強調。長期使用墨水與碳粉的成本，就是兩位經濟學家澤維爾．加貝克斯（Xavier Gabaix）與大衛．萊布森（David Laibson）所說的「隱蔽屬性」（shrouded attribute），是決定要不要購買時，理應考慮的重要因素，廠商卻往往刻意隱瞞，不讓消費者知道。[7]

有些隱蔽屬性很容易看出來，例如額外收取的「處理費」或「服務費」，但這些費用若不透明，消費者仍然會花更多錢。有時候要發現隱蔽屬性，進而了解一項產品的真正價格，非常困難。零售銷售人員可能不會知道顧客在印表機的壽命期間，列印每頁必須付出的成本或是總支出。銀行與共同基金收取的費用也是如此。他們揭露的內容是政府規定的，但他們的客服人員有時並不熟悉自家公司的費用結構，無法向顧客解釋清楚。[8]

有時候，這種資訊不對稱能加強整個產業的獲利能力。舉個例子，以 DealDash、Quibids 這些網站為首的競拍業，完全建築在隱瞞獲利來源。公司的廣告影片，是得標者表示自己以低到不能再低的價錢買到昂貴的商品，例如以二十三・一三美元買到一台 iPad，以十一美元買到登山自行車，以七・四八美元買到一台三星電視。Quibids 人員表示：「拍賣一律以零元起標，每次出價只以一美分為單位。即使沒得標，付出的金額也絕對不會高於零售價格。」Quibids 刻意不提，DealDash 也只在螢幕最下方以小字顯示的資訊，是顧客每次出價，無論最終是否得標都必須支付的費用。這種隱蔽的費用，高達標準加價幅度的二十倍，所以一台 iPad 以二十三・一三美元在 DealDash 賣出，DealDash 主辦這場拍賣，會獲得兩千三百一十三筆競標費用。以每筆二十美分計算，總收入為四百六十二・六〇美元，那可是不小的獲利。[9]

所謂不小到底是多少？研究過哈羅德・康平的世界末日信徒，是否願意以金錢支持他們的信仰的加州柏克萊大學經濟學家奈德・奧根布里克，也研究了 Swoopo 的拍賣數據。Swoopo 是一家德國公司，在二〇一〇年是全球第一的競拍網站。在Swoopo網站上，大多數的拍賣每次出價是以十五美分為單位，每次出價的費用是七十五美分。從二〇〇五至二〇〇九年，Swoopo平均每場拍賣的獲利是一百六十美元，毛利率為五一％。每一人得標，大約就有五十二人競標失敗。換句話說，Swoopo在每一場拍賣，從每位投標者賺取三美元。Swoopo甚至還拍賣過單筆現金，由於很多人出價很多次，所以公司收取的費用，平均超過這筆現金金額的兩倍。[10]

這個過程比較像在賭場賭博，或是購買政府開辦的彩券，比較不像傳統拍賣。在每個時間點，只有兩種選擇：退出競標，或是按下「出價」，期待幸運女神眷顧自己。一段固定時間結束後，通常是十秒，若是無人出價，拍賣就結束，所以競標者若想再試一次，也不需要等太久。此外，參與競標的人，必須預先購買競標權，意思是不必每次出價都要額外付費，而是從他們預先支付的金額扣除一個抽象的單位。俗話說得好，發明賭博的人很聰明，但發明籌碼的人才是天才。若你覺得整個過程無論看起來，還是感覺起來，都不像是錢從你的口袋溜走，那錢就會流動得更厲害。

奧根布里克提出一種機制，解釋為何許多人會參與這種看似不理性的拍賣。想像一下，你花一百美元買了一張音樂會門票，但到了音樂會當天，你身體不太舒服，覺得不想去。如果你明明不想去，卻還是勉強自己去，那你就陷入了沉沒成本謬誤（sunk-cost fallacy）。買門票花的錢已經「沉沒」，因為無論你去不去音樂會，都拿不回門票錢。在撲克牌局，你所下的賭注，無論金額大小，都再也不屬於你，而是屬於這一盤的贏家，所以這也是一種沉沒成本。但你若認為這筆錢仍然算是你的，你就有可能為了想要拿回錢，而冒著過高的風險，在贏面很小的情況下，押太大的注。

競拍的投標費用，純粹是一種沉沒成本，因為無論是得標者，還是幾十位沒得標的人，都不可能拿回先前支付的費用。但出價者還是會繼續出價，因為他們已經有一些錢沉沒在拍賣中（傳統拍賣並非如此，即使沒有得標，你的財務狀況也還是跟競拍開始之前一樣，並不會有所損失）。這些沉沒成本，就是拍賣網站的隱蔽獲利。

想避免被騙，就要了解隱藏性成本。有時候，要找到需要的資訊並不難，只是不容易立刻理解，好比說擁有一個住宅的總成本。住宅就像印表機，只列出要價，買方必須自行思考，也必須自行負擔過戶費用、貸款、稅金、維修，以及保險費用。我們必須自行研究隱蔽屬性的影響，但這樣總比假裝隱蔽屬性的影響不存在來得好。問題是，所得較低、教育程度較低、金融知識較欠缺、數學能力也較差的人，最容易受隱蔽屬性，以及刻意針對人性弱點的行銷手段影響。幸好，有一些善意的機制對於他們來說最為有益，在他們需要做決定的時候，能從旁「促進」、「推動」，例如預先選好最符合財務邏輯的選項。然而大多數人並不明白自己其實需要這種協助。一項研究發現，六五％的人認為，只要事先得到好的建議，自己就能做出正確的決策，但也有幾乎一樣多，也就是六四％的人認為，即使事先得到不好的建議，自己也能做出正確的決策。[11]

沒有一個銷售人員希望你問的問題

印表機之類的實體產品，以及競拍之類的金融產品，擁有隱蔽屬性的機率較高，正如銀行帳戶、信用卡、房貸，以及大肆行銷的投資商品，通常也包括隱含的費用與罰金。但每一項支出，都有一個賣方不希望你知道的特質：**機會成本**（opportunity cost）。

經濟學家將一次花費的機會成本，定義為花費金額的次佳用途。換句話說，就是決定花費這筆金錢，因而放棄的最有價值的機會。機會成本也包括金錢以外的有限資源，尤其是時間。例如有人選擇花四年念大學，就等於選擇不將那四年拿來做別的事，例如工作賺錢。標準經濟學認為，消費者完全清楚自己要付出的機會成本。而且消費者選擇花錢買A，而非價格相同的B，就代表他們喜歡A物更甚於B物。有人選擇念大學，是因為他們重視教育，更甚於這四年可能得到的薪酬以及經驗，或是認為念大學之後，長期而言收入會更多。在標準經濟學，我們是依據自己的標準，衡量相對的成本與利益，選擇報酬最大的選項。

然而，決策科學家夏恩．佛德瑞克（Shane Frederick）與同僚卻證明，現實世界的消費者，往往忽略了機會成本。他們在一系列研究的其中一項，要求一群大學生想像自己最近玩刮刮樂中了一千美元，打算購買一套新的立體音響系統。這群大學生已經將選擇範圍縮小到一套七百美元的系統，以及類似的另一套要價一千美元，揚聲器與CD播放器等級更高的系統。研究人員隨機挑選一些大學生，提供他們一項額外的資訊，也就是一項聲明，內容很簡單，就是如果購買較為便宜的系統，就會剩餘三百美元。看見這項聲明的大學生當中，八六％選擇較便宜的音響。沒看見這項聲明的大學生，則是只有七〇％選擇較便宜的音響。因此，沒看見聲明，而最終購買較昂貴的音響的學生當中，大約有半數並未仔細考量機會成本。[12]

抽象欺騙主義

思考隱蔽屬性與機會成本，就是思考一項交易在財務上是否合理。但如果商品本身就是假的，那再便宜也不划算。這個問題在獨一無二的收藏品市場，例如藝術品市場最為重要。

藝術品詐騙普遍的程度令人驚奇。位於法國埃爾訥（Elne）的泰魯斯博物館（Musée Terrus），公開坦承展出的藝術品超過半數是贗品。有些專家估計，各博物館收藏的畫作約有二〇至五〇％是贗品，每年拍賣的許多畫作也並非真跡。有一位藝術史學者研判，二〇一七年於義大利的科洛爾諾公爵宮（Ducal Palace）展出的畫作，至少有二十幅（也有可能是全數二十一幅）並非真跡。僅僅是馬克·蘭迪斯（Mark Landis）一人製造的仿作，就由美國四十六家博物館收藏。[13]

位於曼哈頓上東區的諾德勒畫廊（Knoedler art gallery），是美國歷史最悠久的畫廊之一。一百多年來，諾德勒畫廊專門將古典名作賣給美國的富人。到了一九七〇年代，也將經營範圍擴展至現代與當代藝術品。然而在一九九〇年代中期，這家畫廊卻成為史上最驚人的藝術贗品詐騙案主角，並於二〇一一年倒閉。

在麥可・漢默（Michael Hammer），也就是實業家阿莫德・漢默（Armand Hammer）之孫，演員艾米・漢默（Armie Hammer）之父的持有之下，諾德勒畫廊開始推出一系列二十世紀中期知名抽象表現主義藝術家從未公開的作品，例如傑克遜・波洛克（Jackson Pollock）、馬克・羅斯科（Mark Rothko）的作品。沒沒無名的藝術品經銷商格拉菲拉・羅薩萊斯（Glafira Rosales），將這些作品介紹給諾德勒畫廊的總監安・費里曼（Ann Freedman）。十五年來，費里曼向羅薩萊斯購買四十幅畫作，賣出總價為八千萬美元，占畫廊這段期間獲利的百分之百。但愈來愈多人開始質疑這些畫作的合法性。[14]

這些畫作先前從未有人知曉，也從未有所記載。畫家的作品總錄並未列出這些作品，也沒有先前由其他藝廊售出、展出的書面紀錄。甚至沒有一張這些作品出現在畫家工作室的照片。關於這些畫作的由來，羅薩萊斯與費里曼有幾種說法。最常見的一種，是外國的一位富人收藏家，在一九五〇年代直接向畫家購買這些畫作，帶往國外，遺贈給兒子。而他的兒子現在要一件一件「出售收藏品」，而不是舉辦一場會引發轟動的大拍賣。重點在於，沒有明確證據能證明這些說法。

費里曼為了「鑑定」這批畫作，邀請專家鑑賞畫廊目前持有的畫作，也留心專家的意見。專家的意見若是比較正面，例如「這幅油畫很好看」、「這看起來很原始」，她就會將專家的赫赫大名與資歷，列入一份要給可能會感興趣的買家看的文件。文件的用字遣詞經過精心雕琢，雖未明言作品是真跡，卻也等於認定是真跡。一份文件寫道：「這幅畫作已由下列鑽研馬克．羅斯科作品的專家鑑賞。」接下來列出的名單上的第一人，就是羅斯科的兒子。文件不會列出曾表示質疑的專家的姓名。

現在你知道真相，應該也不會感到意外：這四十件作品，沒有一幅是羅薩萊斯與費里曼所說的畫家畫的。其中幾幅作品的化學分析結果顯示，畫作含有「不符合時代的顏料」，也就是在羅薩萊斯與費里曼宣稱的畫作創作的年代，並不存在的顏料。有一幅據說是傑克遜．波洛克的作品，上面的簽名卻是「Jackson Pollok」。費里曼自己保留那幅畫作，卻認為簽名拼錯，**正是**真跡的證明。她說，世界級的仿畫大師，才不可能犯這種錯誤。

那些畫作其實全都是一位名叫錢培琛的中國畫家，在他位於皇后區的家中所畫，離諾德勒畫廊只有幾英里遠。羅薩萊斯與她的西班牙男友迪亞斯（José Carlos Bergantiños Díaz），以及他的兄弟，以每幅幾千美元的價格請錢培琛作畫，賣給諾德勒畫廊之後再平分獲利。被控詐欺罪的羅薩萊斯最終認罪，她的外國共謀者被起訴，但始終未引渡至美國。[15]

若有人向你推銷一幅要價數百萬美元，首度曝光的世紀中期作品，你就該問一些重要的問題。但你若想相信這幅作品是真跡，大概就不會停下來想想，「好看又原始」的作品，也有可能是贗品。問了問題，也要仔細聽答案（他說的是「真跡」還是「真實」），還要記得不要將含糊不清、模稜兩可，甚至含糊其詞的資訊，當作確證，才能有所收穫（例如看見藝廊列出的專家名單，就認為這幾位專家都認證作品為真跡）。

有些買方確實會問一些精明的問題，卻為時已晚。收藏家傑克．利維（Jack Levy）買下另一幅據說是波洛克真跡的作品（這起騙局的五幅畫作的其中一幅），聘請國際藝術研究基金會（IFAR）鑑定作品的真偽，然而基金會的專家並不相信羅薩萊斯與費里曼起初的說詞。幾年來報導此案的《紐約時報》記者派翠西亞．科恩（Patricia Cohen）表示：「國際藝術研究基金會說，這些畫作的出處有太多疑問，根本兜不攏。」

不只是業餘者，連專家也會被藝術贗品騙倒，原因正是因為作品看上去並無問題。贗品之所以會被誤認為真跡，是因為作品看起來、感覺起來，還有整個構圖，完全符合專家所知道的，某位畫家在職業生涯某個階段的風格。贗品之所以會被揭穿，多半不是因為看起來不像真跡，而是製作贗品的人使用的是真跡創作的年代並不存在的原料。一定要問對問題，才能揭穿造假，要以科學方式仔細分析作品的實體成分，或是分析作品出處的相關文件。問題是這兩種分析是既困難又昂貴，而且人有一種很強烈的傾向，會全憑直覺判斷。南韓知名藝術家李禹煥表示，十三件疑似他作品的仿作，全都是真跡。問題是先前有一位藝術品經銷商，已公開坦承這些作品全都是仿作。李禹煥表示：「創作者一眼就能認出自己的作品。」[16]

如果一件疑似仿作的出處文件沒有問題，那該怎麼辨？是不是就能認定這件作品絕對是真跡？可惜並非如此。一九八〇年代，慘澹經營的英國創作者約翰．邁亞特（John Myatt）開了一家小型企業，接單製作他公開宣傳的「真跡贗品」。一位自稱是約翰．德魯（John Drewe）的人，開始委託他製作馬諦斯、格列茲，以及克利的畫作。德魯再將這些仿作當成真跡賣出，每件賣價為數千英鎊。德魯與邁亞特就此開始合夥詐騙，仿冒夏卡爾、賈科梅蒂等現代藝術家的「真跡」。[17]

德魯（真名約翰．克羅克特〔John Crockett〕）要仿造沒有出處的作品，比安．費里曼與諾德勒畫廊更困難，於是他偽造許多仿作的來歷文件，偷偷放進維多利亞與艾伯特博物館、泰德美術館，以及其他知名倫敦藝術機構的檔案。拍賣公司與藝術品經銷商要確認畫作是真跡，經常會參考這些機構的檔案。德魯還變造以前的型錄與書籍，放入他所拍攝的邁亞特作品的照片。兩人在落網之前，一共賣出大約兩百件畫作，所得超過兩百萬英鎊。兩人後來都入獄服刑，但大約有一百二十幅偽作至今下落不明。

邁亞特與德魯的仿作的許多買家，都做了一些功課，向看似獨立的單位確認自己要買的作品確實出自賣方宣稱的畫家之手。但他們的查證工作就到此為止。藝術品詐騙如此猖獗，手段如此高明，若是不小心買到知名畫家的仿作，又會損失巨額金錢，所以多加查證，而不是只相信一開始的直覺，往往是值得的。想像一下，你發現自己突然置身在十九世紀美國西部的城鎮。你環顧四周，看見牛仔、馬匹、拴馬柱、一家雜貨店、治安官辦公室，還有一家酒館。你走進酒館大門，可能會看見桌子、凳子，擺放著玻璃杯與酒瓶的櫃台，以及通往後方辦公室的門。你打開門，看到的卻不是四面牆與辦公桌，而是沙子、仙人掌，以及山，除了這些就沒別的。原來你一直置身在電影拍攝現場，只是必須多打開一個門，才能得知。

我們先前說過，出神入化的複雜騙局，例如出現在電影「刺激」高潮戲的假投注站，或是「楚門的世界」所圍繞的假城鎮，完全跳脫日常詐騙的框架。但風險若是頗為巨大，例如在金融與藝術界，那多偽造一兩種證明文件的行為也不算罕見。德魯就偽造了邁亞特的假畫的證明文件，馬多夫的員工也為老闆製作虛假不實的投資報酬報表，德里克．斯塔佩爾也偽造了假的科學突破的相關文件，再安排自己的學生發現這些突破。騙子若是把騙局弄得更複雜，我們就較難找到該開的門。但在每個情況中，最終總是會有一個通往空無一物的門，也就是會有一個問題，得不到令人滿意的答覆。

「假管弦樂團」原來是個假消息

當然，如果一開始就感覺不太對勁，我們就比較有可能追問。我們為了寫這本書，研究詐騙與詐欺的案例，在二〇二〇年的《衛報》看見一則很有意思的報導，標題是「一千把小提琴：我曾是世界級的假管弦樂團的假小提琴手」。報導的主角是創意寫作教授潔西卡．辛德曼（Jessica

Chicchito Hindman）。她在二〇一九年發表回憶錄，詳述她從業餘小提琴手，變成專業的假小提琴手的經過。[18]

這則故事很離奇。辛德曼跟隨一個合奏團，在國內四處巡迴演出。合奏團是由一位很有名氣，卻姓名不詳的「作曲家」率領。他們為喬治．克隆尼擔任旁白的公共廣播電視公司（PBS）特別節目配樂，甚至受邀前往中國巡迴演出。但在這段期間，她以及合奏團的其他成員，都是在根本發不出聲音的麥克風前假裝演奏。觀眾聽到的其實是揚聲器播放的CD音樂，並不是合奏團的演奏。

我們覺得這則報導是個很有趣的造假與詐騙案例，但愈想愈覺得可疑。一整個「世界級」管弦樂團都在假裝演奏，竟然沒人發現？負責領導管弦樂團的作曲家，真有可能如回憶錄所言，不知道貝多芬的第五號交響曲？我們看愈多關於辛德曼的故事的報導，以及她的回憶錄，愈覺得她可能是個不可靠的敘述者（unreliable narrator）。她的故事會不會是傳記與虛構的騙人綜合體？

Vulture 有篇文章，揭露辛德曼的「作曲家」是提姆．亞尼斯（Tim Janis），我們看了就更是懷疑。文章標題為「管弦樂團的詐騙季節來臨」，內容提及樂評人賈斯汀．戴維森（Justin Davidson）對此事的看法：「這是什麼鬼？觀眾怎麼可能都沒發現沒人真的在演奏？敲擊鈸的時間要是跟播出的音樂不一致，不就露出馬腳了嗎？我的意思是說，與其把裝假的音樂人訓練得那麼逼真，為何不乾脆聘請真正的音樂人？」[19]

我們的想法跟戴維森一致。演奏並不是每次都一樣。無論是一整個部的每一位樂手，例如弦樂部、管樂部、銅管部，還是跨部的每一位樂手，要與播放的音樂同步假演奏，簡直難如登天。音樂人一眼就能看穿演員假裝演奏。觀賞假管弦樂團表演的觀眾當中，當然也會有不少音樂人，總有幾位會起疑。就算沒發現別的破綻，總會注意到音樂是來自揚聲器，而非來自樂器。所以整件事根本兜不攏。

難道那本回憶錄才是真正的騙局？我們買了辛德曼的回憶錄，仔細閱讀，尤其是她所描述的每一場演奏。我們也在 YouTube 上搜尋公共廣播電視公司的巡迴演出，也搜尋了辛德曼的資料，看看公開紀錄是否與她的說詞相符。我們瀏覽了亞尼斯與他的合奏團的相關報導，也訪問了 *Vulture* 文章的作者凱蒂・羅斯汀（Katie Rothstein）。閱讀的資料愈多，愈覺得自己被騙了。但騙我們的不是辛德曼。[20]

騙我們的是新聞標題，害得我們，也許還有很多人，以為報導內容是一位古典作曲家領導一個假演奏的管弦樂團。「世界級管弦樂團」給人的印象，是幾十位精英音樂人，在知名音樂廳演奏交響樂，例如洛杉磯愛樂樂團、阿姆斯特丹的王家音樂廳管弦樂團，以及倫敦交響樂團。「世界級管弦樂團」並不會讓人聯想到短期合作的小提琴手、鍵盤手，以及小哨笛手的三重奏，在開放的公共場所，兜售平淡無奇的新時代音樂ＣＤ。

辛德曼所形容的演奏，除了一場在林肯中心的戶外混凝土廣場的藝品市場舉行，其他幾乎都不是在知名場地，而是在郡裡的集市，或是在購物中心這種戶外場地。「管弦樂團」（三重奏）一邊販賣亞尼斯的CD，一邊假裝演奏。這種行為比較像新時代街頭賣藝，而不像管弦樂團演奏，而且「演奏」的場合，都是不會有人注意到，也不會有人在乎他們假演奏的地方。在二〇〇〇年代初期，甚至一度有八至十個「提姆．亞尼斯樂團」的複製品，在美國各地販售CD，在播放CD的同時假裝演奏。[21]

其實根本沒有管弦樂團，至少沒有音樂人所定義的那種管弦樂團。提姆．亞尼斯樂團確實很有名。亞尼斯賣出大量CD，他的樂團也確實曾經登上公共廣播電視公司的特別節目以及募款活動。公共廣播電視公司的音樂會的播放方式，是用一個大螢幕，播放自然界的影片，偶爾出現一些台上的音樂人的鏡頭（多半是長笛手、小哨笛手，或是亞尼斯面帶微笑，看似彈奏鍵盤）。

辛德曼的回憶錄，從頭到尾都沒有宣稱她曾參與假演奏的**管弦樂團**，更不用說是世界級的管弦樂團。她倒是提到與一位在管弦樂團演奏的樂手朋友聊天，以凸顯朋友的工作內容，與她自己的工作內容的差異。她也沒有宣稱，「作曲家」創作的是古典音樂。回憶錄反而斬釘截鐵指出，「作曲家」創作的不是古典音樂。整本回憶錄只有一次將合奏團稱為管弦樂團，是在介紹有一次他們在中國，被誤認為是為電影「鐵達尼號」配樂的管弦樂團的時候。

我們不知道為何這麼多報導將合奏團稱為「管弦樂團」，還暗示他們曾在音樂廳演奏。辛德曼為了宣傳回憶錄，接受全國性媒體訪問。在最初幾場訪問的其中一場，全國公共廣播電台（NPR）

特派記者史考特・賽門（Scott Simon）在訪談中，屢次使用「管弦樂團」一詞形容合奏團。辛德曼自己後來也說了幾次「管弦樂團」。這次訪談紀錄的標題為「一場假的管弦樂演奏：『聽起來像鐵達尼號』」，也許其他記者與標題作者看了之後，對於造假的規模有所誤解。[22]

讀者可能不知道，記者往往無法為自己寫的報導下標題。報紙的短文與意見評論的作者，很少能為自己的文章下標題。即使是書籍的作者，往往也無法決定自己著作的書名。標題寫作有點像小朋友的傳話遊戲（Telephone）。宣傳人員擷取作者著作的精華，寫成一般大眾能看懂的摘要。忙碌的記者看了這些宣傳稿，訪問幾個人，寫一篇報導給社會大眾看。標題作者看了記者的報導，添上最吸睛的標題。[23]

有些標題雖然容易誤導讀者，但標題作者也有可能並非蓄意欺騙讀者。《衛報》那篇標題為「世界級管弦樂團」的文章，從頭到尾並未將合奏團稱為管弦樂團，但標題作者若是誤以為這篇報導講的是古典音樂會，就會在無意間誤將合奏團稱為管弦樂團。他們看見作曲家是位名人，就會在標題加上「世界級」。畢竟標題的意義，就是要吸引讀者，這個標題就吸引了我們兩個。到最後，明明是三重奏在購物中心假裝演奏新時代音樂，卻被誤傳成世界級管弦樂團巡迴演出。

隨著科學研究從同儕評審的出版品，發展到大學新聞稿，再發展到給一般大眾看的廣為流傳的文章，同樣的誤傳也經常發生。推特帳號 @justsaysinmice 僅僅是轉發「含尼古丁電子菸引發十幾歲少年心臟疾病」、「新療法僅需一次注射即可治癒癌症」之類的新聞標題，再打上「老鼠實驗」的標籤，表明這些新聞所敘述的研究，並沒有進行人體實驗，追蹤人數就多了超過七萬人。標題作者只要看過，甚至只要略讀科學文章的內容，就會知道講的不是人體實驗，也就不會寫出關於「十幾歲少年」實驗室老鼠的健康習慣的標題。

管弦樂團假演奏的錯誤標題，讓我們對這則報導既感興趣又存疑。之所以難以置信，是因為「令人驚訝」，也因為「不太可信」。但我們得看完大半本辛德曼的回憶錄，才知道她寫的內容，與媒體轉述的內容之間的差異。我們問了問題，才知道懷疑是有道理的，只是懷疑的對象有誤。

給我看明細

看一則報導或是一本書，通常不會立刻問一些關鍵問題，而是要思索之後才決定發問。科學家審查投稿期刊的論文，卻必須仔細閱讀，質疑研究結果的由來，而不是對論文作者的說詞照單全收。即使是科學家，仍有可能被同儕欺騙。

看看德克．斯梅斯特斯（Dirk Smeesters）的例子。他原本是位前途看好的荷蘭心理學教授，但後來卻被獨立委員會判定在科學上有不端行為，因此失去教職。斯梅斯特斯犯的過錯之一，是他在某項研究中安排給研究對象的任務。他給研究對象看一張照片，是一件帶有抽象圖樣的T恤，問他們願意花多少錢買這件T恤。可想而知，他得到的答案五花八門。有些人說九美元，有些說十一美元，平均值大約是十美元。舉一個類似的例子，想像你收到一筆意料之外的退稅，想用來買一副無線頭戴式消噪耳機。你願意花多少錢，買頂級的 Bose QuietComfort 45 耳機？請先回答這個問題，再繼續看下去。[24]

寫這本書的時候，耳機在 Amazon.com 的售價是三百二十九美元。大多數讀者應該不會花這個價錢購買，所以假設讀者願意出的平均價格是兩百四十九美元。很多人的出價會接近兩百四十九美元，但不會剛好是這個數字。有些人出價兩百七十四美元，有些人出價兩百二十一美元，也有少數幾位出價遠高於此（例如三百五十一美元），其他人出價則是低得多（例如一百五十六美元）。這些出價在圖表上會呈現出鐘形曲線，最高值集中在兩百四十九美元左右，而愈來愈高或愈來愈低的出價，則是愈來愈罕見。但這種出價模式雖然合理，卻是強而有力的證據，證明了數據是偽造的。除非你不去思考人們會如何回答這種問題，否則你不會覺得鐘形曲線很合理。[25]

前面討論過，魔術師會利用一般人思考與選擇的常見傾向，例如一般人較有可能選擇哪幾張紙牌。想一想你願意花費的金額。把這個數字放在心裡，不要說出來。一定是十美元的倍數。不是？那一定是五美元的倍數。對吧？這種「願意花多少錢」的答案，只有少數人會給出兩百二十一或兩百四十九美元這種精確的數字。多數人會取兩百二十或兩百五十美元之類的整數。產品愈昂貴，出價是五美元或十美元的倍數的比例就愈高（甚至是一百、一千美元之類更大的間隔）。但即使是一件T恤，出價十美元、十五美元的人，也會遠多於出價九美元、十六美元的人。[26]

二〇一三年，行為科學家烏里．西蒙森說明，他如何發現斯梅斯特斯的研究中的數據模式並不合理。他看著研究數據試算表中研究對象願意花費的金額，發現並不像尋常的出價金額那樣，有大量的五美元的倍數金額。出價五美元的機率，並沒有高於出價六美元或九美元的機率。研究對象的出價金額，簡直就是隨機選出的數字，例如一美元、四美元、五美元、十九美元等等，這種模式稱為均勻分布（uniform distribution）。既然各種數字都有可能出現，那五的倍數出現的機率，就只有五分之一，斯梅斯特斯的研究給出的數據正是如此。[27]

西蒙森親自進行斯梅斯特斯的研究，發現超過五〇%的研究對象，出價金額都是五美元的倍數。他也參考了其他許多已發表的，關於類似產品願意出價金額的研究。他發現在這些研究當中，至少五〇%的出價金額，都是五的倍數。至於較為高價的產品，則有將近九〇%的出價金額是五的倍數。斯梅斯特斯的研究所呈現的出價金額，並不符合正常模式，顯然數據被操弄過。西蒙森在發表自己的研究結果之前，先拿給斯梅斯特斯的雇主，也就是鹿特丹伊拉斯姆斯大學看，該大學經過仔細徹查，最終指控斯梅斯特斯涉及科學不端行為（也撤回相關論文）。[28]

斯梅斯特斯造假的研究結果，當初為何能登上科學文獻？先前討論過，斯塔佩爾的造假研究因為結果符合學者的預期，所以得到的質疑太少。我們並不知道同儕評審與編輯看了斯梅斯特斯的原稿，是否發現了異常之處，但卻是西蒙森率先問了該問的問題：能否給我研究結果背後的數據？數據看起來怎麼樣？數據的模式是否與類似研究的模式一致？每多問一個問題，就更清楚斯梅斯特斯到底幹了什麼勾當。

這個例子的諷刺之處，是科學家剛開始學做原始研究的時候，學到的第一條規則，正是「檢視你的原始數據」（丹尼爾在他的統計學入門課堂上，再三強調繪製數據圖的重要性）。在計算統計數據，判斷試驗是否「有效」之前，我們應該先了解數據的分布狀況，線條有多雜亂或平滑，以及是否能看出研究方法的潛在瑕疵。

在電腦問世之前，研究人員會將所有數據記錄在實驗室筆記本，徒手進行所有的計算，所以當然會熟悉自己的研究數據。現在則是有軟體蒐集數據，計算統計數據，大幅減少了謄寫錯誤與認知錯誤。但正是因為我們較少接觸到研究數據的細節，才更應該發現異常，也更應該提問。無論是科學界、政府，還是企業界，檢視、核准這些數據，以及依據這些數據行動的人，都應負起發現異常與提問的責任。

做該做的事

西蒙森甚至以電腦模擬斯梅斯特斯的研究，親自複製試驗，以確認五美元倍數確實是經常出現的模式，所以若是缺乏五美元的倍數，就是行為不端的跡象。他雖然無利可圖，仍大費周章。整個科學界，還有一般大眾都會因此受益，但調查的人往往並無利益。西蒙森自己在接受艾德・

楊（Ed Yong）訪問時也說道：「大家都希望世上能有吹哨者，但誰都不喜歡吹哨者。」[29]

西蒙森無利可圖，卻仍懷抱滿腔熱血，積極調查。相較之下，很多人即使面臨巨大風險，卻還是不認真探究。財務管理的領域就有個鮮明的例子。蓋伊・斯皮爾（Guy Spier）是巴菲特的追隨者，也依循巴菲特的投資哲學，亦即購入價格被低估的資產，長期持有，等待資產回升至應有的價值。斯皮爾在投資生涯初期，覺得 Farmer Mac 公司是尚未發光的金子。這家公司向銀行購買農場抵押貸款，就像購買住宅抵押貸款的房地美（Freddie Mac）與房利美（Fannie Mae）一樣，有美國政府支持。包括巴菲特在內的精明投資人，都持有房地美與房利美的股票。斯皮爾買進 Farmer Mac 的股票，興匆匆向幾位操作避險基金的好友，介紹他發現的潛力股，希望他們也能跟他一樣「做多」這檔股票。[30]

幾週後，其中一位好友與他聯絡。創立潘興廣場資本管理（Pershing Square Capital Management）的比爾・艾克曼（Bill Ackman）邀請斯皮爾前往他的辦公室，討論投資 Farmer Mac 的構想。斯皮爾抵達之後，看見艾克曼有個書架，放滿了 Farmer Mac 的年報之類的文件，上面還有便利貼與螢光筆做的記號。艾克曼問的問題遠比斯皮爾多，而且他根據問題的答案，得出相反的結論：Farmer Mac 深陷財務窘境，很有可能會栽個大跟頭。房地美與房利美購買的是大量的標準住宅貸款，Farmer Mac 購買的則是較為獨特，且規模遠低於標準住宅貸款的農場抵押貸款，因此公司的績效較難預測。艾克曼沒有做多，也沒有不碰這檔股票，而是放空，也就是下注賭股價會跌。[31]

這次事件讓斯皮爾汗顏。他說：「顯然我對於 Farmer Mac 的了解根本不夠深，不足以構成買進這檔股票的理由。」他賣出持股，小幅獲利。他後來與 Farmer Mac 的管理階層見面，印象平平，更相信艾克曼判斷正確。艾克曼做了該做的功課，所以能將客戶的資金，還有他自己的資金妥善投資。Farmer Mac 最終在二〇〇八年市場大崩盤期間，市值幾乎歸零。[32]

說來令人驚訝，但其實相當多備受吹捧的上市公司並沒有明確的商業模式，甚至根本沒有從事對外宣稱的業務，但投資人該問的問題都沒問，就買他們的股票。東方紙業股份有限公司在二〇一〇年，是市值一億五千萬美元的上市公司。一群美國投資人前往中國，參觀東方紙業的造紙廠，計算進出的卡車數量，據此判斷業務量是否與公司宣稱的相符。這是以鐵錚錚的現實，驗證抽象話語的好辦法。他們也看了與東方紙業相關的中國政府紀錄，以及中國媒體報導，發現東方紙業浮報營收至少十倍，隨即放空股票，並將所知公諸於世。十二年後，東方紙業（更名為互聯網科技包裝股份有限公司）市值已減少九〇%。[33]

這個故事在金融圈一再傳誦。麥可・路易士（Michael Lewis）在著作《大賣空：祕密布局，等待時機》（*The Big Short*）寫道，銀行以及大多數的大型金融機構，都在二〇〇八年美國房地產市場崩盤時損失慘重，但少數精明的投資人卻大有斬獲。原因何在？他們留意各種報導，例如信用條件不佳的購屋者借入大筆貸款買下第二間房子、停擺的高樓建案只剩停擺的起重機駐守，以及幾乎無人居住的新開發案。在銀行買賣高風險貸款所衍生出的高風險投資商品的同時，這些反向思考的人，卻是思考這麼多的新建房屋究竟是有真人居住，還是只有想趁著後來泡沫化的房市熱潮而撈一票的投機者在買賣。只有少數人像揭穿東方紙業的那些人一樣做功課。他們走出辦公室，搭飛機到曾經熱門的市場，開車前往新興遠郊城鎮，親眼看看一排排的空屋。他們發現了虛假的房屋抵押貸款業的真相，找到了在房市放空的方法，等待房市開始崩盤，接收懶得做功課的投資人損失的財富。

過於自信的投資人，有時不會去檢查產品說明書上的小字，內容是否與簡短得多的執行摘要相同。二〇一四年，金融記者麥特・萊文（Matt Levine）撰文指出，凱薩娛樂事業經營管理公司（Caesars Entertainment Operating Company）是凱薩賭場暨博弈集團（Caesars casino gambling conglomerate，正式名稱為「凱薩娛樂事業公司」〔Caesars Entertainment Corporation〕，兩者容易混淆）的子公司，宣稱「本公司發行之債券，概由凱薩娛樂事業公司無條件擔保，且該擔保不可撤銷」，藉此吸引投資人買進該公司的債券。這種措辭的意思是，無論遇到何種情況，母公司都會償還子公司的債務。投資人要是沒有繼續看到第一百零六頁，就不會知道文件其實也列出了擔保會失效的少數情況。既然擔保有可能失效，那債券的價值也就有可能大跌。

多問一些問題，就如同仔細讀說明書上的小字。在風險不大的情況下，多半可以為了講求效率而省略這個步驟。但若要做重大決策，或是大額投資，多做功課還是值得的。[34]

問題與遁辭

你了解決策太有「效率」可能會有的負面效應，也逐漸發現提問的機會，但也許你還是不知道該問些什麼。最實用的問題，應該是與當前的情況有關，也能揭露更多先前沒注意到的門。在本書第一部的最後，我們要討論幾乎在任何情況下都很實用的問題。據說律師除非已經知道問題的答案，否則不應問證人問題，所以我們先看看可能會得到的答案類型。

我們常犯了把答非所問當成真正答案的毛病，要小心這種傾向。政治人物是答非所問的高手。他們指望聽的一方接受這個答案，或是誤以為這就是真正的答案。兩位心理學家陶德·羅傑斯（Todd Rogers）以及麥可·諾頓（Michael Norton）表示，很多人通常不會發覺政治人物答非所問。只要對方閃避的言詞很有技巧，而且至少與問題的主題稍有相關，很少人會發現自己被騙。[35]

有些答非所問的答案含有「安慰劑資訊」，意思是說這種答案感覺好像解決了我們的顧慮，但其實並沒有。舉個例子，柯林頓說「我與那個女人並沒有性關係」，感覺像是個答案，但他所謂「性關係」的定義可以有各種解讀，所以他其實沒有明確否認某種行為。按照禮貌與有效率溝通的標準，一個人回答問題所說的話，無論說的是什麼，都應該是一個完整的回答。所以我們有時會將含糊其詞，甚至空洞的回答，當成有意義的回答。當記者的當然很清楚這個問題，有時會用「這是不否認的否認」之類的話予以反擊，拆穿對方。[36]

我們可以學會察覺常見的答非所問的答案，就是很多人會使用的「庫存」答案，意在阻止別人繼續問下去。這樣的答案不見得是刻意欺騙，但若聽見了，就該知道應該追問，才能得到更多資訊。以下是幾種讓人尷尬的答案。

「我們進行了實質審查。」

這話聽起來不錯，比「我們完全沒調查」有說服力。但傳達的訊息究竟是什麼？大多數領域並沒有規定多少審查才算實質審查，更不用說實質審查的定義究竟是什麼。即使在有時按照法律或合約，必須進行實質審查的金融業，往往也沒有具體的定義。蓋伊・斯皮爾將比爾・艾克曼的實質審查，與他自己的比較，就知道確實沒有具體定義。經驗老到的創投業者有時也會沖昏頭，事先沒有徹底調查，就巨額投資當紅的產業。別人說的實質審查若是沒有明確定義，我們就應該自行解讀為「我們相信是這樣」，也該追問對方的想法究竟有何憑據。

「已經經過驗證。」

在科學上，所謂「驗證」，意思是一項工具、量表、測驗或其他方法經過仔細研究，證實的確具有其所宣稱的量測功能。要量測憂鬱症，使用經過驗證的量表，會比使用沒經過驗證的量表更理想。但說這句話的人，多半並不清楚驗證的定義究竟是什麼。他們要是知道，就會向你說明驗證過程，而不是僅僅宣稱已有驗證。有些人所謂的「驗證過」，往往只是使用過的意思，甚至使用的方式都不見得一致。我們應該追問：「經過驗證的證明在哪裡？」

「已經經過審查、鑑定。」

審查、鑑定的標準，甚至比實質審查的標準更少。「審查」一個人可以很簡單，例如要求幾個非正式的推薦函，或是上 Google 搜尋，也可以很詳盡，例如進行完整的背景調查，以確保安全（如果有人自稱做了「極限審查」，就要格外警惕，因為天底下沒有這種事。）CBS報導小布希的例子告訴我們，聲稱完成鑑定很容易，但必須有證據，才能取信於人。我們必須問清楚，採用了哪些程序，蒐集了哪些資訊。

「這份名單能證明我們的說法。」

兜售有問題的產品的人或企業，喜歡抬出知名組織、專家，或是科學刊物為自己背書，但仔細探究往往就會發現，響亮的名單本身就值得懷疑。安・費里曼拿出一份「鑑賞」過她在諾德勒畫廊賣出的每一幅仿畫的專家名單，但名單上的其中一位專家（研究馬克・羅斯科的專家大衛・安凡〔David Anfam〕）後來表示，他其實只看過待售畫作的一張照片而已。研發血液檢驗設備的可疑新創公司 Theranos 謊稱，大型製藥公司已經「仔細驗證」（呃……）他們的技術，甚至沒有經過那幾家公司同意，就擅自將那些公司的商標印在自家報告上。另外還有一群設計精美的網站列出幾十項研究，宣稱能證明伊維菌素（Ivermectin）這種藥物確實能治療新冠肺炎，但網站列舉的研究多半設計不佳、執行不良，或是有其他可疑之處。看到一長串的名單，在深信不疑之前，應該想想名單上的人、公司，或是研究，是否真能為對方的言論背書。[37]

「原件已經遺失。」

在我們研究過的許多詐騙案，證據常常會碰巧離奇消失。發現這種事情，就該多問幾個問題。例如，比爾．伯克特為何將能證明小布希兵役造假的原始文件，只傳真給一家新聞台後隨即燒毀？疑似偽造研究結果的科學家，遺失硬碟或扔掉舊資料的速度，是否跟誠實的科學家一樣？我們接受別人遺失資料、記錄有誤的藉口之前，應該先問自己，為何要相信保管不好檔案的人會說真話？要求參閱重要文件的副本，是很容易就能做到的事，而對方如果說文件已丟失，那就是一種警訊。例如奧蘭多藝術博物館收藏的尚－米榭．巴斯奇亞的作品，就有一位據說是購買這批畫作的收藏家所寫的信件，宣稱這批作品是真跡。但這位收藏家在展覽開始之前即已去世，所以無法確認信件是否真是他所寫。

「我們有多項資料來源。」

若是從眾多獨立管道得到相同資訊，那這項資訊就很有參考價值。但若是一個管道的資訊是來自其他管道，或是幾個管道屬於同一家公司、領域，或擁有相同的觀點，那這些管道就等於是同一個管道。有些人相信外星人會定期綁架人類，憑藉的證據是「被綁架者」的證詞都相似，尤其是他們都說，外星人是四肢細瘦，頭部與眼睛都很大的人形生物。深入研究發現，直到一九六二年，才首度出現人類被外星人綁架的說法。而就在同一年，描寫人類被外星人綁架，以及外星人與人類性交、用人類做醫學實驗、消除人類記憶的電影與電視節目，開始大行其道。所以這些遇見外星人的敘述看似互不相關，實則有許多共同點，也就不足為奇。一種說法有眾多出處，並不代表這種說法就一定可靠。我們必須探究這些出處究竟是哪些人，這些人之間是否互有關聯，有無動機與偏見，再決定是否相信。[38]

「嚴謹、堅實、透明……」

這些字眼都是沒有拿出具體證據，就自稱有品質。類似的字眼還可以寫出一大串。當聽見有人說「嚴謹的流程」，就該請對方仔細說明整個流程，而且除非有明確證據，否則應該先假設過程不嚴謹。聽見別人說「我們很透明」，就該想想他們為何不以實際行動展現透明，而是吹噓自己透明。

「（沉默以對）……」

有時候問了問題，得到的答覆是鬼扯，或是搪塞，但被置之不理的次數，才是多到驚人。二〇二二年美國賓州參議員選舉的一位候選人，不願回答「你是何時遷入賓州的？」、「你是否畢業於特洛伊大學？」，以及「你的家鄉在哪裡？」之類的問題（儘管如此，她在共和黨初選，仍然只輸兩位得票率最高的候選人幾個百分點）。我們若是問了問題卻得不到答案，或是感到對方太過閃避，就應該鼓起勇氣離去。有些投資人眼看 Theranos 不願回答他們眾多詳細的問題，就乾脆決定不投資。也有一些投資人向馬多夫提問，覺得他對於自己的經營狀況閃爍其辭，因此決定不投資。[39]

把門打開

我們討論了別人迴避問題的幾種方式，那要如何讓他們把門打開？克里斯有次參加西洋棋訓練營，講師是擅長訓練西洋棋手的西洋棋特級大師雅各布・奧高（Jacob Aagaard）。奧高教導學生，要自行思考三個問題，就能把門打開：棋盤上位置最差的棋子是哪一個？弱點在哪裡？我的對手打算怎樣？思考完這些問題，幾乎都能想出一步好棋。遇到風險較高的狀況，最好一一列出必須解答的問題，保留一些空白位置給後續追蹤的問題。[40]

如果覺得可能遺漏了什麼，卻又不知道究竟遺漏了什麼，或是你想追問，卻沒有具體的重點要問，那不妨問一個比較概略的問題，例如下列幾種：

「你還有哪些可以透露？」

僅僅是要求對方提供更多資訊，就有可能得到極為實用的資訊。最好先以這種友善親切的問題開始，再進階到較為犀利的問題。我們有位同事偶爾會使出「再多說些」這種簡單的提示。他每次這麼說，總能得到更多資訊。41

「怎樣的資訊會讓你改變想法？」

如果有人想說服你，又完全堅持自己的信念，那他們可能對於這個信念沒有思考太多，也沒想過這個信念會不會被任何證據推翻。問這個問題，也許就能看出他們論點的幾處破綻。另外兩個相關的問題，是「別人為何與你意見相左？」以及「是否有專家與你意見相左？」。安・費里曼的顧客要是問她，是否有專家看過她這批首度公開的抽象表現主義畫作，而**不是**直接相信這些畫作就是真跡，那也許就不會購買。42

「還能更好一點嗎？」

這句討價還價的經典台詞，在許多場合都能派上用場。一位朋友曾對我們說，他與妻子在旅館辦理入住，都會告訴櫃台人員，他們進房之後要是不喜歡，就會下樓要求換房間，所以櫃台還不如現在就給他們更好的房間，免得大家浪費時間與精神。這種方法適用於一次只能提供一個選項的情況。問「你還有哪些更好的選項？」或是「你最好的兩個選項是什麼？」，也許比問「是否還有其他選項？」更理想。因為問「是否還有其他選項？」很有可能得到「沒有」的答覆。

還有一件事……

我們一旦開始提問，就要特別留心，不要太過重視對方提供的新資訊。要問問題，但不要想都不想，就把你得到的答案看得太重要，甚至比你可能一開始就知道的答案更為重要。唐納德・雷德梅爾（Donald Redelmeier）與同僚要求五百七十四位身兼教職的醫師，想像自己是飛機上唯一的醫師。機上有位乘客胸痛，醫師必須判斷，是要建議機長繼續飛行，還是在距離最近的機場降落。研究團隊將這群醫師隨機分配至兩組。第一組醫師拿到病患的心率與血壓，第二組醫師拿到病患的心率，研究團隊也詢問他們，是否想得知病患的血壓。[43]

大多數第二組醫師也想了解病患的血壓，想了解的醫師，得到的血壓數字與第一組相同：收縮壓一百二十（正好是成年人「正常」血壓值的上限）。但他們僅僅是詢問病患的血壓，就改變了給機長的建議。一開始就拿到兩項生命徵象數據的醫師當中，八九％建議立刻降落。而在必須詢問（也確實詢問）病患血壓數據的醫師當中，只有一五％建議立刻降落。飛機是應該繼續飛行，還是降落，是一種主觀判斷，但兩組醫師主觀判斷的巨大差異，與他們所獲得的資訊無關，因為兩組得到的資訊是一樣的。

從習慣到陷阱

在本書第一部，我們討論了思考、判斷，以及推理的四種習慣。這四種習慣大多數時候都管用，但若不勤於查證，那這些習慣也有可能成為弱點。我們秉持這些習慣，多半可以有生產力、有效率，也有信心做出正確的決策。但這些習慣畢竟是捷徑，所以有時也會帶我們走向死巷，或是感覺沒問題，實則有問題的地方。若是太關注唾手可得的資訊，就有可能錯過足以讓我們改變決策的資訊。憑藉過往經驗預測未來，就給了有心人利用我們的預期誘騙我們的機會。憑藉信念行事，就容易被了解我們的信念，也擅長操弄我們信念的人欺騙。過於追求效率，有時就難免倉卒決策，忽略了該問的重要問題。

在最簡單的詐騙案例中，詐騙者可能只運用這幾種思考習慣的其中之一。而較為複雜，也較為長期的詐騙案，則是牽涉到全數四種。之所以能得逞，是因為與他人互動必須依循很多思考捷徑，還要假設對方坦誠真實。我們要是必須事事查證，就會被疑慮壓得動彈不得。避免受騙的困難之處，在於要知道什麼時候該相信，什麼時候又該查證。

本書結論會再度討論這個困難之處，但首先要看看詐騙者誘騙我們上當的四種陷阱。我們會受到下列的吸引：表現始終如一的人與系統、感覺熟悉的事物、表達得精確且具體的概念，以及看似有效的處理方式與政策。

陷阱就像給大腦吃的糖果，很誘人，吃了會很滿足，有時會黏牙，但不見得對健康有益，也不見得能吃飽。大多數詐騙行為與這些陷阱的至少一種有關，所以額外關注我們感興趣的資訊與機會，雖說很合理，但不假思索就盲目依從，可就是不智之舉。

第二部

陷阱

05 一致性：懂得雜訊的價值

我們通常認為一致性代表的是品質與真實，但真實的資料幾乎難免都帶有一些變異，又稱「雜訊」。想避免受騙，就要理解真實資訊難免會有一些不規則的變化。

二〇二二年二月，美國政府以五項詐欺罪嫌起訴薩蒂什・昆巴尼（Satish Kumbhani），最高可判處七十年有期徒刑。據說他當時住在印度。一個月後，他失蹤了。[1]

昆巴尼是加密貨幣投資平台 BitConnect 的創辦人。加密貨幣是一種數位資產，價值並不會受到任何一個政府的政策或行動影響。比特幣（Bitcoin）是最早出現，也是最知名的加密貨幣，是「中本聰」這個假名所代表的一個人或是一群人，於二〇〇八年發明。比特幣的供給量是有限的，價值也會受到供給限制影響。從這個角度看，比特幣比較不像正規貨幣，比較像黃金、石油。你花費計算機資源（亦即電腦處理時間，以及所需的電力），解決複雜的數學問題，就能

「挖掘」更多比特幣。比特幣擁有特別設計的代碼，所以挖礦能挖出的比特幣總數，不會超過兩千一百萬。從這個角度看，比特幣是比黃金還穩定的商品。[2]

比特幣就像黃金以及傳統貨幣，也可以在網路上買賣，無須具備挖礦或其他技術，而且每日價格上下波動可能很劇烈。BitConnect 對用戶的承諾，就是要降低價格波動率。到了二〇一七年底，這個平台專利研發的 BitConnect 幣雖然只能用於 BitConnect 平台交易，卻依然躍居全球前二十大加密貨幣。依據其所謂的「借貸方案」，BitConnect 接受比特幣存款，再讓客戶提領 BitConnect 幣。BitConnect 再透過「BitConnect 交易機器人」及「波動率軟體」，將客戶的比特幣存款用於投資，並提供穩定的獲利給客戶。客戶就不會受到比特幣資產價值上下振盪影響。[3]

根據昆巴尼的起訴書，該方案雖然共計吸收價值二十四億美元的比特幣存款，卻並未用於任何投資。BitConnect 透過各種可疑的轉帳，以及複雜的交易，掩飾詐騙的本質，讓客戶投資部位的價值看似上漲。但客戶若想領取獲利，平台卻是以其他投資人的存款支付。換句話說，BitConnect 是披著現代數位貨幣外衣的標準龐氏騙局。

龐氏騙局是以居住在波士頓的義大利移民查爾斯・龐茲（Charles Ponzi）命名。他在一九一九年發現一種賺錢方法，是買賣各國的國際回郵券。假設回郵券在義大利的郵局，是以等同一美元的價格賣出，但在美國的售價卻是二美元。龐茲寄錢給義大利的人，由他們購買回郵券，再寄給他。他再賣給本地郵局，賺取豐厚利潤。

這種簡單至極的套利計畫，不僅無法大規模進行，也違反國際規則，但龐茲意識到這一點的時候，已經開始打廣告招攬投資人。他向投資人保證，**每月**穩定獲利高達一〇%。這樣的投資報酬率，大約是銀行存款利息的四十六倍。不到一年，他就吸引了超過三萬名客戶。他並無合法的管道能兌現承諾（回郵券套利計畫，只是他回應別人詢問他如何賺錢的託詞），於是他開始用愈來愈多的新存款，支付較早加入的客戶的利息。他承諾客戶如此離譜的高利，很快就無力繼續支付。破產的傳言一出，引發了提領潮。他也受到調查，最後詐欺罪成立。[4]

龐氏騙局現在的定義，是一種商業結構，早期加入者的獲利，來自後期加入者的損失。受害者多半以為，自己投資的錢是用於買賣真實的資產。但實際上有一部分的錢是被操作騙局的人偷走，有一部分的錢是當成「獲利」分配給其他投資人，其餘的錢則是保留下來，以因應日後的提領，好讓騙局能繼續下去。大多數的龐氏騙局，都是依循同一套劇本。騙子承諾投資人異常豐厚的每月或每季報酬，又謊稱可以長期領取，而且投資本金絕對不會有任何損失。所有此類的龐氏騙局，從多層次傳銷組織，到現金贈禮老鼠會，再到假投資基金，到最後再也沒有新的投資人，也就是受害者加入，而最後加入的一群人，則是血本無歸。[5]

從此龐氏騙局的各種版本在世界各地屢屢上演。不用想也知道，世上沒有一種投資工具，能保證高達每月五%的報酬率（換算成年報酬率是將近八〇%），還可長期領取。世上也沒有一種投資工具，能百分之百保本。最堪稱「安全」的投資，是美國政府公債。標準的十年期美國政府公債，目前的年殖利率約為三・五%，過往最高的殖利率出現在一九八一年，大約是一六%。如果有人招攬你投資，保證你會拿到比這更高的報酬率，或是絕對保本，那就要提高警覺。別像那些拿錢投資另一家新創加密貨幣公司 Celsius 的人。Celsius 的口號是「銀行不是你的朋友」，推出年息一八・九%的比特幣存款方案，卻在二〇二二年初市場下修期間，禁止存戶提領存款，後於同年申請破產。[6]

穩定成長

馬多夫經營的假「避險基金」，大概是有史以來規模最大、為時最久的龐氏騙局。馬多夫在一九六〇年代初期開始幫客戶管理資產，後來才展開他的龐氏騙局（也許早在一九七〇年代即已開始，最慢不會晚於一九九三年）。到了二〇〇八年，他的龐氏騙局曝光，避險基金被關閉。然而其實從成立到關閉，他根本沒有為客戶進行真正的交易。多年來，馬多夫一共吸收了大約兩百億美元的存款，按照他的客戶的帳戶對帳單，避險基金關閉的時候，管理資產規模應有六百五十億美元左右。但實際卻只有兩億兩千兩百萬美元。[7]

各家媒體廣為報導馬多夫的騙局，但對於騙局的運作原理，以及我們應該記取的教訓，卻有不少誤解。馬多夫經營的，很多人稱之為龐氏騙局之母，但其實與龐茲的原版龐氏騙局，在幾個方面大不相同。馬多夫並沒有向投資人承諾誇張的報酬率，也沒有保證絕對保本。他的投資人多半很精明，不可能相信浮誇的龐氏騙局。馬多夫提出的，其實比快速撈錢更吸引人：年年穩定成長，沒有一年報酬率為負，而且波動率很小。

穩定上漲的一**致性**，是馬多夫騙局獨特的「價值主張」。在騙局運作的那些年，整體市場的年報酬率最高為正三七%，最低為負二五%，他給客戶的報酬率卻是每年七至一四%。如此穩定且一致的報酬率，讓投資人不必煩惱不確定性，也不必擔憂會有所損失。如果能接受績效上下波動，偶爾有所損失，久而久之累計報酬率會更為理想，但是大多數人往往想避開損失的風險。[8]如果一個人長期投資馬多夫的避險基金，一路從一九九一年到二〇〇七年，也就是避險基金運作的最後一個整年，那（虛假的）一〇·三五%的平均年報酬率，仍然低於標準普爾五百指數（S&P 500 stock index，美國大型股的標準基準指數）一一·二九%的平均年報酬率。馬多夫的基金有幾個月確實下跌，不過在長期走勢不斷上升的績效圖表裡，這樣的跌幅微小到幾乎讓人無法察覺。馬多夫的投資人，追求的是美國政府公債般的安全與穩定，但是他們也想要擁有股市般的報酬率。

很多人會避開有風險的投資，即使是預期報酬極高的投資也照樣避開，原因之一是即使幅度相同，虧損的痛苦也會大於獲利的喜悅。想像一下，一個類似股票市場的擲硬幣遊戲。若是擲出正面，你就會得到十美元，但若是擲出反面，你也會損失十美元。金額必須是多少，你才願意玩這個遊戲？如果你很有錢，而且可以長期玩這個遊戲，即使擲出反面會損失九．九九美元，你也能接受，因為長期而言，你每次擲硬幣，平均都能獲利一美分。然而大多數人說出的金額，是將近五美元，更有許多人說零美元，意思是只要有虧損的可能，他們就不願意玩。[9]

任何合法的投資工具，都離不開虧損的風險。不願承受虧損風險的人，就有可能湧向馬多夫推出的產品：每年報酬率的波動範圍很小，一律是正報酬，沒有一年是負報酬。正如新病毒能攻破現有的免疫機制，馬多夫的騙局，能騙到那些知道該避開保證超高報酬的陷阱（例如 BitConnect 與 Celsius），卻仍然相信能獲得長期穩定正報酬的人。財經記者黛安娜．亨利克（Diana Henriques）的著作《謊言教父馬多夫》（*The Wizard of Lies*）對於馬多夫的騙局描寫最為詳盡。她認為馬多夫騙局是改良版的龐氏騙局。她告訴我們，很多投資馬多夫基金的專業投資人「認為一年賺進至少八％的獲利，而且完全零風險，是他們的天賦人權」，而且馬多夫若是想將報酬率弄得真實一點，也就是偶爾低於八％，這些客戶就不滿。[10]

馬多夫騙局之所以激增，原因除了我們不喜歡風險與虧損之外，也關乎我們對於一致性的偏好的另一個層面：我們不理解，也無端討厭一致性的相反，亦即「雜訊」。在這個情境，「雜訊」的意思是任何複雜過程的隨機層面。季節由冬入春，氣溫並不會每天升高一度。棒球隊不會每一場比賽得分都相同。股價每一天、每一週，甚至每個十年都有可能劇烈波動。在一個交易日，一家公司最高與最低的平均價值，相差將近二％。簡言之，真實世界的真實資料充滿了雜訊。但即使是專家，往往也會相信沒有雜訊才代表是真實的，甚至當成一件好事。[11]

我們的一位同僚，最近與幾個投資經理人團隊進行一項研究。他給他們看一張圖表，內容是馬多夫的避險基金在垮台之前多年來的績效表現，並與另外三檔避險基金，以及整體市場的績效互相比較。不過四檔基金在圖表上的名稱都是假名。這位同僚問這些投資經理人，會用公司的錢投資哪一檔基金？馬多夫避險基金在圖表上的走勢，當然比其他幾個平順得多，但即使是這些專業投資人，也偏愛馬多夫的避險基金，沒有一位反對。僅僅幾年前，他們所處的金融業才在熱議馬多夫不可思議的高報酬率，但他們還是逃不開一致性這個強而有力的陷阱。[12]

將不一致看成一種警訊，其實也有道理。嫌犯每次接受審訊的說詞若是都不一致，就有可能在說謊。商業大亨到了要繳資產稅的時候，就對政府說自己的資產價值不高，等到想申請低利貸款，就向銀行把自己資產的價值誇大了好幾倍，想必也是在說謊。遇到不同的聽眾，就改換立場的政治人物，對贏得選舉的興趣，可能高於制定良好的公共政策的興趣。但也不能將不一致一律視為好事。我們常常誤以為，強大的領導者應該永遠不會改變自己的信念。一旦調整政策，就會被對手抨擊為「出爾反爾」、「圖謀私利」。傑出的領導者，會願意隨著事實變化，調整自己的想法。依據新出現的證據，調整自己的信念，其實是一種理性的行為。[13]

雜訊如此惡名昭彰，實在很可惜，因為我們應該覺得雜訊是正常現象，也應該將沒有雜訊當成一種警訊。在任何一個複雜的系統，許多因素會互相作用，也會影響結果，因此短期的表現變動會很大。我們不該以為短期的報酬，與長期平均值會完全一致。想一想**「雜訊在哪裡？」**，就會覺得太過平順的表現有可疑之處，進而研究背後的玄機。我們可以想想可能影響結果的每一種因素，看看這些因素各自有多少雜訊，整體而言又有多少雜訊。品管嚴格，由機器人操作的理想化生產線，生產的產品個個都一樣。但生產線若是使用不完美的人員、原料、工具，這些因素互相影響，就會降低產品的一致性，製造出一些瑕疵品。生產過程中，會製造雜訊的因素愈多，成品的一致性就會愈低。我們要格外注意，不要被短暫出現的一致性誤導，因為任何隨機的過程，都有可能碰巧連續出現幾次相同的結果。

時間不夠的時候

人類行為很複雜，而且有不少雜訊，所以應該要格外留心莫名出現的一致性，這是我們從最近的經驗歸納出的心得。我們兩人都是參加比賽的西洋棋手，不過克里斯比丹尼爾認真。克里斯五歲學西洋棋，十九歲成為西洋棋大師，至今依然參賽。二〇二〇年的某天晚上，克里斯上Chess.com下西洋棋，系統為他配對的對手來自菲律賓，在網路上的名字叫作「拉齊爾」。就等級分而言，他們兩位是勢均力敵。克里斯覺得自己發揮得不錯，但隨著一波波攻勢接連被拉齊爾化解，他也愈來愈懊惱。到最後，拉齊爾將克里斯的國王逼入絕境，巧妙移動他的兵，斬斷克里斯的國王的後路，再用他的王后將死。

Chess.com 在每盤棋局結束後，都會立刻提供很實用的總結，以及每一步走棋的詳細資料。根據網站提供的資料，拉齊爾走棋的正確度將近九四％，意思是說，電腦認為他的走棋堪稱最佳走棋。克里斯也曾在幾盤棋局達到九四％（甚或更高）的正確率，特級大師則是常常達到九四％的正確率。但克里斯在這盤棋局的正確率只有八五％。正確率一旦下降，幾乎一定會輸。不過比起正確率的差距，更讓克里斯在意的，是他與拉齊爾使用時間的不同方式。在整盤棋局，拉齊爾走一步棋的時間不會少於五秒，也不會超過十二秒。克里斯在開局的幾步棋，每步只用時一兩秒。但有幾步用時超過三十秒，有一步甚至用去將近整整兩分鐘。

要記得，約翰．馮紐曼在西洋棋賽作弊之所以被發現，破綻之一就是他走棋所需的時間不太尋常。大師級的棋手，開局的幾步棋往往是依據記憶走出，通常是依循行之有效的計畫。棋局到了後段，需要更多思考與決策，在某些時候，絕對需要多花些時間想出最好的一步，至少要避免走錯。克里斯所用的時間長短變化較大，高明的棋手往往如此。那拉齊爾呢？他不可能具有某種超能力，無論局勢有多險峻，他都能以同樣的速度，做出正確的決策。他作弊的可能性較大。

現在的智慧型手機的西洋棋程式，棋術比人類的西洋棋世界冠軍更高明，所以在線上下西洋棋，可以輕鬆打遍天下無敵手，連世界冠軍都難以匹敵。只要在你的手機的西洋棋應用程式，輸入對手的走棋，再依據應用程式的建議走下一步。電腦分析幾乎可以立刻完成，因此若是使用應用程式，走每步棋所需時間就差不多。

拉齊爾在 Chess.com 的帳號，還有幾個可疑之處。在 Chess.com，時間長度不同的棋局，棋手獲得的等級分也會不同。在一般的棋局，每位棋手共有十分鐘或更長的時間完成所有走棋。拉齊爾的等級分在十一天增加了一千四百四十二分，問題是在此之前的五年，他的等級分幾乎沒有變動。依據等級分系統的統計模型，增加一千四百四十二分，代表打敗克里斯的拉齊爾，對上僅僅兩週前的拉齊爾，會有一千比一的勝率。天底下沒有一位西洋棋手，能在這麼短的時間內一再進步。即使是影集「后翼棄兵」裡的虛構人物貝絲．哈蒙（Beth Harmon），在迅速竄升至世界冠軍的路上，也承受過更多失敗。

並不是所有的一致性都是出人意料。正如有些職業網球員在紅土球場表現較佳，有些則是在草地球場發揮更好，西洋棋手也有自己最得心應手的走棋速度。但無論是哪一種網球場或是走棋速度，表現的一致性總會多於變化。拉斐爾．納達爾（Rafael Nadal）在紅土球場碾壓所有對手，但他在硬地球場也幾乎是全勝。相較之下，拉齊爾在十分鐘的西洋棋賽表現像個職業棋手，但棋賽時間只要短於十分鐘（或是在其他的西洋棋挑戰，例如西洋棋棋謎），他的表現就不堪一擊。只有一種合理解釋。十分鐘棋賽的拉齊爾，與參加其他挑戰的拉齊爾，並非同一人。

拉齊爾下西洋棋的基本模式，與馬多夫的股市投資報酬率相似。面對極為複雜的挑戰，也就是贏得史上難度最高的棋局，或是在金融市場中，打敗眾多競爭對手而獲利，他們的表現顯得太過一致。馬多夫的報酬率並非華爾街最高，拉齊爾在 Chess.com 的等級分也並非最高。但拉齊爾的等級分上升的過程太順利，表現完全沒有變化，絕非以人類正當方法所能做到。克里斯輸了棋賽，並不是很介意，對手作弊的嫌疑倒是讓他無法釋懷。他向 Chess.com 的管理人員檢舉拉齊爾，也呈上他們的棋局。神奇的是，幾天之後，拉齊爾不再到 Chess.com 下棋。幾個月後，他的帳號因為違反 Chess.com 的「公平競爭」規則，而被永久關閉。拉齊爾事件並不是單一事件。Chess.com 每天關閉大約八百個舞弊的帳號，通常是因為這些帳號的行為，太像一個非人類實體在統計模型中會展現的行為。缺乏雜訊，缺乏人類在複雜情況會偶爾犯錯的傾向，是非常重要的警訊。[14]

上前來，感受一下雜訊

大多數的人與組織，認為人類行為的雜訊是一種必須消滅的問題。這是丹尼爾・康納曼（Daniel Kahneman）、奧利維・席波尼（Olivier Sibony），以及凱斯・桑思汀（Cass Sunstein）在他們的著作《雜訊：人類判斷的缺陷》（*Noise*）所提出的雜訊定義：決策者表現的變異性有問題、無法預期、沒有根據。但我們若不想被騙，就要把雜訊當成好事。至於應該要有多少雜訊才算合理，並沒有放諸四海皆準的基本原則。不過我們建議運用三項原則，判斷一個人得到的結果所蘊含的雜訊是否太少，所以不可能是真實的。[15]

第一，**真正的人類表現，所含雜訊通常比我們預期的更多**。二〇一六年，萊斯特城足球俱樂部（Leicester City）戰勝了賽季開始前一賠五千的奪冠賠率，贏得英格蘭足球超級聯賽的冠軍。但他們無論當時或現在，都不是豪門俱樂部之一。在他們奪冠的前一個賽季，在二十支球隊裡最終排行第十四，奪冠的後一個賽季，又回落至第十二名，也是他們比較常見的名次。他們每賽季的表現，並不等同於長期的平均值，正如罰球命中率八〇%的籃球員，不會每場比賽都正好達到八〇%的命中率，亦如打擊率〇．二五〇的棒球打擊手，不會場場都有這樣的打擊率。[16]

運動場上的表現是如此，金融市場亦然。沒有一項投資工具，能一直持續同樣的績效。後來有個綽號叫「倫敦之鯨」的交易員布魯諾．伊科西爾（Bruno Iksil），在二〇一二年連累摩根大通（JPMorgan Chase）損失數十億美元，因為他拿公司的錢下注，賭某些債券的價值不會大幅波動。他要是賭錯，這幾檔債券價格的波動，會導致他所持有的部位的價值下跌。結果伊科西爾所以為的低波動，只是另一個試算表的簡單錯誤所造成的錯覺。這個錯誤就是使用不正確的方程式，將兩個數字相加，也許是史上最昂貴的 Excel 錯誤。[17]

第二，**我們必須刻意尋找一致性，否則根本不會注意到**。很多非專業投資人，根本不會比較每一年的投資報酬率，遑論繪圖觀察投資報酬率長期的變化（或沒有變化）。馬多夫的客戶並未享有現今各大金融機構所提供的，附有精美圖表的對帳單，或是即時線上資訊。他們的帳戶餘額，出現在厚厚一疊交易確認書的最後一頁（「確認」他們的帳戶進行了其實根本沒進行的假交易）。沒有一個月分的報酬率為負，這其實是很明顯的警訊，只是有些客戶可能根本沒注意到。同樣的道理，克里斯在西洋棋賽輸給拉齊爾，只覺得對手走棋很快，也很高明，而沒有發現對手每次走棋所需時間幾乎都一樣，不像人類會有的行為。他要察覺到拉齊爾走棋時間的一致性，就必須研究拉齊爾每一步走棋所用時間。有時候必須刻意尋找短期雜訊不存在的事實，才能察覺過高的一致性。

第三，**要觀察你覺得可疑的表現，是否比自稱在做同一件事的其他人的表現更為一致**。舉個例子，烏里．西蒙森想知道，德克．斯梅斯特斯的研究對象願意用於購買一件好看的T恤的金額當中，五美元的倍數是否太少。於是他自己複製一次斯梅斯特斯的研究，再將兩項研究的對象出價金額的分布互相比較，也與其他許多「願意支付金額」研究的出價金額互相比較。馬多夫詐騙醜聞暴發後，幾位受害者聘請的會計師麥可．德．維塔（Michael De Vita）也將馬多夫公布的年報酬率，與其他基準互相比較。他蒐集四大基金公司（富達〔Fidelity〕、駿利〔Janus〕、美國〔American〕、先鋒領航〔Vanguard〕）十六檔經營已久的共同基金的數據，發現這些基金的平均年報酬率即使沒有超越馬多夫的基金，也是不相上下。因此他得出結論「馬多夫公布的報酬率，相當於投資人長期投資市場，所能得到的合理報酬率」。這個結論並沒有錯，但德．維塔並未將馬多夫的報酬率的一**致性**，與其他基金報酬率的一致性互相比較。想要高報酬，就得承擔高風險，這是金融界的公理，近似「天下沒有白吃的午餐」。我們親自研究過德．維塔的數據，發現報酬率與馬多夫類似的那些基金，平均波動率是馬多夫的六倍多，而且沒有一檔的波動率低於馬多夫的基金。[18]

差點說出口

在以撲克為主題的經典名片「賭王之王」的結局，麥特．戴蒙飾演的麥克．麥德莫特，與他的勁敵泰迪．KGB（約翰．馬克維奇飾演）在牌桌上一決勝負。泰迪．KGB是個不討喜的撲克專家，操著可疑的俄羅斯口音，在紐約市經營一間地下俱樂部。在這場一對一的終極賭局，麥克必須贏得足以清償賭債的錢，否則黑手黨就會以自己的方式收帳。在一場驚心動魄的賭局，他發覺KGB拿著奧利奧餅乾，動作似乎有些異樣。KGB若是拿到最好的一手牌，就會把餅乾折成兩半再吃掉。麥克發覺這個「馬腳」，放棄他自己的好牌，接著說出KGB的牌，藉此嘲諷KGB。KGB在他的奚落之下心神不寧，麥克也就贏得了所需的錢。

所謂撲克馬腳，是某些行為模式，會在無意間讓對手判斷出你手上的牌。馬腳並不是像電影描述的那樣，是高階撲克牌技的一部分。但人展露在外的行為，與內心的所知之間，只要出現能察覺到，且具有一致性的連結，就等於向對手露出馬腳。

一個人的馬腳若是具有一致性，就會透露此人不想透露的事。而利用別人的馬腳，也等於告訴別人你知道這個破綻的存在。安德烈．阿格西（Andre Agassi）結束職業網球生涯的幾年後，於二〇一七年接受訪問，透露他為何如此擅長接對手鮑里斯．貝克（Boris Becker）的強勁發球。他與貝克的最初三次交手，輸的都是他。但在接下來的十一次交手，阿格西卻能九度勝出。阿格西告訴 Unscriptd，他看出貝克的馬腳：

我看了很多他比賽的錄影，也在場上跟他交手過三次。我漸漸注意到，他的舌頭會有一種奇怪的抽搐。我是說真的。他會開始搖擺，同樣的習慣動作，就在正要抛球的那一刻，他會伸出舌頭，舌頭會在他的嘴唇中間，不然也會在嘴唇的左角。所以他在右發球區發球，又將舌頭伸在嘴唇中間，那他就是要將球發到中線，或是我的身體。但他的舌頭若是伸向嘴唇左角，那他就是要將球發向外角。

但阿格西並不能每次都憑藉對手露出的馬腳，破解對手的發球，他知道原因。誰也不能次次都破解網球員的發球。「我有辦法破他的發球。對我來說比較困難的，是不讓他知道我能任意破他的發球，因為我不希望他把舌頭藏在嘴裡。我希望他的舌頭常常伸出來。」他了解他只能在關鍵分運用這個訊息，貝克才永遠不會發現自己有破綻。幾年後，阿格西問貝克，是否知道自己有這個馬腳，貝克一聽「差點從椅子上摔下來」。貝克對他說，自己以前回家會對妻子說：「阿格西好像能看穿我的心思。」[19]

許多關於撲克的文獻，都在探討如何察覺，以及如何解讀對手的馬腳，但盡可能減少自己露出的馬腳，也同樣有用。畢竟你的每一個對手，都能看見你的破綻。遇到對抗的情況，資訊又不完整的時候，例如銷售、談判、法律、政治，以及新聞，最好先提防自己露出馬腳。對手若是摸不清你已經知道（或是不知道）哪些事情，你就占有優勢。[20]

在大多數的競爭，若有一個一直存在的馬腳，並不利於競爭。不過在橋牌牌局，馬腳也可用於欺敵。橋牌在某些方面很像傷心小棧（hearts）、皮納克爾（pinochle）之類的紙牌遊戲，不過橋牌必須兩人一組才能進行。在橋牌牌局，玩家各自坐在搭檔對面。玩家與搭檔只能透過一套既定「叫牌」規矩溝通。舉個例子，「one spade」代表這位玩家手上有許多黑桃牌，以及幾張有價值的人頭牌。搭檔之間會事先約定叫牌的慣用語言，但也必須將這一套慣用語言公開。美國橋牌聯盟（American Contract Bridge League）表示：「你透露給搭檔的所有訊息，也必須透露給每一位對手。」意思是搭檔在牌局中不能交談，也不能以任何方式，互相暗示自己手中有哪些牌。無故違反公開叫牌的規矩，或逕自以其他方式透露自己的選擇，皆屬於不當向搭檔透露資訊。[21]

橋牌與西洋棋不同，在橋牌牌局，叫牌所用時間若是**不一致**，等於向搭檔透露不該透露的訊息。假設一位玩家一次叫牌所用的時間大約是五秒。如果在某一盤，這位玩家用了十秒叫牌，那搭檔就會知道，這位玩家很難決定該怎麼叫牌，這就代表該叫的牌並不明顯。搭檔就能據此推斷玩家手上的牌。

高級橋牌比賽的主辦單位用盡心思，防止玩家搭檔以叫牌之外的方式溝通。頂尖的玩家被發現以露在紙牌外側的手指數量，互相暗示自己手中的紅桃牌數量，比賽的主辦單位就架設不透明擋板，讓玩家看不見搭檔。這麼一來，又有玩家被抓到用腳在桌子底下碰來碰去打暗號，主辦單位只好在桌子底下設置隔板。橋牌比賽的主辦單位長年與玩家搏鬥，發現新的打暗號方式，一一防堵，但始終沒有萬無一失的防弊方法。

二〇一五年，世界第一的橋牌搭檔弗爾維奧．芬托尼（Fulvio Fantoni）與克勞迪奧．努內斯（Claudio Nunes）被指控作弊，方法是將打出的牌朝向不同方向，暗示對方自己手上還有哪些牌。美國橋牌聯盟禁止他們參賽，但其他橋牌組織同樣的禁令卻被推翻，因為統計的證據並不明確。儘管如此，其他玩家仍然懷疑這對搭檔作弊。二〇二一年，芬托尼成為義大利歐洲橋牌錦標賽代表隊的一員，結果其他參賽隊伍紛紛抵制義大利隊。二〇一六年，以色列首屈一指的橋牌搭檔洛坦．費雪（Lotan Fisher）與羅恩．施瓦茨（Ron Schwartz）遭到美國橋牌聯盟除名，因為他們在每一盤的開始，將放置所有紙牌的「棋盤」，放在不同的地方，做為給彼此的暗號。[22]

在這兩個例子，旁觀者都懷疑這兩對搭檔作弊，因為這兩對搭檔的表現始終遠遠超越其他玩家。他們叫牌技術極佳，其他頂尖的搭檔都不及，出牌決策也異於常人。而且他們出牌正確率高得出奇，顯然是依據場外訊息做出決策。這些模式就是作弊的馬腳，是橋牌界的「貝克的舌頭」。不過作弊的橋牌玩家與貝克的不同之處，在於他們一定知道自己的馬腳，因為他們必須與搭檔合謀才能作弊。

我是不是以前在哪裡見過你？

正如西洋棋與投資，過高的一致性，在科學上也代表有不端行為。某些案例的一致性太高，毫無變化，除了完全複製數據或圖表，再沒有其他解釋。二〇〇〇年，紐澤西遠近馳名的研究機構「貝爾實驗室」（Bell Labs）的物理學家揚．舍恩（Jan Hendrik Schön）在美國頂尖的《科學》期刊發表五篇論文，並於《科學》期刊在英國的競爭對手《自然》（*Nature*）期刊，發表三篇論文。隔年他又在這兩家期刊各發表四篇論文，總共在兩年間發表十六篇論文。這種突破的速度，堪比頂尖大學的一整個物理系。舍恩的論文主題是超導性（superconductivity），意思是物質沒有電阻的特性，在千禧年剛開始，是科學界的熱門話題。他發表的新發現的用途極廣。從他的研究結果圖表來看，他的結論也無懈可擊。最不簡單的是，三十一歲的舍恩全憑一己之力做出這些創新的研究。果真如此嗎？[23]

期刊論文以及研討會簡報裡的科學圖表，目的是傳達訊息，以更容易理解的方式闡述概念。

相較之下，藝術品的目的是激發情緒，引導觀眾欣賞藝術之美。但科學圖表與藝術品都具有說服力與影響力，都能引發敬畏與見解，能帶給人明確、優雅、完美的感覺，也都能欺騙人。

看看伊里・薩哈伊（Ely Sakhai）以及其所經營的藝廊 Exclusive Art Ltd. 的例子，安東尼・亞莫爾（Anthony Amore）在著作《騙局的藝術》（*The Art of the Con*）詳述整個經過。薩哈伊買進包括夏卡爾以及亞美迪歐・莫迪利亞尼（Amedeo Modigliani）在內的眾多二十世紀藝術家的原創但較不知名的作品。他再聘請擅長仿畫的中國畫家，有時甚至出錢安排他們移民美國。他成立一間工作室，買進年代久遠的油畫，再請這群畫家仿製他合法擁有的畫作。[24]

為何要仿製自己已經擁有的畫作？第一，有真跡在你眼前，一切細節盡收眼底，連每一筆的形態，以及畫布背後的痕跡都能看得清清楚楚，就更能做出幾可亂真的仿作。第二，你購買真跡已經留下紀錄，所以你將仿作放到市場出售，誰也沒理由質疑仿作的出處。薩哈伊用這種方式賣出了數百幅畫作，始終保留自己購買的真跡。他後來有幾件同樣的作品賣出兩次，先賣出仿作，後來又賣出真跡，這才終於翻船。他所持有的正版高更《瓶中紫丁香》（*Vase de Fleurs (Lilas)*）登上蘇富比拍賣型錄，先前買下他《瓶中紫丁香》仿作的人，也在同一季委託佳士得出售仿作。另一位收藏家買了一幅保羅・克利的作品，後來卻看見蘇富比拍賣同一幅畫作。美國聯邦調查局發現更多類似的例子，全都與薩哈伊有關。[25]

藝術品的來源有時很黑暗，所以很多矛盾都能拿這一點當開脫的藉口。黑幫人物巴格西・西格爾（Bugsy Siegel）說服幾位投資人買下他的紅鶴賭場（Flamingo casino），但幾位投資人買下的股份，總計卻超過百分之百。據說西格爾後來發現，把同樣一件東西一賣再賣，就很難用言詞為自己的詐欺行為開脫。薩哈伊絕對不是唯一這樣做的不肖商人。他唯一的特別之處，在於他行騙的工具是高檔畫作，行騙的對象是相對世故的客戶。

物理學家舍恩就像薩哈伊，有一段時間確實能騙過專家。後來是因為他的同僚無法複製他某些所謂首創的研究，才揭穿騙局（這些同僚浪費時間與精神，自己也成了受害者）。一項報導指出，一百間實驗室一起斥資數千萬美元，想進一步擴展舍恩的研究結果，最終沒能成功。他們接著開始仔細閱讀舍恩的論文以及驚人的研究成果。二〇〇二年，舍恩的雇主委託進行的獨立調查發現，舍恩屢次「賣出」同一份研究。他捏造了幾份論文的數據，再更改比例或名稱，或將所有數值全數乘以或除以一個常數因子，將數據改用於其他論文。用這種方法製作的圖表，單獨看會覺得優美又可信，但把它與兄弟姊妹放在一起看，就能看出它是個複製品。[26]

除了舍恩自己之外，物理界的每個人，包括他的共同作者在內，現在都認為他的研究結果是假的。截至二〇二二年九月，舍恩的三十二篇科學期刊論文被撤回，各家科學期刊用了多年的時間更正紀錄。[27]

二十年前，舍恩還在重複使用他的黑白線圖時，當時的人認為操弄科學圖表的行為很罕見，也認為刻意查緝這種行為，簡直像大海撈針一樣徒勞無功。但如今科學期刊激增，研究學者背負的壓力愈來愈大，做研究必須有所突破，還得發表於高知名度刊物，許多科學機構的審查標準也不斷下降，情況與當年已然不同。

一九九〇年代末，認知科學家羅恩・倫辛克進行「改變視盲」（change blindness）現象的最早也是最重要的研究。改變視盲的意思是，圖像的變化只要是發生在短暫干擾期間，例如眨眼，或是螢幕一閃，人們就不會注意到圖像的變化。在一次示範中，倫辛克將一張飛機照片，與另一張編輯過的版本交替，編輯過的版本的飛機少了一個引擎。研究對象先看見原版照片，接著是短暫出現的空白螢幕，然後是編輯過的照片，卻一再沒發現兩張照片的差異。不過要是有人提醒，他們就不難看出明顯的變化。發現變化並不容易，然而倫辛克也證明，在眾多不斷改變的事物中要找出一個沒有改變的，那是更加困難。想像一下，一堆形狀的顏色一直在變，只有一個始終不會變色，那要找出不會變色的這一個，會有多困難。[28]

正因如此困難，才顯得伊莉莎白・比克（Elisabeth Bik）的成就如此不凡。比克原本是荷蘭微生物學家，後來成為獨立詐欺調查員。她是能找出照理說應該是截然不同的圖像的「相同之處」的專家。她運用高超的圖形辨識能力，察覺科學圖像的相同之處，即使複製的圖像經過變造而顯得不同，例如放大、縮小、旋轉，或是隨機添加了視覺雜訊，依舊逃不過她的法眼。她揭發了數千件已發表論文抄襲案，也是揭露至少一家「論文工廠」的最大功臣。她揭露的這家論文工廠，生產的數據顯然是捏造的，流入四百篇不同的科學論文。她找出證據，證明《分子與細胞生物學》（*Molecular and Cellular Biology*）期刊有五十九篇論文使用變造或複製的圖像，占全數論文大約六%。她的調查導致五篇論文被撤回，另外四十一篇則需更正。[29]

有些資料複製實在太過明顯，不需要高超的圖形辨識能力也能抓出，只要注意到同樣的數字，莫名其妙出現在不同的論文即可。資料偵探尼克・布朗（Nick Brown）發現，營養學專家布萊恩・萬辛克（Brian Wansink）所進行的幾項意見調查，即使邀集作答的方法不同，作答人數也是相同的，甚是可疑。萬辛克在一項研究，寄出一千零二份問卷給一群隨機挑選的美國各地成年人，共回收七百七十份。另外一項研究也是回收七百七十份，但寄出的卻是一千六百份。還有一項研究也是回收七百七十份，但寄出的卻是兩千份。「星際爭霸戰」影集的史巴克會對寇克艦長說：「三項互不相關的研究正好都回收七百七十份問卷的機率，大約是（請在此輸入天文數字）比一。」[30]

萬辛克是知名度很高的營養學家，經常上電視節目，也協助美國政府制定學校的營養準則。萬辛克於二〇一六年發表部落格文章「從不說『不』的研究生」（"The Grad Student Who Never Said 'No'"），提倡選擇性表述、彈性分析，以及重新分析數據，以追求顯著的結果。布朗等人看了這篇文章，興起了調查萬辛克的研究的念頭。我們第一次看見這篇文章，還以為他在諷刺某些人心懷不軌，在科學研究造假。結果不是。原來這是一篇指南，告訴大家如何發表能博版面的騙人「研究結果」。

尼克．布朗等人調查萬辛克的研究，發現他的研究結果不僅過於一致，且還有內文重複使用等問題。康乃爾大學為了回應這些指控，也出面調查萬辛克，發現他「在研究與治學方面，犯下不當的學術行為，包括發表不實研究數據」。萬辛克最終被禁止教學與研究，並且向康乃爾大學辭職。[31]

「平均」與「每次」的重大差異

無論是粗心大意還是刻意為之，使用抄襲的數據，就是不當科學行為的明證。但一項研究的結果就算不是照抄另一項研究的結果，過高的一致性也甚是可疑。想一想延斯．福斯特（Jens Förster）與馬可斯．丹茲勒（Markus Denzler）二〇一二年發表於《社會心理學與人格科學》（*Social Psychology and Personality Science*）期刊的文章。這篇文章介紹了十二項個別的試驗，主題是總體與局部的感覺歷程，對於創造力及仔細思考的影響。試驗的假設，是若將一件物體當成「整體」（亦即總體）思考，而不是只注意物體的細節（局部思考），稍後進行其他認知作業的時候，回應就會更有創意，思考也會更為廣泛。並未預定要總體思考，也並未預定要局部思考的控制組，表現應該介於預定要進行這兩種思考的兩組之間。在十二項試驗的每一項，福斯特都預測會出現線性趨勢，結果也證明確實如此。所謂線性趨勢，就是連結預定要「總體」思考的研究對象的平均值，與預定要「局部」思考的研究對象的平均值的線條，是一條直線。而且在每一項試驗，無須總體思考，也無須局部思考的控制組，最後的得分正如預期，是中等的分數。控制組的得分非常之中等，中等到在每一項研究，連結三組的那一條線，幾乎都是直線，因此他的研究結果完全符合他的預測，也未免太符合了。[32]

平均而言，在數千人參與的許多研究，中間組應該會落在其他組之間。但我們不應認為，每一項小型研究平均而言都是如此。我們認為中間組是偶然落在另外兩組之間的中點附近，有時候也有可能離這個中點很遠。「中間」組的得分，甚至偶爾會高於或低於其他組。中間組不可能每次都正好落在另外兩組中間。這就有點像擲硬幣一百次，正好五十次都是正面，我們認為這種情況出現的機率將近八%。現在想像一下，重複進行擲硬幣「研究」十幾次，每次都正好擲出五十次正面。這種事情的機率不到十四兆分之一。

荷蘭國家科學誠信委員會（Dutch National Board for Scientific Integrity）調查了福斯特的幾篇論文，這項十二次試驗結果都一樣的創造力研究隨後被撤回。報告指出：「控制組得分的變化小到不可思議，無法歸咎於草率的科學，或是研究方法有問題。」換句話說，研究結果過於一致，不可能是因為記錄有誤、數據分析有所偏誤，或是排除了不符合規律的數據。福斯特當時拿到五百萬歐元的研究經費，即將獲得德國波鴻魯爾大學的終身職，但他最終離開學術界，自行開辦「正向心理學」的事業。[33]

失去平衡

某些研究因為一致性過高，有不當行為的嫌疑，所以受到調查。這些研究的主題，遠比知覺歷程對於創造力的細微影響重要。舉個例子，日本生物醫學學者佐藤美洋偽造了數十項骨折相關的臨床試驗數據。他宣稱他試過的每一種療法，幾乎都具有很大的療效。但另一種類型的一致性，最終成為證明他的研究有問題的鐵證。

營養學家艾莉森．阿文內爾（Alison Avenell）為了寫文章，參閱幾份論文。她發現佐藤美洋的論文有兩篇有些奇怪。無論是接受治療的實驗組，還是控制組，在臨床試驗開始**之前**，許多項目的平均分數就幾乎相同。佐藤美洋自稱進行的那種臨床試驗，是將研究對象隨機分配至治療組及控制組。之所以隨機分配，是要確保兩組研究對象，在研究人員沒有直接控制的方面，都擁有相同的條件。更精確的說，隨機分配能確保分配不會出現系統**偏誤**。[34]

想像一下，我們為即將到來的籃球賽籌組球隊，要籌組兩支球隊，就稱為紅隊與藍隊好了。要是把高手全都分配到紅隊，把笨蛋全都分配到藍隊，那也未免太不公平了，那就是一種系統偏誤。若是改成擲硬幣分配，那高手與笨蛋分配到任一隊的機率就一樣高。這樣分配的結果，一隊的實力可能還是會勝過另一隊，但這種優勢是偶然形成的，不能歸咎於偏誤。擲硬幣並不會造成有利於某一隊的系統偏誤。組建球隊時，若是每一次都擲硬幣決定誰加入紅隊，誰又加入藍隊，那紅隊與藍隊平均而言，高手與笨蛋的人數應該一樣多。這個分配過程完全公平，但在任何一場比賽，紅隊裡的高手人數，可能比藍隊多出幾位（反之亦然）。

臨床試驗的隨機分配，也是同樣的道理。每個人分配到治療組或控制組的機率一樣高，所以個人之間的差異，例如教育程度、年齡，或是更重要的病況嚴重性、健康行為，以及能預測一個人對於治療反應是否良好的其他因素（包括一些未經量測，或是無法量測的因素），**平均而言**將會均勻分配。換句話說，不會出現有利於治療組或控制組的系統偏誤。但在任何一項研究，隨機分配並不能保證治療組與控制組在每個方面都會完全一樣。反而會確保他們不會在每個方面都完全一樣。若你在研究中量測的項目夠多，那你會發現治療組與控制組在獲得藥物、安慰劑或其他東西**之前**，在某些項目一定會有所不同。如果是小型的研究，有些基準差異可能會有很大的影響。舉個例子，在一項小型研究，如果大多數的研究對象都是三十幾歲，但有一位是六十幾歲，那這位長者加入哪一組，哪一組的平均年齡就會提高。你將這項研究重複無數次，這位六十幾歲的長者加入治療組與控制組的機率會一樣高，所以兩組的平均年齡也會一樣高。但短期而言，隨機分配並無法發揮「平均分配」的效果。[35]

諷刺的是，研究人員仍然不希望看見基準差異，因為若是出現基準差異，**該項**研究的干預手段所造成的效應的解讀，都會變得複雜。舉個例子，治療組的健康狀況，若是一開始就不如沒接受治療的控制組，那治療效果所受到的檢驗就不見得正確。所以不肖研究人員想捏造看似真實的研究結果，有時會做得太過火，想完全消滅基準差異。但兩組若是在每個衡量項目都太過相似，就代表這項研究一定有哪裡出錯。正是因為太過相似，佐藤美洋的不當行為才會曝光。他的許多研究中，有太多太趨近於零的基準差異。

阿文內爾與馬克・博蘭德（Mark Bolland）、葛雷格・甘布爾（Greg Gamble），以及安德魯・格雷（Andrew Grey）合作，蒐集佐藤美洋與不同的同僚發表的三十二項臨床試驗的五百一十三項變數。佐藤美洋當初要是隨機分配他的研究對象，那治療組與控制組之間，應該會有多種差異。但就像馬多夫基金每一年報酬率的差異始終很小，佐藤美洋的研究中，有太多基準差異趨近於零，如此不合理的現象，不可能純屬偶然。[36]

將一項或多項研究的基準差異的模式，與真正隨機分配的情況比較的方法，是由英國麻醉師約翰・卡萊爾（John Carlisle）首創。他用此法檢驗超過五千項探討麻醉的隨機對照試驗，其中七十二項已經因為造假或偽造數據曝光，而遭到撤回。被撤回的論文中有四十三篇（占六〇%），問題與佐藤美洋的論文一樣：一再出現太多微小的基準差異。尚未被撤回的論文當中，也有一五%未能通過卡萊爾的測試，顯然基準差異的一致性，確實代表論文有問題，而且還有更多問題潛藏在科學論文之中。卡萊爾的研究，導致日本麻醉學者藤井善隆的一百八十三篇期刊論文被撤回，創下單一作者科學論文被撤回的最高紀錄，至今尚未被打破。[37]

並不是只有騙子才會運用一致性，許多合法組織知道我們有多重視一致性，也竭力讓顧客享有一致的產品與服務。經營一個「品牌」，就代表顧客無論在何時、何地光顧，每次都能享有符合心中預期的品質。

企業之所以會申請產品商標，也會保護商標，原因之一是我們喜歡一致性。不肖漢堡店帶給客戶有失水準的「麥當勞」餐飲服務，傷害的不只是附近的正版麥當勞的營收，也會影響顧客對於麥當勞的整體印象，波及整個品牌。你的產品就像麥當勞漢堡，也許不是全球最佳，但只要每次都能端出同樣的品質，顧客就會放棄得到更好品質的機會，也就是在另一家餐廳吃到好吃得多的漢堡的機會，選擇品質一致的保障（吃到很難吃的漢堡的機率要低得多）。[38]

多次體驗到一致性，就會衍生出一種熟悉感，而熟悉感比一致性更能提供有用資訊。我們熟悉一樣東西，通常代表曾經接觸它，它沒有危險，而且是可以信任的。但熟悉亦可變成一種武器。騙子可以模仿我們已知的東西，建立虛假的品牌，或是攀附知名品牌以牟利，至少在東窗事發之前是這樣。第六章要介紹熟悉的陷阱是如何讓人放下疑心，增加被騙的風險。

06 熟悉：不可盡信熟悉的事物

我們把熟悉感當成一種代表真實、正當的簡易指標。若覺得某個東西很熟悉，卻又說不出為何，那就該想想這個東西可能只是很像真正的東西，而且有人可能想欺騙我們。

二〇二一年三月，佛羅里達州的共和黨籍前參議院參議員法蘭克．阿蒂爾斯（Frank Artiles），因涉嫌競選財務詐欺被捕，他被指控在前一年的州參議院選舉當中，刻意扶植虛假的第三方候選人。[1]

阿蒂爾斯被指控支付超過四萬美元給亞歷斯．羅德里奎茲（Alex Rodriguez），讓羅德里奎茲將參選登記的黨籍從共和黨改為無黨籍，也提供登記參選所需文件。羅德里奎茲已經不住在自己的選區，所以使用載有先前地址的駕照。他既沒有舉行競選活動，也沒有在競選期間公開演說，卻依然獲得數千張選票。民主黨籍的現任州參議員荷西．哈維爾．羅德里奎茲（José Javier

Rodríguez）最終以不到四十票的差距落選。檢方除了起訴阿蒂爾斯之外，也起訴亞歷斯．羅德里奎茲涉嫌違反選舉法。亞歷斯．羅德里奎茲認罪，承認自己並不是誠心參選。他在被捕之後表示，他是被阿蒂爾斯欺騙，也願意與檢方合作。[2]

使用人頭候選人，雖然違反基本民主原則，但其實並不違法。《奧蘭多前哨報》調查發現，有證據顯示未公開人士出資聘請幾乎一模一樣的郵寄文宣機構，在三場選舉中，為知名度不高的第三方人頭候選人宣傳。在選舉之前，共和黨在州參議院擁有二十三席，民主黨控制十七席，還有二十席則是由眾位候選人競爭。在全數三場選舉，「人頭」候選人瓜分的應該是民主黨候選人的選票，等於暗助共和黨候選人勝選，將原本可能形成的二十一對十九的微弱優勢，變為扎扎實實的二十四對十六的多數優勢。[3]

從兩位羅德里奎茲的例子，可以看出我們有可能被熟悉的事物欺騙。推出一位姓名與對手一模一樣，或是非常類似的人頭候選人，也許是這種政治騙術最明目張膽的例子。但多年來不斷有候選人因為姓名相似而得利。一九八六年，極端主義政治人物林登．拉羅奇（Lyndon LaRouche）兩位知名度不高的支持者，於伊利諾州副州長與州務卿初選，打敗握有優勢的知名民主黨對手。有些人說，這兩位候選人之所以能勝選，是因為容易被誤導的美國選民，覺得這兩個常見的名字（珍妮絲．哈特〔Janice Hart〕、馬克．弗萊查爾德〔Mark Fairchild〕）比較熟悉，所以兩位候選人才能打敗姓名比較不常見的候選人（奧雷莉亞．普欽斯基〔Aurelia

Pucinski〕、喬治・桑邁斯特〔George Sangmeister〕）。[4]

在一項於一九八八年進行的伊利諾州初選結果研究，克里斯・歐蘇利文（Chris O'Sullivan）的研究團隊，問一群大學生在只知道候選人姓名（弗萊查爾德、桑邁斯特）的情況下，願意投票給哪一位。結果三〇％的學生選擇「兩位都不投」，會這樣選擇也很合理，畢竟除了姓名之外，他們對兩位候選人可說是一無所知。不過願意投票的學生當中，三分之二（四十六人之中的三十一人）投給弗萊查爾德。這些學生在不知道兩位候選人對各項議題的立場的情況下，偏好較為「常見」的姓名。[5]

縱橫美國政壇多年的甘迺迪家族的成員在選舉中勝出，原因可能包括高明的政治手腕、選民較為了解候選人以及其立場、競選支出更高等因素，而不只是因為選民認得甘迺迪這個姓氏，或是純粹熟悉。但也有可能是因為選民經常接觸到一個姓氏，就會更偏好這個姓氏的人。如果沒有一位棒球超級巨星名叫亞歷斯・羅德里奎茲，那同樣名叫亞歷斯・羅德里奎茲的人頭候選人，也許就拿不到那麼多選票。

名氣，名氣，名氣，名氣，名氣

王爾德的著作《格雷的畫像》（*The Picture of Dorian Gray*）中，亨利爵士打趣道：「世上只有一件事比被人議論還糟，那就是沒人議論。」王爾德說得有理。所有的名氣都會增加熟悉感。我們若是忘記感覺到的熟悉感是源自負面訊息，就會把熟悉感當成正面信號，所以才會有那句格言：所有的名氣都是好名氣。

你可曾聽過塞巴斯欽・韋斯多夫（Sebastian Weisdorf）、瓦萊麗・馬什（Valerie Marsh），以及阿德里安・馬爾（Adrian Marr）？一九八九年的一項研究，讓他們一夕之間聲名大噪，也因此證實了王爾德的理論。幾位認知心理學家賴瑞・雅各比（Larry Jacoby）、柯琳・凱利（Colleen Kelley）、朱蒂絲・布朗（Judith Brown）和珍妮佛・賈塞奇科（Jennifer Jasechko），請一群大學生閱讀一串並不有名，卻很特別的名字，例如塞巴斯欽・韋斯多夫。他們再製作一份更長的姓名清單，包括一些真實知名人物的姓名，例如羅傑・班尼斯特（Roger Bannister）、米妮・珀爾（Minnie Pearl）、克里斯多佛・雷恩（Christopher Wren），以及一些虛構的名字。同一群學生必須判斷，清單上的名字是否是名人。學生若在讀完第一份清單之後立刻判斷，就會知道韋斯多夫並非名人。但在讀完清單之後，若是相隔二十四小時再行判斷，認為韋斯多夫是名人的可能性就稍高。學生認為他的名字很熟悉，卻再也不記得為何熟悉，所以就認為因為他是名人。一般而言，我們對於名人的名字，會比對於不知名人士的名字熟悉，所以難免會推斷，如果不認識某人，卻覺得他的名字很熟悉，那這個名字顯然就是名人的名字。[6]

其實僅僅是增加一個名字的熟悉度，就能增強我們對於這個名字的好感。政治學者辛蒂・金

（Cindy Kam）以及伊莉莎白・澤希邁斯特（Elizabeth Zechmeister），研究選民對於兩位虛構候選人的偏好。這兩位候選人，一位名叫麥可・威廉斯（Mike Williams），另一位名叫班・葛雷芬（Ben Griffin）。威廉斯是比較常見的姓氏，也是「你會投票給哪一位候選人」問題之下的第一個答案選項。結果三分之二的研究對象在沒有額外資訊的情況下，表示願意投票給威廉斯。這個結果符合另一項研究的結果，亦即熟悉的名字，以及第一個出現在選票上的名字，是具有優勢的。[7]

不過兩位政治學家只要多次讓葛雷芬的名字短暫出現在螢幕上，時間短暫到觀看者都無法確定自己是否看見，就能降低威廉斯的優勢。在這種情況下，選民對於威廉斯的支持度下降一三%。所以威廉斯本來是以二比一的優勢勝選，後來變成小幅險勝。顯然多次顯示葛雷芬的名字，確實增加了葛雷芬的得票率。

在比較不重要的選舉，不知名的候選人若能提升選民對他們的熟悉感，就有機會贏得更多選票。然而在真實的選舉，僅僅是短暫顯示一個姓名，應該不足以讓選民支持度上升一三%。然而如此輕微的舉動所產生的效應，應該會被廣告、拉票電話、公開活動、媒體報導、意想不到的消息，以及其他會影響真實投票行為的因素淹沒，尤其是在備受矚目的選舉中。不過這項研究也證明，熟悉的事物會在不知不覺間影響人的決策。

類似研究也能讓人理解，選舉期間的美國為何會充斥著橫幅，很多人家的院子又為何會出現標牌。橫幅與標牌多半代表支持，也能為人氣不高的候選人增添聲勢，還能提高選民對候選人的熟悉度，進而提升支持度。在幾項實地試驗，研究人員隨機在院子設置標牌，發現標牌確實能稍微改變選舉結果，平均能影響大約一．七個百分點的得票率。[8]

同樣原理也能套用在生活的其他領域。一個有說服力、可信的訊息，若是來源有問題，那剛開始的影響力就不大。畢竟來源有問題，所以大家不太相信。但久而久之，訊息有可能變得更有說服力，因為更多人熟悉了這個訊息。由備受信任的來源所提供，或是以備受信任的格式呈現的詐騙訊息，就更有說服力了。[9]

行銷人員經常利用熟悉感，增強我們的識別感與信任感。也許這就是 Ralph Lauren 與宜家家居（IKEA）這些企業，為產品取名的原因（例如「漢普頓」〔Hampton〕上衣、「比利」〔Billy〕書架），也是新創公司用知名人物的名字命名的原因（例如自動駕駛卡車公司 Nikola，就是以尼古拉．特斯拉〔Nikola Tesla〕的名字命名，藉此將自己與一位傳奇發明家連結，也與業界最知名的公司連結）。紐約市曾有數十家「雷的知名原創比薩」（Ray's Famous Original Pizza）餐廳，彼此之間毫無關聯。企業也會為產品採用熟悉的色彩配置、字體，以及其他「商業包裝」，吸引想尋找熟悉產品的消費者目光。克里斯居住的賓州中部，本地與區域品牌的波浪洋芋片，包裝看起來很像他們的競爭對手，也就是美國第一品牌波樂（Ruffles）洋芋片的包裝。[10]

熟悉度與相似度通常是很可靠的提示，深深影響我們的決策。所以企業才會投注巨資打廣告，唯一的目的就是要提升自家品牌知名度。一九八〇年代，新興的日本汽車品牌 Infiniti 有個知名的創舉，是推出一系列電視廣告，廣告裡沒有一部汽車，純粹是要在產品上市之前，先打響品牌知名度。知名度較低的建材公司 84 Lumber，也斥資超過一千萬美元，買下二〇一七年美式足球超級盃的廣告時段，廣告內容並未介紹公司的產品與服務，而是說了一則關於移民的正面故事，提升品牌知名度。不久之後，克里斯只要經過這家連鎖建材行的分店，就會注意到，甚至會想入內一探究竟。[11]

認知心理學家格爾德．吉仁澤（Gerd Gigerenzer）表示，無論情境脈絡為何，我們憑藉直覺就會使用**辨識捷思**（recognition heuristic）的規則，判斷要選擇兩個選項的哪一個。規則很清楚：「若是不確定，就選擇你認得的。」克里斯在他的判斷與決策的課堂上，使用吉仁澤的一項研究的一種版本，證明這種捷思的力量有多大。他給學生看西班牙足球甲級聯賽，也就是西班牙職業足球頂級聯賽的所有球隊名單，問他們在這一天，聯賽中的哪些球隊積分領先。他的學生多半是美國人，不太熟悉足球，對西班牙也所知甚少。大多數學生仍然猜測積分最高的是皇家馬德里（Real Madrid）、馬德里競技（Atlético Madrid），以及巴塞隆納（FC Barcelona）。這就跟許多其他情況一樣，是個不錯的選擇，因為無論哪一天，西班牙名氣最高的兩個城市的這三支球隊，應該都高踞積分排行榜。辨識捷思將我們的熟悉度偏誤，變成一種決策規則，在許多情況都是出乎意料的有用。

熟悉度也能成為害人的武器。丹・戴維斯（Dan Davies）分析商業詐騙的佳作《商業大騙局：風險專家解密驚天詐欺案手法與犯罪溫床》（*Lying for Money*）提到，「同名詐騙」是新英格蘭黑手黨於二十世紀中期使用的詐術，至今已行之有年。他們為詐騙公司取的名字，與合法公司相似，藉此建立名望。也可以看看馬來西亞商人劉特佐的例子。他協助成立了一個馬來西亞發展有限公司（1Malaysia Development Berhad）主權基金，也被指控透過這檔基金侵占數十億美元。劉特佐幾乎運用了本書介紹的所有心理習慣與陷阱，就像犯下最複雜，為時最久的詐騙案的詐騙犯。他成立了幾家公司，取了與知名企業類似的名稱，以便進行同名詐騙。例如在二○一二年，他成立了「黑石亞洲不動產企業」（Blackstone Asia Real Estate Partners）這家空殼公司，與總部設於紐約的金融巨擘黑石集團（Blackstone Inc.）完全無關。大多數的銀行家，對於匯入個人銀行帳戶的巨額國際轉帳都會有所警覺，但他們沒有多問，就允許款項匯入劉特佐的假「黑石」。二○一四年，劉特佐與一位同夥以「Aabar」的名義，在新加坡開設銀行帳戶。Aabar這個名稱與阿布達比主權財富基金「Aabar Investments」相似，自然不是巧合。他們開立這個帳戶，就是為了竊取超過一億美元的資金。[12]

克里斯與幾位大學時認識的朋友，在一九八○年代中期想創立一家科技公司，也想運用熟悉度的招數。那還不是個年輕人在矽谷創立出市值經常達到十億美元的新創公司的年代，所以一群十九歲小夥子經營的公司缺乏信譽。於是他們為公司取了一個很像老牌企業的名字：「聯合電子」（Consolidated Electronics）。畢竟一家「聯合」的公司，一定是由幾家現有的公司組成，例如能源公司「聯合愛迪生」（Consolidated Edison）（可惜的是，「聯合電子」沒能募集開業所需的資金，所以我們永遠無法得知，這個玩弄熟悉度的名稱能否吸引到消費者）。

任何想要讓產品或招攬顯得可信的人，都可以使出營造虛假熟悉感的招數。即使是書籍的作者，也可以操作熟悉感，例如使用知名小說的書名或是得獎電影的片名，做為自己非小說類作品的書名。

真實新聞的虛假評論

傾向右派的媒體公司辛克萊廣播集團（Sinclair Broadcast Group）就在二〇一八年操作熟悉度，要求旗下所有電視台都要安排一位本地新聞主播，朗讀一篇社論，主題是片面新聞報導與假新聞的危害。辛克萊廣播集團旗下一家電視台的前任新聞總監亞倫·韋斯（Aaron Weiss）向記者妮可·拉芳德（Nicole Lafond）透露，在他的電視台，這種「必播」宣傳很常見。辛克萊會發給旗下電視台預先製作好的影片，以及主播必須逐字照唸的腳本。主播必須假裝這些內容是自己要說的，不能透露內容的真實來源，而且要在收視率高的時段，播出辛克萊提供的影片。他們覺得只能在違反職業道德，以及失業之間二擇一。[13]

韋斯在發表於《哈芬登郵報》的一篇評論寫道：「辛克萊知道，公司最強大的資產，是本地主播的可信度……在辛克萊買下這些電視台之前，他們幾十年來經常登上主播台。」辛克萊的高層知道，由電視台觀眾熟悉的本地主播傳達的訊息，說服力會勝過觀眾不熟悉，來自遠方的高層傳達的訊息。媒體監督機構製作美國各地新聞主播播報同樣內容的剪輯影片，抗議這種偽裝成本地新聞的宣傳手法。[14]

二〇二一年六月四日，美國付費訂閱人數最多的《今日美國報》（*USA Today*）在這一日發行的週末版，前後覆蓋四頁的全版廣告，宣傳 Netflix 即將推出的奇幻影集「鹿角男孩」。這種廣告與通常會夾在報紙中，偶爾會出現在報紙周圍的汽車經銷商與百貨公司廣告傳單非常不同。Netflix 的廣告模仿《今日美國報》平常的頭版，加上幾可亂真的標題，除了最上方字體很小的「廣告」二字，完全看不出這不是真正的報紙版面。我們兩人第一次在超市看見，一時還以為是真正的報紙。

這種所謂的廣編稿，並不是新出現的現象。早在一九七〇年代，美孚石油就花錢請《紐約時報》在專欄版刊登文章，闡述該公司對於能源政策等議題的觀點。這類文章是以不同的字體印製，刊登在方格內，也加上美孚石油的商標，但也承襲了一些《紐約時報》專欄版的權威性，因為是刊登在該報備受尊崇的專欄作家威廉·薩菲爾（William Safire）與羅素·貝克（Russell Baker）定期發表的專欄旁。[15]

熟悉感漸漸演變成信任，是個有趣的現象。頂尖的電視新聞主持人每年收入高達數百萬美元，因為他們的個人「品牌」能吸引固定的觀眾。這些觀眾只喜歡看這一位主持人播報的相當廣泛的資訊（當天的重要新聞）。從辛克萊廣播集團的例子即可得知，主播的聲音被挾持，不得不做別人的傳聲筒時，就會誤導觀眾。

但操作熟悉度還有一種較為微妙的手段。馬多夫的避險基金於一九九〇年代初變為徹底的騙局之前，也曾因為合法的活動而備受尊敬，包括擔任那斯達克股票交易所的主席，所以才會有那麼多人願意將金錢託付給他。同樣的道理，美國前總統川普能聞名全美，是因為他在二〇〇〇年代的真人實境秀「誰是接班人」扮演「川普」，一位果斷、務實，極其富有的企業領袖。這個版本的川普，比一九九〇年代那個長年登上小報的破產賭場老闆更討喜。熟悉這個版本的川普的人，比較可能認同他是個合格的總統候選人。[16]

製造真相

阿道斯．赫胥黎（Aldous Huxley）在《美麗新世界》（*Brave New World*）寫道，「六萬兩千四百次重複，就會製造出一個真相。」他還差六萬兩千三百九十九次。正如看見一個名字一次，以後再看見就更有可能以為是名人的名字，聽見或看見一項陳述一次，往後若再次遇到，無論陳述內容是否正確，我們都更有可能相信是真的。「假名聲」效應需要一段時間，名聲的來源才會被遺忘，這種「虛幻真相」效應則是很快發酵。

在艾瑪・韓德森（Emma Henderson）與丹尼爾還有他們的同僚戴爾・巴爾（Dale Barr）進行的一項研究，五百六十七位來自英國的成年人，閱讀關於含糊不清的事實的六十四項陳述，其中一半為真，另一半為假。這些成年人又分別在隨後、一天後、一週後，以及一個月之後閱讀其他幾份含糊不清的事實陳述清單。每一份清單都包含與先前那一份清單相同的十六項陳述，以及另外十六項他們沒看過的陳述。研究對象必須使用滿分為七分的量表，為每一項陳述的真實性評分。評分標準從絕對為假（一分）至絕對為真（七分）。研究對象若是在閱讀新陳述之後立即評分，新陳述的真實性得分約為四・一二分。會出現剛好落在中間的分數，並不令人意外，因為新陳述是經過挑選的，所以大多數的研究對象，並不知道哪些陳述為真。立即重複的陳述，真實性得分比新陳述高〇・六八分（為四・八〇分）。換句話說，研究對象只要先前看過同樣的陳述一次，後來相信這項陳述的程度就會改變。這種效應能維持一個月，不過到了一個月，重複出現的陳述的真實性得分，僅僅比新陳述高出〇・一四分。再強調一次，我們僅僅是再接觸到先前接觸過的陳述，就更有可能認為此陳述為真。[17]

在麥可・里奇（Michael Ritchie）導演的一九七二年政治電影「候選人」（*The Candidate*），勞勃・瑞福飾演一位年輕的政治人物，渴望成為一個比與他關係疏離的父親（前加州州長）更可靠的領導者。政黨人士說服他出馬角逐美國參議院席位，但他發現，他必須對幕僚言聽計從，演說的內容也必須千篇一律，才能吸引選民。僅僅五年後，科學界就首度發現，重複述說確實會形成虛幻真相效應。

虛幻真相的相關研究，過去十年來迅速增加，也許並不令人意外。雖然絕大多數的此類研究，重點都放在瑣事的陳述，研究對象是大學生，而且為期很短，但有些研究仍然證實，新聞標題、行銷語言，甚至關於健康與醫療的陳述，重複出現都會造成影響。正如赫胥黎所言，我們聽見的次數夠多，就會開始相信。[18]

可信賴的陷阱

正如我們往往認為熟悉的陳述就是真實的，熟悉的姓名就是可信的，我們也常常將正直的人的表面特質，與他們行為的正直程度畫上等號。舉個例子，製藥公司的網站往往很有說服力，也會提供科學刊物的網站連結。但誰都能架設類似的網站，宣傳騙人的產品。

諸如美國前線醫師組織（America's Frontline Doctors）、前線新冠肺炎重症加護聯盟（Front Line COVID-19 Critical Care Alliance），以及世界衛生委員會（World Council for Health）這些團體的名稱，都很類似知名醫療團體（世界衛生委員會聽起來超像「世界衛生組織」）。但這些組織在新冠疫情期間，全都鼓吹有問題的治療與預防方式，包括從未證實能有效治療新冠病毒的抗寄生蟲藥「伊維菌素」。這些聽起來像是官方的「醫學」組織，設置了別致的網站，有了著名組織的外衣，卻毫無著名組織的實力。舉個例子，ivmeta.com 有個很漂亮的網頁，提供聽起來很了不起的伊維菌素研究的「即時後設分析」（除了在一些推廣伊維菌素的網站之外，「即時後設分析」一詞在其他情境，並無固定的意義）。評估支持一項說法的證據的質與量，需要時間與專業。在這種情況下，「垃圾進，垃圾出」這句老話似乎很貼切。[19]

可惜的是，消費者在判斷是否相信某個組織、產品，或是資訊來源時，往往缺乏評估所需的資源，所以通常會依據這個東西是否類似已使用過的東西，來判斷它的可信度。我們相信看似權威的事物，但其實這些事物可能蘊含風險。

也許正是這個原因，Theranos 才會將自己的董事會塞滿退休軍方將領、內閣部長，以及政治人物。有知名人物坐鎮董事會，Theranos 想吸引的投資人，也就是富有人士與家族基金會覺得安心。但專業投資人，以及 Theranos 所處的生技業與醫療業的專業人士卻被嚇跑。我們曾經聽一位避險基金經理人，在投資會議上說道：「一家公司董事會裡的將軍人數愈多，你就愈該考慮放空這家公司的股票。」他認為，一家公司若是非得用名人以及軍方的人脈打動投資人，就一定有所隱瞞，也許隱瞞的就是詐騙。他的直覺可能是對的。一項針對上市公司二〇〇〇至二〇一七年董事會成員以及財務表現的研究顯示，董事會成員有退休軍方人士的公司，表現反而更差，而且董事會有退休將領與海軍上將的公司，表現不如董事會有較為低階軍官的公司。當然了，以Theranos打的算盤來看，顯然是刻意不讓精明的業界專家接近他們的公司，而不是人事安排有誤。[20]

出版業者也會運用熟悉度的陷阱以吸引讀者。大多數的書籍，都印著同類型書籍作者的推薦，有些知名作家一年具名推薦幾十本書。他們怎麼有時間看那麼多本書，還能寫自己的書？在我們看來，具名推薦的數量，與可信度成反比。在最極端的情形下，超級推薦人想必是每本看過的書都推薦（那他們沒有鑑賞力），或是沒看過書就推薦（那他們的推薦就沒有根據）。推薦人若是推薦一大堆書，讀者就最好不要太重視這種人的推薦。其實讀者應該乾脆不要理會所有的推薦。就算所有書籍的推薦文都是真實的，推薦人也真心相信自己寫下的推薦文，我們也不知道究竟有多少人受邀，卻拒絕推薦。我們在討論專注的原則時說過，即使有一片讚譽的推薦文、求職推薦信，以及一般推薦信，也不代表就沒有其他中立、負面，或是沒寫出的評論，只是我們沒看見而已。[21]

行銷活動若是幾乎完全依靠口碑，例如書的推薦就是一種口碑，我們就很有可能將口碑，與證明產品確實優質的實際證據畫上等號。除非我們認識推薦人，或者有別的方法判斷他們的推薦是真實的（例如看看他們對於我們所知道的產品的評價，是否符合我們自己的評價），否則他人的推薦恐怕是誤導多於實用。口碑就像短而空洞的五星評論。其實閱讀四星與兩星的評論，對於產品的理解往往會多於閱讀五星與一星的評論。如果某個產品的負面評價少之又少，卻有大量的正面評價，你就不該太重視那些正面評價。[22]

即使是可信度高的知名獨立機構的評價，也不見得特別有用。投資人選擇共同基金時，常參考晨星（Morningstar）的評等。晨星坦言，其所發布的評等是依據各基金過往績效評鑑，但基金經理人常會拿晨星的星級評等，當成吸引新投資人的招牌。《華爾街日報》分析幾千檔共同基金數十年來的績效，發現榮獲廣受吹捧的晨星五星評價的基金當中，只有少數在五年後績效還能達到五星水準。甚至有幾乎一樣多的五星基金，五年後淪為評等墊底的一星基金！過往績效從來就不是未來績效的保證，但在這個情況下，連未來績效的預測都談不上。[23]

高評等、高績效的基金，長期而言表現會回歸平淡，這叫作「趨中迴歸」（regression toward the mean）現象。在某段時間表現最佳的股票、銷售人員、樂團、隊伍、運動員等等，平均而言在下一段時間表現便會退步。那是因為優異的績效不只是源自固有且持久的特質（管理、才華、技能），也會源自相對隨機的因素，而這些隨機因素在未來無法發揮同樣大的作用，甚至完全發揮不了作用。之所以擁有人氣、名聲，以及公眾知名度，最主要的原因可能是在正確的時間，出現在正確的地點，所以我們覺得熟悉的事物，大概並非外表看起來那樣良好、有價值，或是值得仿效。當然了，反過來說就是很多有價值的東西之所以目前的人氣不高，唯一的原因是隨機因素使然。若是仔細瞧瞧，說不定能挖到尚未發光的金子。

正如評等不見得可靠，在某些用途非常可靠的消息來源，擺在其他用途就不見得了。美國食品藥物管理局（FDA）是很多人熟悉也信任的醫療核准機構。就是因為太熟悉，所以多數人並不知道，同樣是「美國食品藥物管理局核准」，意義卻可能有著細微卻重要的差異。包括疫苗在內的藥物，都必須經過幾個階段的嚴格臨床試驗，評估是否具有有害副作用，以及與安慰劑治療相比，是否能展現療效。

但對於能用於治療的軟體與裝置，所謂「美國食品藥物管理局核准」，只代表產品有害程度很低，應能發揮作用。在這種情況下，即使缺乏強而有力的證據能證明產品具有實際效果，產品依然可以拿到美國食品藥物管理局核准。例如電腦化的大腦訓練遊戲，可以成為美國食品藥物管理局核准的療法。這款遊戲的製作者，當然也會將「美國食品藥物管理局核准」當作宣傳賣點。遊戲的顧客與投資人可能會誤以為，遊戲通過了與藥物、疫苗同等級的嚴格審查，也已經證實具有同等的實際療效。[24]

網路釣魚

在這個經常連結，資訊超載的時代，騙子要操弄我們對於熟悉感的依賴，是前所未有的容易。二〇一六年三月十九日，希拉蕊・柯林頓的總統大選競選總幹事約翰・波德斯達（John Podesta）收到一封語帶威脅的電子郵件。紅色的橫幅印著「有人知道你的密碼」，下方是一則短信，開頭是「嗨，約翰」，向他提出警告：烏克蘭有人破解了他的 Google 密碼，催促他趕快點選藍色的「變更密碼」字樣。根據美聯社新聞報導，波德斯達的幕僚長將這封信轉寄給競選總部的技術人員。技術人員表示電子郵件是合法的，含有一個確實能重設波德斯達的密碼的連結，也建議波德斯達啟用雙重認證（two-factor authentication，這樣一來他每次想登入，除了自己的密碼之外，也必須輸入一次性驗證碼）。雖然「嗨，約翰」電子郵件具備真正的電子郵件的某些特質，卻並非由 Google 寄出，而是來自「myaccount.google.com-securitysettingpage.tk.」。網址結尾的 .tk，代表這封信來自紐西蘭境內。這是一場網路釣魚，意在竊取波德斯達真正的密碼，因為他若要設定新密碼，就必須輸入現在的密碼。[25]

用 real .com（譯者注：此處 real 與 .com 之間空了一格）網址做為假網址，是一種常見的伎倆，因為很多人並不知道，連結的結尾若是不尋常，就有可能是來自不同的網域。要是沒有仔細閱讀，仔細思考每一個字母，每一個標點符號，抓出異常現象，或許就無法發現假網址。我們不確定波德斯達是否點選了連結，把自己的密碼交給駭客，不過他聽見技術人員說「是合法的」，也許就會點選。無論他有無落入網路釣魚的陷阱，他的電子郵件終究還是在二〇一六年大選僅僅數週之前，被公開於維基解密（WikiLeaks）。各方針對此次洩漏的調查，多半認為與俄國政府聘請的駭客有關。這起事件也將總統大選的焦點，從川普的艱難競選，轉移到希拉蕊・柯林頓的電子郵件，以及她使用的私人伺服器的相關爭議，或許也影響到幾個關鍵州的選舉結果。

「網路釣魚」一詞的意思，是發送訊息以誘導他人提供密碼、帳號之類的個人資料。就像使用釣竿釣魚，道理在於只要大量的使用者當中，上鉤的人數夠多，就值得騙子放下魚餌等待。這種社交駭客攻擊的源頭，可以追溯到電子郵件開始普及的一九九〇年代中期。當時的駭客透過網路釣魚以及其他方法，竊取美國線上（America Online）的帳號資訊。波德斯達的例子應該算是「魚叉式網路釣魚」，也就是針對特定目標的網路釣魚。[26]

網路釣魚也許是最常見的社交工程詐騙，原因之一是要模仿我們經常收到的實用的自動化訊息的風格與格式，是很容易的。這些實用的自動化訊息包括密碼重設信、出貨通知、訂閱確認，以及行政通知。二〇二二年，西蒙與舒斯特出版社的一名前任員工遭到逮捕。他假扮出版社或版權經紀，誘騙不知情的作者與編輯，將未出版的書稿寄給他。他的信件內容，以及信件所附的網頁連結，看起來就像版權經紀或出版社的手筆（他把「m」改成「rn」，創造出@penguinrandormhouse 的電子郵件地址），導致包括瑪格麗特・愛特伍、伊森・霍克在內的知名作家與名人受騙。網路釣魚的伎倆之所以奏效，是因為利用我們的熟悉感，以及為了快速消化浩瀚資訊而迅速做出反應的習慣。我們不見得能察覺眼前看見的，與預期看見的之間的差異，也不會看見每一項訊息，都停下來玩「大家來找碴」的遊戲。[27]

商務電子郵件詐騙是一種複雜，且能讓人損失慘重的騙術，起手式就是網路釣魚電子郵件。騙子使用偷來的員工密碼，蒐集一家公司的內部營運資訊，等到了解得夠多，就會開始偽造發票，偷竊真正的金錢。網路釣魚的招數雖然簡單，卻是出奇有效。在寄給美國幾家大型醫療機構員工的兩百九十萬封測試用電子郵件當中，每七個詐騙連結，就有將近一個有人點選。一項針對荷蘭經濟部一萬名員工的大規模實地研究發現，大約三分之一的員工點選了一封可疑電子郵件裡的連結，這個連結號稱能將使用者的手機與密碼連結，要查詢密碼就會更容易。二二%的員工點選連結之後，在開啟的可疑網頁輸入自己的密碼（多半也輸入了姓名與電話號碼）。在這個例子，網路釣魚試驗信件的寄件人地址有個字拼錯了，商標也變更過，與收件人打招呼的方式很奇怪，連結的網址有一段不尋常的延長，還使用兩種不同的字型。現在的人多半都知道，在可疑網站輸入密碼是很危險的，但人一忙起來，釣魚信乍看又很真實的時候，任誰都有可能被騙。[28]

社交工程伎倆能得逞，是因為我們覺得熟悉，所以會放鬆戒備。要避開陷阱，關鍵在於要能辨識警訊。只要問自己，看起來熟悉的訊息，是不是並非如此，就能邁出預防被騙的一大步。只要收到意料之外的信件，且內含一個連結，就應該直接聯繫寄件者所宣稱的單位。若是收到收據，卻不記得曾經買過這個東西，該怎麼辦？直接上商店網站，查詢你的訂購紀錄。收到納稅申報有問題的通知，或是信用卡公司傳來的疑似被盜刷簡訊？別回覆簡訊，也別點選連結，別撥打簡訊裡的電話號碼。你該做的是上政府網站，或是看看信用卡背面的正確電話號碼，再行撥打（如果要上網站，一定要輸入正確網址。騙子有時候會架設一整個假網站，欺騙那些會犯下常見的打字錯誤的人）。

跨越界線

一九九三年，諷刺雜誌*Spy*的一群作者，詢問幾位新當選的美國國會議員，對於弗里多尼亞（Freedonia）正在發生的種族滅絕有何對策。後於二〇一三年成為華盛頓州州長的華盛頓州眾議員傑伊・英斯利（Jay Inslee）表示：「我不太熟悉這項提案……呃，但現在已經不可能再忽視這個問題十年。」佛羅里達州眾議員柯瑞恩・布朗（Corrine Brown）表示：「我們必須採取行動。」印第安納州的史提夫・拜爾（Steve Buyer）則說：「這個情況與中東不同。」[29]

拜爾的答案最接近正確答案。弗里多尼亞確實與中東不同，是馬克思兄弟（Marx Brothers）一九三三年電影「鴨羹」（*Duck Soup*）裡的虛構國家。英斯利、布朗等人因為對於問題的形式很熟悉，又考量到問題所提及的情況（而且諷刺的是，他們可能並不想顯得無知），所以被問題誘導，主張美國應該干預一個根本不存在的國家的事務。發生在歐洲與非洲的戰爭，是當時的熱門話題。這幾位被逼問的政治人物資歷尚淺，還不擅長評論國際事務，只覺得波士尼亞、索馬利亞、弗里多尼亞這幾個國名都很類似，所以才會做出愚蠢的政策主張。

這種類型的騙術，多半像魚叉式網路釣魚，修辭很像我們熟悉的正常訪問，以誘導特定目標失察，過於信任採訪者。騙術能成功，是因為表面看來很真實。即使是學術殿堂的科學家，也曾拿著造假的期刊論文耍弄彼此，以證明標準不斷下滑，鬼扯不斷增加。在也許是最知名的現代學術詐騙中，物理學家艾倫・索卡爾（Alan Sokal）在人文科學期刊《社會文本》（*Social Text*）發表一篇荒謬的學術論文。他的論文標題為「跨越界線：邁向量子重力學的全新詮釋」（"Transgressing the Boundaries: Toward a Transformative Hermeneutics of Quantum Gravity"）。這篇論文表面上具有大家熟悉的真正的後現代論文特徵，但不僅沒有任何實質內容，反而胡扯一通，容易上當的人看了，還會覺得很有道理。索卡爾在發表這篇論文的幾週後，公開表示自己是惡作劇，也在《通用語》（*Lingua Franca*）雜誌發表惡作劇的經過。[30]

兩位澳洲詩人詹姆斯・麥考利（James McAuley）以及哈洛德・史都華（Harold Stewart）決定要憑空發明一位名叫厄尼斯特・拉勒・馬利（Ernest Lalor Malley）的詩人，以取笑新興的現代主義詩歌傳統，在某些人眼中，這是二十世紀文壇最大騙局。他們宣稱，馬利是一位剛過世不久的汽車修理工兼保險業務員，並未學過寫詩，卻寫出許多現代主義、超現實主義的詩作。麥考利與史都華用這招騙過了藝術與文學期刊《憤怒企鵝》（*Angry Penguins*，請相信我們，這個期刊名稱真的不是我們編出來的）的兩位編輯約翰・利德（John Reed）與麥克斯・哈里斯（Max Harris）。兩位編輯不僅刊登馬利的作品，還盛讚他是天才。[31]

正如幾可亂真的藝術仿作，會與一位藝術家已發表的作品大致相似，馬利的「詩作」也很有可能是出自當代現代主義者之手。史都華與麥考利一九四四年於《雪梨真相》（*Sydney's Fact*）刊物解釋他們製造馬利詩作的過程：

我們用一個下午，完成厄尼斯特．馬利一生的悲劇作品，使用的是當時剛好在書桌上的幾本書：《牛津簡明字典》（Concise Oxford Dictionary）、莎士比亞全集、語錄集等等。我們隨便打開一本書，隨意選一個字詞或片語，再把這些列出來，編織成沒有意義的句子；我們隨便亂引用，也隨便亂影射；還故意寫出不佳的詩句，從《李普曼押韻辭典》（Ripman's Rhyming Dictionary）選出不合適的韻腳；在某些地方，甚至完全不管格律。[32]

史都華與麥考利甚至在馬利的「詩作」中，添加他們自行杜撰的「名人語錄」：

我的兄弟，我向來視你如敵。

猶記列寧說出這話時，已是滿臉陰影：

「情緒並不是老練的工作者。」

馬利的「詩作」有一部分也是抄襲。史都華與麥考利表示：「『文化是一種展示品』這首詩的前三句，是直接抄自美國一篇探討蚊子滋生地排水情況的報告。」

「沼澤、借土坑

還有其他積水區
都是滋生地……」
我的瘧蚊，我終於找到你了！

厄尼斯特．馬利騙局騙倒了文學界的很多人，包括知名英國文學評論家赫伯特．里德（Herbert Read），也重創未來幾十年澳洲的現代主義詩歌傳統。《憤怒企鵝》在僅僅幾年後倒閉，編輯麥克斯．哈里斯也因為刊登馬利「詩作」當中的某些淫穢內容而被定罪。但從一九七〇年代起，馬利的「詩作」竟然成為廣受讚譽的正統超現實詩作。說來諷刺，馬利「詩作」現在流傳與討論的程度，竟然超越了史都華與麥考利自行創作、發表的詩作。

讓正常的東西顯得奇怪

正如廣告商會努力提升熟悉度與知名度，騙子會製造出讓人被自己的熟悉感所害的情境。如果感覺某個事物很熟悉，就應該自問：**「為何會覺得熟悉？」**如果覺得很熟悉，卻又想不起來為何熟悉，或是覺得很好，卻又說不出好在哪裡，那我們對這項事物的評價，也許是受到熟悉度影響，而非依循邏輯。說不定只是表面上與我們熟知的事物相似。

大多數時候，我們的熟悉感是個正確的訊號，也很實用。很少人記得自己是何時得知喬治・華盛頓是美國第一任總統，何時得知韓戰暴發於一九五〇年，何時得知汽車的煞車踏板位於油門左方，又是何時得知新型冠狀病毒在中國擴散。人必須依賴已知的資訊，哪怕根本不記得自己為何知道這些資訊。但若是必須依靠「就是知道的東西」做出重要決策，就應該盡可能想想，我們知道的事情會不會有誤。

哲學家威廉・詹姆斯（William James）探討直覺的本質，寫道：「簡言之，我們必須做到（哲學家喬治）柏克利（George Berkeley）所言，要學會讓正常的東西顯得奇怪，要放蕩自己的思想。」要讓正常的東西顯得奇怪，就要暫時忘記我們所知道的，暫時忘卻自己與一件事物的熟悉感，才能以更客觀的態度衡量新資訊，看穿新資訊真正的意義。舉個例子，我們的一位編輯，建議一種我們從未想過的抓錯方法：將文件倒著閱讀，不是逐字倒著讀，而是逐句倒著讀，至少也是逐段倒著讀。試了以後，發現自己對於接下來會看見的內容的預期被推翻了，也找到先前沒發現的打字錯誤和其他錯誤。[33]

把熟悉的東西變成沒見過，是許多領域的常見手法。畫家認為將一幅畫上下顛倒，也就是打破典型的空間組態，降低自己已知事實的影響力，要複製此畫就更為容易。作家改變寫作的場合與方式，以走出窠臼與阻滯。西洋棋大師徹底改變自己的開局起手式，以新的角度思考棋局。他們雖然不熟悉由此衍生出的棋局，但棋術往往會有所進步。無論在哪一種情況，目標都是要重新評估證據，而不是依靠「我們已經知道正確答案與決定」的熟悉感。[34]

「陌生化」能讓事物顯得截然不同。商學教授麥可・羅伯托（Michael Roberto）要求學生評估下列一家新創公司招攬投資的文案：

> 我想開一家全新類型的雜貨店。我們不賣有品牌的商品。所有商品都是自有品牌。我們不在電視上打廣告，也不在社群媒體上打廣告，什麼廣告都不打。我們的商品絕對不打折。不收優惠券，不發行會員卡，不會在週日的報紙夾帶傳單。不設置自助結帳櫃台，不會有寬寬的走道，也不會有廣大的停車場。你願意投資我的雜貨店嗎？

如果你還沒猜到，那現在揭曉謎底：這種不太能點燃熱情的經營理念，正是美國最受歡迎的零售食品業者喬氏超市（Trader Joe's）的經營模式。不過這家公司的經營計畫吸引不了投資人，我們也能從中歸納出一些道理。大多數人在評估一項投資提案時，可能會過於重視他們心中對於成功的雜貨店的刻板印象。也許喬氏超市之所以成功，除了整體經營理念之外，還有別的原因。即使複製這種經營模式的重點，也不見得就能跟喬氏超市一樣成功。無論用何種方法，隱去一件事裡面的姓名與身分，將這件事「陌生化」，就能以新的角度看待。若是將川普與拜登改為「候選人A」與「候選人B」，或是將俄國與美國，改為「A國」與「B國」，就更能判斷誰對誰錯，哪個政策是明智的，哪個政策又是錯誤的，哪一方很明顯貪腐，哪一方又很明顯正派。[35]

如果暫時不看誰說了什麼，誰做了什麼，就等於暫時將牽涉其中的行動者陌生化。運用這種方法，就能脫去意識形態的外衣，客觀評估證據，不會因為熟悉感與忠誠度而存有偏見。我們這樣做，有時會發現自己其實並不像先前以為的那樣，偏好某個候選人或政黨。[36]

自動化分析工具是以形式化的方式，消除熟悉感偏誤。在運動界，分析工具要量化真正能影響競賽獲勝的因素，再依據這些標準，衡量每一位運動員與隊伍。正如麥可．路易士在著作《魔球：逆境中致勝的智慧》（*Moneyball*）所言，分析工具有助於球探在衡量棒球員未來潛力的過程中，降低熟悉感的效應（也有助於降低長期以來對於體型及血統的偏見）。球隊將最能影響比賽結果的因素，納入正式模型，就能改採有效的策略，而非依賴自己熟悉的傳統策略。很多種運動都使用分析工具，以找出長期最佳策略，也因此在很多方面大幅調整，例如籃球比賽的三分球數量，棒球比賽中外野手的位置，以及美式足球隊伍專注第一檔進攻，而不是把希望押在第四檔進攻的頻率。[37]

本章討論看似熟悉的資訊與資訊來源，會害人誤信不該信任的對象。但我們即使是第一次遇見某個事物，也有可能過於信任，尤其是這件事物看來精準的時候。一個敘述或是論點愈是具體、詳細，通常愈讓人覺得可信。下一章要討論的是，我們為何會重視精準，精準又會如何誤導人，應該問哪些問題才能避免被誤導。

07 精準：以正確的標準衡量

很多人認為精準代表嚴格、真實，而含糊則代表閃躲。我們收到具體、詳細的資訊，通常會認為這種資訊必然經過詳細研究，一定正確。要看穿這種障眼法，就必須換個觀點，以正確的方式比較。

道格拉斯．亞當斯（Douglas Adams）在他的小說《宇宙盡頭的餐廳》（*The Restaurant at the End of the Universe*），提到一種叫作「全視角旋渦」的機器。一個人走進機器裡面的小房間，就會看見全宇宙的完整模型，還有一個小圓點標出「你現在的位置」。很多人走進機器，赫然發現自己在浩瀚宇宙中竟如此渺小，難以承受這致命的打擊。幸好我們不需承擔如此大的風險，也能從正確角度看待事物。

一個數量或數字，單獨看可能顯得巨大或是渺小，但若以正確的標準衡量，就能釐清究竟是大還是小。加油站的汽油每加侖漲價幾美分，可能就會令人猶豫，但買車的價錢多了幾百美元，我們通常不會不買。我們很積極剪下雜貨店的咖啡豆折價券，算起來一年可以節省幾塊美元。但每天買一杯拿鐵，一年累積的花費遠不只幾塊美元，下手卻毫不猶豫。我們會購買Ivory肥皂，因為廣告宣稱產品純度高達九九．四四%，但肥皂的標準純度究竟該有多高？[1]

我們看見單獨的一筆金額、度量或是百分比，並不會自動以合適的標準衡量，也不會將其與相關的數值比較。人的這種傾向，讓騙子有機可乘。要想避免被騙，關鍵在於以正確的標準比較。專家說看螢幕的時間增加，快樂就會大幅減少，我們可能就會減少看螢幕的時間。但若是知道看螢幕的時間與自我感覺的快樂之間的關聯，其實與看螢幕的時間與馬鈴薯攝取量之間的關聯差不多，也就是關聯極小，那也許就不會特別減少看螢幕的時間，可能轉而增加睡眠量，睡眠量與快樂的關聯大得多，更何況對健康也有益。[2]

我們聽見一項精準的陳述，尤其是符合自己預期與信念的陳述，通常就會閒置批判性思考能力，但其實應該加強運用才對。精準是騙子常用的利器，因為我們認為精準代表真實。若是遇見精準的陳述、要價，或是價值，其實可以問一個問題。如果數字大到驚人，可以問**「這樣很多嗎？」**如果數字小到出人意表，那就問**「這樣很少嗎？」**我們可依據陳述的本質，問一些後續的問題。跟其他數字相比，這個數字仍然顯得很多或是很少嗎？如此精準的陳述，是否有足夠的證據做為依據？如果這個數字是個約略值（也就是沒那麼精準），我還會那麼驚訝嗎？

思考「這樣很多嗎？」之類的問題，就能將一加侖汽油的價格，與開車所牽涉到的其他成本相互比較，例如買車的費用、汽車貸款，以及保險費。問了這個問題，我們就會比較蒐集折價券總共能省下的錢，以及蒐集折價券所花的時間的價值。我們也會思考 Ivory 是否真的與其他肥皂不同，是否真有足夠證據能宣稱精準到小數點第二位的純度，也會想想如果純度四捨五入到九九%，我們是否還會如此深受吸引。[3]

看似精準

二〇二一年五月二十五日，美國參議員蘭德．保羅（Rand Paul）前往參議院，陳述他主張刪減美國國家科學基金會（National Science Foundation，NSF）年度預算一〇%的理由。他提出一個在他看來純屬浪費公帑的例子。一項探討古柯鹼對於鵪鶉性行為影響的研究，總支出就高達八十七萬四千五百零三美元。保羅拿出一幅鵪鶉的嘴深深陷入一堆古柯鹼的搞笑圖片，諷刺這項研究計畫。這個圖片很具體，支出數字又精確到個位數，加深了「這筆支出確實是一大筆」的印象，何況研究的還是嗑了古柯鹼的鵪鶉的性愛。但這筆經費與保羅提議刪減的預算相比，只是九牛一毛。美國國家科學基金會的年度預算為八十三億美元，刪減一〇%，也就是八億三千萬美元，就等於每年刪減不只一項，而是成千上萬項科學研究經費。[4]

保羅的參議員同事聽他說研究鶴鶉的經費，想必已經聽膩了，因為他最起碼從二〇一八年開始，屢次在參議院提及這個話題，常常拿出同樣一幅鶴鶉圖片，但每次說出的支出金額都不一樣。僅僅四天後，他又拿出同樣的圖片，這次的支出金額變成三十五萬六千九百三十三・一四〇美元。這種奇怪的數字格式，很容易讓人誤以為小數點是逗號，因此將金額錯看成超過三億五千六百萬美元。我們看見精確到個位數的大筆支出金額，就該起疑，若是精確到小數點，那就更該存疑。某物的價格若是幾十萬美元，那最後一個數字是三美元還是一美元，並不重要。諷刺的是，金額精確到美分，反而代表保羅並不是真的在意某項研究計畫的成本。看到這樣的數字時，應該取整數，再看看是不是覺得沒那麼驚人。但這只是第一道防線，我們還必須以正確的觀點看待這些數字。

保羅從成千上萬筆研究經費中，精心挑選出少數幾筆，又強調這幾筆經費的總額，卻沒拿出其他數字比較。而且他提議刪減一〇％，聽起來只占總預算的一小部分。他操弄的是人的一種傾向，也就是接受講者所架構的事實。若是單獨來看，會覺得一〇％聽起來很少，八十七萬四千五百零三美元聽起來很多。保羅並未提及這項研究經費與整個機構的預算在規模上的差異，也並未說明還有哪些會隨著預算一併被刪減。

也許有人認為，花費八十七萬四千五百零三美元研究嗑藥鶴鶉的性愛，未免太浪費，畢竟這筆金額可是超過美國家戶年所得中位數的十倍。每個人都能想像出自己認為更值得的用途，但也該想想我們有多重視資助科學研究這個更廣大的目標。難免會有一些我們不理解，或是不贊同的研究計畫也拿到經費，而刪減一〇%的預算，會消失的可不是只有我們不喜歡的研究計畫。我們若認為政府應該支持科學研究，也理解科學研究需要大量經費，就不應將資助科學研究的支出，與家戶所得比較，而是與其他類似的大型目標的支出相比，例如農業補助、退役軍人津貼，以及醫療，就會發現各國政府的任何一項支出，與個人或家庭預算相比，金額都顯得巨大。同樣道理，我們若認為政府不該補助藝術，就該主張不該補助藝術的原則，而不是拿國家藝術基金會（National Endowment for the Arts）兩億美元的預算，當作反對的藉口。若是將兩億美元與政府其他很多活動的支出相比，例如交通基礎建設所花費的一千五百億美元，以及七千八百億美元的國防支出，就會覺得兩億美元這個數字很像取整數的誤差。

保羅將聽眾的注意力，引導至鶺鴒研究經費以及一筆精確的金額，不提藥物濫用研究的總成本（更不用說美國聯邦政府支出的科學預算總額）。他使用的是一種叫作「分母忽略」（denominator neglect）的認知模式。山岸侯彥列出十一項死亡原因，例如他殺、肺炎，以及癌症，請一群學生評估，這些死亡原因發生在自己身上的機率有多高。學生在做出判斷之前，先參考每種死亡原因的死亡人數的估計值，包括每一百人或每一萬人有幾人死於每種死亡原因。舉個例子，他們可能看見每百人十二・八六人的死亡率（或是每萬人有一千兩百八十六人）。分母是一萬人時，學生評估的十一項死亡原因的危險程度，會比分母是一百人時更為嚴重，但無論分母是一萬人還是一百人，死亡率其實一樣高。即使在每百人死亡率高於每萬人死亡率的情況（例如每百人二十四．一二人，相對於每萬人一千兩百八十六人），學生還是認為每萬人死亡率代表風險**更高**。學生們受到分子大的影響（一千兩百八十六遠大於二十四．一二），沒有依據分母差異換算。[5]

諷刺的是，保羅若真的希望政府少花些錢在鵪鶉性行為研究上，那就應該提案刪減美國國家衛生院（National Institutes of Health，NIH）的預算，而不是美國國家科學基金會的預算。因為真正補助那項研究的，是向社會大眾開放的美國國家衛生院，而非美國國家科學基金會。他也應該回到過去，因為鵪鶉性行為研究的補助早已於二〇一六年結束，而他在幾年之後才開始抨擊。[6]

具體與精準

像蘭德．保羅這樣的政治人物，不必思考也知道，陳述若是搭配具體的圖像與精準的數字，就會很有說服力。我們比較容易記得具體的資訊，因為人是以語文碼以及圖畫碼，將具體資訊儲存在記憶中。相較之下，抽象的概念並不會讓人想起具體且通俗的圖像。「鵪鶉」、「性行為」、「古柯鹼」這些具體的詞語，會活化大腦後方處理視覺資訊的區塊。「科學」、「研究」、「成癮」之類的抽象詞語，則是會活化大腦負責處理與所有知覺無關的資訊的區塊，亦即額葉（frontal lobe）。具體的字詞也更能引發強烈的情緒反應，所以我們更能記得這些字詞。[7]

包括MBTI（麥布二氏人格類型指標，Myers-Briggs Type Indicator），或是埃里克森（Thomas Erikson）四色人格之類的人格分類法之所以始終廣受歡迎，原因之一是類型是一種範圍，有明確的界線。範圍內的每個人，都具有一些明確的特徵。我們很容易就能想到可以明確歸類為四種顏色之一，或是十六種類型之一的人。問題是人並沒有那麼簡單。人格測驗的研究發現，一個人第一次接受人格測驗，發現屬於某種類型，但僅僅幾週後再做一次相同的人格測驗，卻有可能變成另一種類型。並不是因為人格大幅改變，而是因為他們在第二次測驗的答案（也許是因為心情改變，或是人類行為固有的雜訊使然），改變的幅度正好足以跨越各類型之間那一道明確的界線。現實生活中，人格其實比較不像明確的類型，比較像許多特質的匯集，而且每一種特質的變化幅度都可能很大，因此衍生出許許多多獨特的組合。[8]

諸如「八十七萬三千五百零三美元」的精確數字，在某方面就像具體的字詞或人格類型，是一種看得見也能用於比較的東西。或許是因為很具體，才會有人被口罩保護時數的資訊圖表誤導，因為資訊圖表透露的訊息符合他們的預期，而且圖表列出不同口罩組合的保護時數的精確數字，而不只是概略指出保護時數較長或較短。有些科學主張明明沒有根據，例如「人只使用一〇%的大腦」，以及「九〇%的溝通都是非語文的」，卻有人深信不疑，或許也是因為有精確的百分比，顯得很具體。

數字愈精確，就愈有說服力。舉個例子，一項研究分析美國南佛羅里達州與紐約州長島超過一萬六千筆住宅銷售紀錄，發現開價較為精確的住宅（例如三十六萬七千五百美元，而不是三十七萬美元），最終成交價也會更高。精確的開價會形成根深柢固的「定錨」效應，意思是說別人會覺得議價空間不大。買方要對抗定錨效應，不妨先取個概略的整數再出價。[9]

高明的騙子很清楚，有說服力的說法要想維持下去，需要精確具體的細節。例如 Theranos 的伊莉莎白．荷姆斯說的謊言就很具體，包括美國軍方在何地使用她的公司研發的裝置，以及裝置的正確度經過哪些公司驗證。馬多夫高薪聘請具有高中學歷的員工，為他的詐騙避險基金偽造帳戶對帳單、交易紀錄，以及交易確認紀錄，而且偽造得極為精細，所有價格均符合每日股價，也與表格最底下加總之後的虛構帳戶餘額相符。很多被馬多夫詐騙的受害者，每個月只是大致看看對帳單，看見上面很精確的數字，就以為沒問題。有些騙子為了吸引別人幫忙要回失去的財富，總能具體說出這筆財富的價值、形式，以及計價貨幣（你可曾懷疑過，既然這筆財富失去了那麼久，那些人又怎能將細節記得如此清楚？）。

這些不會顯示四

在切割前，先量兩次，是很好的建議，但所用的設備若是根本量不出要測量的東西，那量兩次也沒用。說來令人意外，人竟然經常被自己的衡量標準或衡量工具的極限所騙。一九八六年，車諾比的核反應器爆炸，隨即陷入一片混亂，現場幾台劑量計顯示每小時劑量只有三・六侖琴，還不到必須疏散當地居民的標準。但這幾台劑量計所能呈現的最高數值，就是三・六，官方發布的數值也就是三・六。在核災時期使用這樣的設備，就好比用廚房秤量自己的體重，再宣稱已達成減重目標。寶貴的時間就這樣白白流失。後來更好的設備送到，顯示有熔毀的可能，這時要控制核災的難度已經大增，減輕核災要付出的成本也更高。[10]

車諾比的問題，是所謂的錯誤否定（false negative），亦即明明有問題，測量法卻再三告訴我們沒問題。當時的人誤以為，劑量計所顯示的低數值，就代表輻射風險很低。若一項裝置給出精確的答案，而我們不知道該裝置的極限，就要特別留心錯誤否定的風險。舉個例子，無論是新冠肺炎的新增病例，或是癌症復發，總之所有醫學檢驗報告，形容結果為「陰性」正確用詞，都是「未檢出」而非「不存在」，因為檢驗無法檢出微小的病毒量，也無法檢出癌症初期不明顯的徵兆。既然沒有靈敏度高達百分之百的檢驗，就不可能證明某個東西完全不存在，所以不該做出「不存在」的結論。檢驗的靈敏度若是不足以檢出感染（例如若是最近才感染，體內的病毒量太少，無法檢出），那還是有已經感染的可能性。

新冠疫情剛暴發的那幾個月，情況相當緊急，所以還有許多無力顧及現有工具的精準度與極限的例子。舉個例子，英國政府的新冠確診病例統計，並未納入二〇二〇年九月二十五日至十月二日這一週檢出的一萬五千八百四十一例陽性個案。因此英國人民無從得知，與先前數週相比，確診個案增加了多少。校正後的數字，足以讓平坦的趨勢線變為向上飆升。這個問題並不只是一時疏忽，而是量測工具出了問題。英格蘭公共衛生部（Public Health England）蒐集負責進行檢測的私營公司的檢測結果紀錄檔，自動併入 Excel 模板，再傳送給包括國民保健署（National Health Service）在內的各機構。不過這些檔案使用的是舊版的 Microsoft Excel.xls 格式，最多只能輸入六萬五千五百三十六列資料（目前的版本是 .xlsx 格式，最多可輸入一百零四萬八千五百七十六列資料）。試算表的資料量一旦達到極限，就無法再增加新的檢測結果。確診個案的總數，被 Excel 自己的三．六倫琴，也就是自己的資料列數的上限限制住。真正的確診個案總數，遠高於 Excel 試算表所示。[11]

難以置信的精準

能讓一種陳述具有吸引力的陷阱，通常正是可疑之處。芭芭拉．弗雷德里克森（Barbara Fredrickson）與馬西亞爾．洛沙達（Marcial Losada）在二〇〇五年發表的一篇論文中表示，他們發現了所謂的「關鍵正面情緒比率」（critical positivity ratio），這篇論文在科學文獻中被引用超過三千七百次。根據他們的分析，正面情緒經驗與負面情緒經驗比率超過二．九〇一三的人表現較佳，低於此數的人則是陷入困境。「正面情緒經驗多於負面情緒經驗的人表現較佳」的概念並無爭議，但這篇論文卻因為提出了精確的數字門檻，而成為頗為轟動的科學新聞。正面情緒經驗與負面情緒經驗的比率，精確到小數點後四位，代表論文的兩位作者，發現了人類經驗的一種可量化自然法則，這在心理學可是罕見的創舉。[12]

很少人類行為的量測精確度，能到小數點後四位，幾乎可說是完全沒有。只要看見如此精確的數字，我們就該想想，這項數字需要多少證據才能證明？會不會需要很多證據？每個人需要提供多少經驗，才能算出比率門檻不偏不倚正好是二·九〇一三，**而不是**二·九〇一二，或二·九〇一四？

答案是「很多」。每個人必須提供至少八萬個負面經驗，以及大約二十三萬兩千個正面經驗，才能知道比率應該是二·九〇一三，而不是二·九〇一四（或更高）。而且每一個經驗還必須是很明確的正面或負面，沒有模糊的空間，我們的計算也必須正確無誤，而且每個人的比率還必須相同才行。（要記得，錯誤的假設可能會造就荒謬的結論！）弗雷德里克森與洛沙達的結論，是依據相對較小的樣本：六十家公司八位高層的團隊之間的互動。資料如此之少，根本不可能以數學計算斷定，正確的比率是二·九〇一三，而不是其他成千上萬項與這個數字同樣精確的比率。如果兩位作者的結論是比率「約為三比一，但也有可能低至一比一，或高至五比一」，大家還會覺得他們的結論很有說服力嗎？[13]

兩位作者做出非常精確的結論，讓自己的科學研究顯得比實際上更為嚴謹。如果有人因為提出極為精確的主張而得益，那此人遭到質疑之後，即使撤回先前的主張，調整成較為概略，我們也不該接受（在這個例子，是將說法改為較為寬鬆的「大約三左右」）。他們將自己的正面情緒比率形容為「關鍵」，等於進一步強調兩種截然不同的狀態（表現較佳或陷入困境）之間的嚴格界線。重點在於要釐清，自己是否出現在明確界線不該出現的一側。只有兩種可能，你的軍隊要嘛入侵了鄰國，要嘛沒有。所以我們才會細細訂出邊界的精確位置。

這種「不知道需要多少資料，才能得出精確答案」的問題，在科學界之外甚至更常見。幾年來，推特在遞交給主管機關的文件指出，五%或是更少的推特帳號，是由機器人運作。伊隆・馬斯克於二〇二二年四月簽署協議，同意以四百四十億美元的價格，買下推特這家社群媒體公司。不到一個月，他在推特上發文，表示「交易暫停，等待詳細資訊證明，假帳號確實占推特所有帳號不到五%」。要百分之百確認這個比例，就必須正確確認，超過兩億一千四百萬每日使用推特的不同使用者，究竟是機器人還是非機器人。但馬斯克主張採用不同的方法：「為了查證，我們團隊將隨機取樣 @twitter 的一百名追蹤者。我也邀請其他人這樣做，看看他們會發現什麼。」歷經一場短暫的官司，馬斯克最終還是買下推特，但機器人帳號的爭議並未平息。他建議的方法能否平息爭議？[14]

以隨機取樣估計機器人帳號的真實比例的概念，是合理的，效率遠勝於檢查每一個帳號。但要取樣，也得考慮量測的精準度。馬斯克若是隨機取樣一百個帳號，發現其中只有四個是機器人帳號，那他能斷定推特的兩億一千四百萬每日使用者當中，不到一千零七十萬（五％）是機器人嗎？

為了討論方便，我們假設七％的推特使用者是機器人，已經達到了馬斯克取消交易的門檻。隨機取樣一百位使用者，真正的機器人比例為七％，那麼馬斯克有二九％的機率，會發現五個或不到五個機器人帳號。換句話說，他大概有十分之三的機率，會誤以為機器人帳號少於五％！

如果真正的機器人帳號比例確實是七％，那馬斯克就必須取樣超過六百個帳號，才能九九％確定他不會誤以為機器人帳號少於五％。想要更精確的答案，就需要更多資料。馬斯克若希望能九九．九九％確定，他花了四百四十億美元，並不是買了一個機器人帳號比例超過五％的平台，而機器人帳號的實際比例是五．一％，那他就必須取樣超過三十三萬兩千六百個帳號，也就是他宣布的取樣數的三千倍以上。而且抓出機器人的方法必須絕對可靠，這些估計值才有參考價值，好比靈敏度百分之百的新冠肺炎病毒檢測，或是能完全正確區分正面與負面經驗的機制。測試的方法若有瑕疵，那數字就會高出許多。[15]

被模型誤導

弗雷德里克森與洛沙達提出的「關鍵正面情緒比率」，其實是他們發明的一種數學模型所做出的預測，並不是分析夠大的人類情緒經驗樣本所得出的數值。然而模型的假設，就像兩位作者提出的主張一樣不合理。洛沙達顯然將用於模擬流體表現的一組方程式，套用在先前一項針對四百八十位企業高層的研究上。正如尼克・布朗、艾倫・索卡爾（就是捉弄一家人文科學期刊的那位），以及哈里斯・弗萊德曼（Harris Friedman）所言，用於人類情緒模型的那些變數，並不符合應用那些方程式所需達成的嚴格標準。即使符合，弗雷德里克森與洛沙達也是刻意扭曲模型，以產生類似洛沙達先前研究企業高層所得出的預測數字。弗雷德里克森與洛沙達再將模型得出的結果，當成人類特質的定律發表出來。[16]

布朗等人將弗雷德里克森與洛沙達的方法，形容成「一段在五秒內解開魔術方塊的神奇影片，但大家在影片結尾才發現，原來拍攝的是將整齊的魔術方塊弄亂的過程，只是倒過來播放而已」。弗雷德里克森回應這項批評，坦承她使用的是洛沙達的模型，而且「後來也有所質疑」。刊出原始論文的期刊，後來發表更正啟事，正式將論文中關於模型的部分從科學文獻移除，包括「依據模型所做出的關於正面情緒經驗比率的預測」。[17]

正面情緒經驗比率的錯誤之所以發生，原因之一是以為一個數學模型反映的是精確的現實。其實模型是一種工具，是將現實簡化到足以做出具體預測的地步，科學家、企業，以及政策制定者再將這些預測與現實情況比對。模型並不是一定要複雜或精準才可用。舉個例子，「美國股市每年報酬率為七％」是一種模型做出的具體預測，是現在投資一千美元，十年後會變成一千九百六十七・一五美元。即使這個模型正確，我們也不該認定十年後就一定會有分毫不差的一千九百六十七・一五美元（因為金融市場向來易變，也有雜訊），不過投資獲利的機率應該很高。

精準確實也有好處。在其他條件全都相同的情況下，能精準預測的模型，比只能概略預測的模型更理想。一個能準確預測新行銷活動能提升**多少**銷售量的模型，比一個只能預測銷售量**會增加**的模型更理想。知道明天會先下雨再放晴是很實用，但更理想的是能得知雨會及時停，不會影響你預計下午兩點舉辦的戶外婚禮。然而一個模型的精準度，若是超過其所蘊含的資料，或是實際研究結果所能得出的精準度，那反而會誤導人。氣象模型若是不準確，結果那天的雨下了一整天，那精準也沒用。

常有人將準確與精準混淆，其實兩者是截然不同的觀念。準確的衡量工具，能給出平均而言接近正確的答案。精準的衡量工具，給出的則是詳細的、一致的答案，但答案有可能對，也有可能錯。精準到二・九〇一三的最佳正面情緒經驗比率，「感實性」多於真實，是很精準，卻也會讓人誤以為精準之餘也很準確。

精準到難以置信的民意調查

若讓人誤以為準確的是民意與政治偏好，那問題就格外嚴重。民意調查反映的是精準的候選人與政策支持率，而且通常會有代表某些不確定性的誤差範圍。但民意調查若是一開始的假設就有瑕疵，那得出的估計值就會非常不準確。

民意調查是以科學的方式，將一大群人（例如選舉日當天所有投票人的某項特質）予以量化，就無須調查這群人當中的每一位。如果一項民意調查可以涵蓋全國選民，就不必擔心是否具有代表性。但若想透過少數取樣，證實一群人具有某種特質，那取樣的對象，最好在**所有重要的方面**都與未能取樣的對象類似。[18]

在政治民意調查，這種「代表性」問題永遠無法完全解決。民意調查的所有受訪者，種族、性別、年齡、教育程度、所在地、政治傾向、接聽陌生來電的意願，以及其他特質的分布比例，永遠不會完全符合所有母體的比例。即使出現發生機率極低的情況，也就是民調機構致電的每一個人都接起電話，也回答了問題，還是難免會有某些群體代表不足，或是某些群體代表過多的問題。

為了讓民意調查能代表整體母體，專業的民調機構會使用權重機制，調整樣本的人口組成。如果民調受訪者的高齡白人比例過高，那民調機構在計算預測結果時，可能會降低高齡白人意見的權重。如果年輕黑人選民受訪者所占比例太低，那他們的意見的權重就會提高。儘管如此，任何兩項民意調查，即使是同一家民調機構，在同一天以同一份問卷所蒐集到的兩份樣本，得出的預測也可能稍有不同。[19]

二〇一六年美國總統大選競選期間，《洛杉磯時報》與南卡羅萊納州大學進行一項名為 Daybreak 的追蹤民調（tracking poll）。大多數的政治民調，是每次要做出新的預測，都會調查新的隨機抽樣的選民樣本。Daybreak 民調則是每天詢問同樣的三千人（又稱「一組調查對象」）想投票給誰。

Daybreak 民調的目的，是排除每次調查因樣本改變而必然會有的雜訊，以免影響選民投票意向的估計結果。執行 Daybreak 民調的機構，調整了取樣的三千人的權重，使其盡可能符合母體的特質，招募的也是願意每天透露投票意向的選民。像 Daybreak 這樣使用一組調查對象，也有個問題，就是這一組調查對象原始的組成若有反常之處，那民意調查進行期間，這些反常之處都會存在。[20]

結果 Daybreak 民調只有兩位受訪者是年輕黑人男性，一位支持希拉蕊·柯林頓，另一位支持川普。在大選結果的整體預測中，這兩位選民的權重是相同的。在這項民調，兩位候選人的年輕黑人男性支持率各為五〇%，但這項結果並不能代表年輕黑人男性在美國總統大選通常會有的投票行為。絕大多數的年輕黑人男性，通常會支持民主黨的候選人。在美國，極少年輕黑人男性投票給川普，所以預測百分之百的年輕黑人男性選民會投給希拉蕊，比預測五〇%會投給她更具代表性。

這一「組」裡面只有兩位年輕黑人男性選民，因此這兩位選民對於民調的整體結果影響極大。各自的權重是民調中代表性偏高的群體（例如高齡白人選民）的將近三百倍，也是一般選民的三十倍左右。支持川普的那位年輕黑人男性若是某天沒有接聽民調電話，民調的重大預測就會顯示希拉蕊的得票率上升大約一％。但他若接了，川普的預測得票率就會上升一％。[21]

需要多少人才能……

在民調、市調、網路機器人與非機器人的識別，以及科學試驗，樣本大小就像相機感應器，或是望遠鏡鏡面的大小一樣。樣本或是感應器愈大，我們能察覺的差異就愈細微。像是「正面情緒經驗與負面情緒經驗比率超過二．九〇一三的人表現較佳」，或是「推特的機器人帳號比例不到五％」這種精確的說法，需要夠大的感應器才能精準衡量。同樣的道理，要確認希拉蕊的支持度真有九〇％，需要的可不只是兩位選民。在心理學以及其他社會科學，許多研究缺乏足夠強大的望遠鏡，所以試驗要研究的問題，也就得不到可靠答案。[22]

你可曾思考過，喜歡吃蛋的人，會不會比不喜歡吃蛋的人更常吃蛋沙拉？我們也沒想過這個問題，但決策科學家喬．西蒙斯與同僚還是做了研究，證明了確實如此。現在來研究重要的問題：你認為他們需要訪問多少人，才能得出這項結論？要是訪問了幾個人，最先訪問的三位剛好喜歡吃蛋，卻不喜歡吃蛋沙拉（「哇，我剛發現了一個怪現象耶！」），那就很有可能誤導自己。即使西蒙斯與同僚證實，喜歡吃蛋與不喜歡吃蛋的人，對於蛋沙拉的喜好有明顯差異，每次也必須訪問至少四十七人，才有八〇％的機率能發現同樣的（甚至更大的）差異。只訪問十個人，也只比一個都沒訪問稍微好一點而已。[23]

西蒙斯以研究證明如此明顯的因果關係，就是想強調這一點。如果我們只擁有少量資料，卻想做出比「愛吃蛋的人較有可能愛吃蛋沙拉」更令人意外、更篤定，或更有爭議的結論，那掌握的證據應該不夠，反而會被一種虛假的精準感蒙蔽，就像只拿著小朋友的玩具望遠鏡觀看，就斷言土星沒有衛星。

想像一下，你最近兩次開車到鄰近城市，Google 地圖推薦另一條能更快到達目的地的路線。你採納 Google 地圖的建議，結果每次都馬上深陷車陣之中，動彈不得，抵達的時間比你預期的更晚。我們兩人就有過這種經歷，也覺得以後應該不要採納 Google 地圖的建議，或是改用其他導航應用程式。但連續兩次的導航失誤，是否就足以證明你多年來使用的工具有問題？（其實還不一定是導航失誤，你即使按照原訂計畫的路線，還是有可能較晚抵達。）如果你正好選中兩檔表現超越指數型基金的股票，你是否有足夠證據能證明你可以一直超越整個市場？如果你投注運動彩券，在兩屆超級盃都選中獲勝的球隊，你會不會因此辭職，從此以投注運動彩券為業？最不理想的使用資料方式，就是僅僅依循少量最新經驗。我們蒐集到的證據，幾乎永遠都不足以讓人做出可靠結論，但永遠都足以讓我們被騙。

精確的答案是錯誤的

我們愈是思考精準的誘惑力，愈會注意到，有時會有人隨口說出很精準卻不可能是真實的數字。在二〇二二年五月八日連賽兩場的棒球賽的第一場，紐約洋基隊二壘手葛雷伯．托雷斯（Gleyber Torres）擊出致勝全壘打，擊敗客場作戰的德州遊騎兵隊。致勝全壘打應該是任何一位棒球員在整個賽季的亮點。但德州遊騎兵隊總教練克里斯．伍華德（Chris Woodward）在比賽結束後接受記者訪問，卻對托雷斯的精采表現潑冷水：「球場很小，他那個在九九％的球場都算是出局……他是剛好在小小的球場，把球打到右外野。」有人問紐約洋基隊總教練亞倫．布恩（Aaron Boone），對伍華德的評論有何看法，他笑著挖苦了一句：「他的算法有問題。怎麼可能九九％。總共只有三十座球場。」[24]

在一項只訪談兩人的民意調查，一位候選人的支持率不可能有九〇％。同樣道理，除非至少有一百座球場，否則全壘打不可能正好在九九％的球場都算出局。這種講出一個很精準卻不可能正確的百分比或平均值的錯誤，是出奇的常見，而且不是只有棒球隊總教練才會犯這種錯誤。尼克．布朗與詹姆斯．海瑟斯（James Heathers）在科學刊物看見許多類似的錯誤，於是開發出一種能揪出這種虛假的精準的簡單演算法。他們很刻薄的將演算法命名為ＧＲＩＭ，是「詳盡性相關的平均值不一致」（Granularity-Related Inconsistency of Means）的簡稱。ＧＲＩＭ檢測會依據人數（或是球場數），判斷一項平均值或是百分比是否不可能正確。[25]

克里斯・伍華德的九九％GRIM錯誤，可能是一種誇張的敘述，但仍是不正確。因為托雷斯的球飛行了三百六十九英尺，所以在三十座大聯盟球場當中的二十六座，確實算是全壘打（超過八六％，而不是一％）。這種GRIM不一致的錯誤之所以發生，有時是因為取整數的方法錯誤，但有時則是因為發生了更嚴重的問題，也就是百分比或者平均值聽來可信，實則不可能為真。

我們很容易察覺「兩位選民受訪，結果某候選人支持度為九〇％」，或是「三十座球場的九九％」這種不可能為真的平均值。你擲硬幣十次，不多也不少，就是整整十次，也不可能出現五・五次的正面。但要發現其他數字的GRIM錯誤就沒那麼容易。想像一下，一份科學論文提到，研究人員請十一人以一至七分為自己的快樂程度評分，最後得出三・八六的平均分數。這個數字聽起來很合理，但稍微算算就會知道，最接近三・八六的數字不是三・八一八一八，就是三・九〇九〇九。這兩個數字四捨五入，都不會是三・八六。[26]

在GRIM問世之前，沒人想過以有系統的方式，查核科學文章所提及的平均值，是否不符合數學邏輯（即使只需要基本算術即可算出，也沒人想過要算）。布朗與海瑟斯運用GRIM，檢驗知名心理學期刊眾多論文所提出的平均值，發現錯誤出現的頻率遠遠高出預期。在資訊量足夠進行檢驗的科學論文當中，大約半數至少有一個GRIM錯誤，超過二〇％有幾個錯誤。布朗與海瑟斯檢視這些文章的原始資料，發現許多錯誤是因為粗心大意，但有些錯誤較為重大，因此文章的統計結論需要大幅修改。到了現在，我們應該都很熟悉這種模式：科學文章中，錯誤的結論與純粹的造假最常被拆穿的方式，是有人打開標題後方的一兩個門，發現細節並不足以證明文章的主張。在這個例子，是計算的結果不符合文章結論。[27]

推斷的陷阱

我們若是依據模型、依據少量資料做出推論，就有可能因為偏好精準而誤入陷阱。而偏好精準，也有可能讓人莫名相信未來的預測。美國運輸部經常向國會報告每年國內車輛總里程數的估計值，也預測未來二十年的道路交通狀況。報告預測交通量年年穩定成長，但這種成長在一九九〇年代末逐漸放緩，且在二〇〇〇年代初，甚至呈現微幅負成長。威斯康辛大學「國家智慧運輸計畫」（State Smart Transportation Initiative）主持人艾瑞克．桑奎斯特（Eric Sundquist）於二〇一三年分析這些預測值，發現模型是依據一九八〇年代的趨勢建構，後來一直沒有更新。使用如此陳舊的模型，會造成很大的財務風險與社會風險。將未來交通量預測得過低，道路就會阻塞、坍塌。像這些模型一樣將未來交通量預測得過高，就會將資源虛耗在不必要的建設上。[28]

政治預測必須依據有代表性的樣本，才能準確。以模型預測未來，或是預測任何新資料，模型本身也必須以類似的資料校正，否則預測結果就沒有參考價值。預測你曾經看過的事物的未來結果，是相對安全的。推斷你沒看過的東西，那可能會是一場災難。

我們最喜歡的推斷陷阱的例子，也是課堂上會使用的例子，是預測一百公尺賽跑所需時間。過去一百年來，無論是男子還是女子一百公尺賽跑的世界紀錄，所需時間都不斷減少，不過女子減少的幅度更大。一九二二年，一百公尺賽跑的世界紀錄，男子是十．四秒，女子則是十二．八秒，男子比女子快二．四秒。截至二〇二二年，男子世界紀錄是九．五八秒，女子則是十．四九秒，相差僅〇．九一秒。《自然》期刊的一篇科學文章，推斷了一九〇〇年以來，男子與女子一百公尺賽跑奧運紀錄的線性進步（男子平均每年進步大約〇．〇一一秒，女子平均每年進步大約〇．〇一七秒），也預測到了二一五六年，女子的表現將超越男子，達到女子八．〇七九秒，男子八．〇九八秒。但我們知道，這種線性趨勢不可能一路發展下去，而是遲早會有所衰退。倘若真能一路發展下去，那到了二六三六年，選手還沒起跑，就已經跑完一百公尺賽跑。而且女子選手還能比男子選手早個幾年實現這項奇蹟！[29]

推斷線性趨勢已經夠冒險了，要推斷更為複雜的模式，則是更為棘手，原因之一是我們也無法憑藉直覺，理解更為複雜的模式。看著一輛車子在公路上行駛，要看出車子移動得多快（位置改變），會比判斷車子加速多少（速度改變）更為容易。一開始很微小，也許微小到我們不會有所顧慮，甚至不會注意到的數字，而發展成需要令人擔憂的速度，可能比你想像的還要快，新冠病毒的飛速擴散就是一例。

正如複利會放大財富，任何東西激增（口語的說法是「病毒般增長」），影響力都會變大。舉個例子，如果你居住的城市每天新增十個新冠確診案例，那十天之後，就會有一百個新增案例。這是線性趨勢，以一天十個新增案例的速度發展。如果畫一張圖表，以日期為X軸，確診案例總數為Y軸，就會畫出一條朝右向上延伸的直線。現在再想像一下，某一天新增十個新冠確診案例。隔天新增十一個案例，第三天新增十二個，第四天與第五天分別新增十三個、十四個。我們看見新增案例每天都在增加，但無法憑直覺斷定，十天之後總共會有一百四十五個案例，到了第十三天會有超過兩百個。變化率很小，每一天的新增案例，都比前一天多一個，但結果卻是十天之後的總案例數，比起每天新增案例一樣多的情況，還要多出四五％。繪出的圖表會呈現出向上的曲線，愈往右的斜率愈高，代表隨著時間流逝，總案例數增加相同數量所需的額外時間，會愈來愈少。

面對激增的成長，要做出精確的預測，就必須懂得計算。但若要避免被激增的成長誤導，只要確認成長速度是否會隨著時間增加即可。如果是，那問題很快就會演變至失控的地步。有個簡單的基本原則很實用：要留意會在短時間內翻倍的東西。如果再次翻倍的速度甚至更快，就要格外小心。我們遇到的可能是百年一遇的流行病，或是千載難逢的商機。

立方模型

二〇二〇年五月初，美國的新冠肺炎死亡案例還很少的時候，川普政府不顧自家專門小組的建議，也不顧專家預測，到了六月一日全美將有二十萬人死於新冠肺炎，硬是放寬公共衛生限制。白宮宣稱是依據自己的「立方」模型制定政策。此模型預測，每日新增死亡人數，會在五月十五日之前降至零。[30]

川普政府使用的模型，並非由傳染病專家或流行病專家研發，而是由一位名叫凱文・哈塞特（Kevin Hassett）的經濟顧問研發。哈塞特似乎試了 Microsoft Excel 的幾種不同功能，由軟體自動將各種形狀的趨勢線，搭配任何一組資料，直到找出能做出樂觀預測的組合。[31]

立方模型會改變方向兩次，剛開始很高，然後下降，然後攀升，然後再下降。或者……一開始很低，然後攀升，然後下降，然後再攀升。曲線起點發生的情況，決定了資料結束和外推開始時的曲線走向。川普政府用立方模型預測新增死亡人數會降至零，是必須將新冠疫情初期每日死亡人數的小幅波動，當成一種逐漸減少的趨勢，所以接下來的死亡人數逐漸增加的趨勢終究會轉向，變為在未來逐漸減少。但若是認定在新冠疫情初期，每日死亡人數逐漸增加，那就等於推斷未來死亡人數會大幅增加。我們現在知道哈塞特預測錯誤，新冠疫情並沒有在短時間內結束。截至二〇二〇年五月中，美國每日約有一千五百人死於新冠肺炎。[32]

並不是只有川普政府才會做出過於樂觀的預測。在二〇二〇年秋季學期開始之前，伊利諾大學預測，該校的厄巴納－香檳校區在整個學期，「最差」將有七百個新冠確診案例，也預測校區在任何時候，確診人數將不超過一百人。而且在幾週之內，每日確診人數將降至個位數。在任何時候，只要有人宣稱自己預測的是最差情況，就要特別小心，因為幾乎總有更差的情況。實際的情況，是該校區到了十一月底，已有三千九百二十三起確診案例，平均每日新增將近四十例。伊利諾大學使用的模型，與白宮使用的立方模型不同，是符合數學邏輯的，但也跟立方模型一樣，一開始的假設就有瑕疵，所以結論也有問題。[33]

預測確診案例總數為七百，表示校方認為，大學生會完全遵守新冠病毒檢測與接觸者追蹤的相關措施，而且學生會在確診後二十四小時內，接獲確診通知。該校是以喧鬧的派對聞名的大型公立大學，所以可想而知，遵守防疫措施的學生其實不多。而且在最關鍵的學期初的幾個星期，確診結果不但無法在二十四小時之內出爐，還延誤許久。

問題並不是出在模型，而是如何解讀，如何使用模型。這項預測最嚴重的問題，也許是雖說精準，卻無根據。伊利諾大學並未提到，七百例只是諸多可能性的其中之一，而且學生必須遵守防疫措施，檢測結果也必須在二十四小時內出爐，這項預測才有可能成真。使用同樣的模型，但換成較為務實的假設，就會預測確診案例將達到三千至八千。[34]

騙子會以精準的願景騙人。若是一開始沒有受到願景吸引，那再怎麼精準，我們也不會覺得有說服力。學術論文的審查人與編輯，會接受精確到不可思議的「關鍵正面情緒比率」，大概是因為相信比率背後的前提，亦即擁有更多正面經驗的人更有可能成功。他們也寧願相信，心理學確實有能力發展出量化定律。伊利諾大學的高層不希望接下來一整個學期都得全面遠距教學，所以很樂於將精準的「最差情況」估計值，也就是七百例，做為行動的依據。川普政府希望淡化新冠肺炎的問題，所以接受「死亡人數將迅速降至零」的精準預測。

「新冠確診死亡人數將於幾週後降至零」，應該是一種美好到不真實的預測，歷史也證實無誤。美好到不真實的東西，通常太精準、太出色，好比查爾斯．龐茲九十天投資報酬率五〇％的承諾。在這一章，我們了解精準卻不合理的言論，是多麼容易讓人落入陷阱，包括模型的假設錯誤所衍生的錯誤推論、依據過小的樣本做出以偏概全的結論，以及對於未來事件的預測太過樂觀。下一章要討論的是宣稱的效力的陷阱，亦即宣稱的利益或效果，與相關的成本或起因不成比例。

08 效力：當心「蝴蝶效應」

根據一種廣為流傳，大家耳熟能詳的科學理論，巴西的一隻蝴蝶揮動翅膀，會在美國德州掀起龍捲風。效力對我們來說太有說服力，但在現實生活，聽見別人宣稱小小的起因能造就大大的效應，就該格外當心。

二〇二一年，美國網紅卡羅琳．卡洛威（Caroline Calloway）推出自創品牌精油，並向她的超過六十萬 Instagram 追蹤者，發動鋪天蓋地的行銷。她以聳動言詞及炒作事件成名，但似乎經常失敗，例如拿到六位數美元的預付版稅，書卻寫不出來，舉辦全國巡迴研討會，卻沒預訂場地等等。但她每次出了問題都能僥倖脫身，換個戰場再出發。她顯然沒有吞了誰的錢，不僅歸還了出版社預付的版稅，也退款給研討會的參與者。所以她並不是個罪大惡極的騙子。但她顯然很清楚並承認自己的名聲，才會把新產品取名「蛇油」（Snake Oil）。[1]

從一九一八年流感疫情期間的「皮爾斯醫師的快樂藥丸」（Dr. Pierce's Pleasant Pellets），到二十世紀中期的額葉切除術（frontal lobotomies），再到新冠疫情期間的羥氯奎寧（hydroxychloroquine）與伊維菌素，病痛纏身的人，常常尋求療效未經證實且風險很高的療法。這些「奇蹟藥物」當中，有些能治療其他疾患，羥氯奎寧是標準的抗瘧疾藥，伊維菌素也是有效的抗寄生蟲藥。但將這些藥物用於其他用途，就會看見偽科學的跡象：某位孤單的天才發現這些藥物療效的故事、所謂療效的證據，全是個人的見證，而不是隨機臨床試驗結果，也無法證實這些藥物確實如某些人所聲稱，能治療多種疾病，療效也是前所未有的理想。[2]

為何販賣蛇油的人活該名聲掃地，而非蛇油本身

所謂的神奇療法如今非常普遍，但神奇療法其實是在十九世紀末的成藥時代達到顛峰。橫貫大陸的鐵路於一八八〇年代落成，而來自中國的移民，是興建鐵路不可或缺的功臣。這種極其辛苦的體力勞動，往往是當時的中國移民唯一能找到的工作。在現代醫學還沒出現，連阿司匹靈都尚未問世的時代，勞工能緩解關節、肌肉疼痛的辦法不多。中國勞工使用的是一種傳統藥物：蛇油。在當時，世界各地都有人使用蛇油。最常見的用途是鬆弛肌肉，或是做為緩解關節疼痛的麻醉劑。中國的蛇油多半來自水蛇。歐洲人使用的是蝮蛇，美國原住民則是使用響尾蛇。[3]

蛇油的名聲會弄成今天這步田地，也許多半是一個人的過錯。這個人就是響尾蛇大王克拉克・史丹利（Clark Stanley）。在一八九三年於芝加哥舉行的世界哥倫布紀念博覽會（World's Columbian Exhibition），史丹利設置一個攤位，玩蛇給遊客看，同時也發放一本詭異的五十三頁小冊子，名為《美國牛仔的冒險人生：遠西生活紀實》（*The Life and Adventures of the American Cowboy: True Life in the Far West*）。小冊子一開始是宣揚光輝燦爛的牛仔生活，接著就開始吹捧他的蛇油搽劑無邊無際的神奇療效。他的攤位也販售這款蛇油搽劑。

史丹利是依照偽科學的劇本，宣傳他的蛇油搽劑。他自稱在一八七〇年代，曾與美國亞利桑納州沃爾皮（Walpi）的莫奇（Moki）原住民（現稱霍皮族〔Hopi〕）一起生活兩年，就此發現古老蛇油的神祕療效。他的廣告宣稱，他的蛇油搽劑的療效，遠勝其他療法，「鎮痛效果震驚醫學界」。他表示曾用蛇油治療朋友，並曾治癒「風濕病、神經痛、坐骨神經痛、背痛、腰痛、韌帶萎縮、牙痛、扭傷、腫脹、凍傷、凍瘡、瘀傷、喉嚨痛、動物、昆蟲、兩棲類咬傷」。他還表示他的蛇油可以「解毒、鎮痛、消腫、療傷」。他大肆宣傳他的蛇油是「完美的止痛複方」，也是「能治癒所有疼痛與跛行的最強效、最佳搽劑」。

在現代，大多數國家的醫學廣告都受到嚴格管制，藥物的療效與安全性必須通過測試，才能當成藥物銷售，但一九〇六年之前的美國，並沒有這種規定，所以常有人宣稱傳統療法能治療各種疑難雜症。丹尼爾蒐集了一批一八〇〇年代末、一九〇〇年代初的藥瓶，可見當時有多少未受管制的療法，號稱能治療多種與其無關的疾病。沃克製藥公司（Walker Pharmacal Company）製造的 Hymosa，「是一種能治療風濕病、神經痛、痛風、腰痛、坐骨神經痛，以及所有風濕疾病的化合物」（含二〇％酒精）。「韓德醫師的舒適瀉藥」（Dr. Hand's Pleasant Physic）的作用是「緩解嬰兒、兒童、成人便祕。治療懷孕期間、分娩後便祕，以及嚴重便祕特別有效。能刺激肝臟，強健腸胃，且不會引發腹痛」（含六％酒精）。聖雅各藥油（St. Jacob's Oil）號稱「專治風濕病、神經痛、背痛、燒傷、燙傷、扭傷、腫脹、瘀傷、雞眼、拇指滑液囊炎、各種居家意外受傷，以及牛、馬各種疾病的德國神藥」（不含酒精耶！）。現在市面上仍可看到補充劑與維他命號稱具有眾多療效，但美國食品藥物管理局是將補充劑與維他命歸類為食物，而非藥物。[4]

史丹利鑽了寬鬆監管標準的漏洞，將蛇油生意經營得相當成功，在麻州以及羅德島都設有工廠。僅僅幾年後，美國於一九〇六年通過純淨食品與藥物法（Pure Food and Drug Act），史丹利的產品隨即遭到調查。一九一七年，他因為廣告不實，被罰款二十美元（約當於現在的四百七十五美元）。但他被罰款的原因，並不是宣稱能治癒從坐骨神經痛到喉嚨痛的一切疑難雜症，也不是他發現妙藥的可疑故事，甚至不是因為吹捧無效的療法，而是他的搽劑根本不含真正的蛇油！[5]

蛇油雖然不是史丹利宣稱的萬靈丹，也可能有鎮痛的效果。既沒有科學證據證明蛇油能鎮痛，也沒有科學證據證明蛇油無法鎮痛。但賣蛇油的商人明明沒有證據，卻還是吹捧蛇油所謂的療效，宣傳不可能具有他們宣稱的療效的療法，那被人當成騙子也不冤枉。

我們思考**「活性成分是什麼？」**，往往就能識破誇大不實的療效。思考一項產品或是療法是哪個部分發揮作用，或者產品或療法除了商人宣稱的之外，是否還有其他幾種活性成分，就能理解產品為何看起來有效，其實卻不然。舉個例子，大多數的順勢療法，任何活性成分的含量其實都極少。會有人覺得有效，全是因為安慰劑效應，以及自然恢復。所謂的靈氣療法（Reiki），以及其他「能量療法」也是如此。這種能量療法需要找出、操控能量場，有時還需要隔著遠距離這樣做，才能診斷、治療疾病。而且至今也沒有科學證據能證明這種能量場確實存在，或是行醫者確實有能力影響能量場。

我們也可以思考，一項產品或服務若是真如廣告所宣稱那樣有效，世界又會如何不同。靈媒並沒有害得每一家賭場破產，也沒有每買彩券必中獎，所以顯然他們並不具備能洞悉未來的超自然能力。

電玩遊戲並不能治療老化

史丹利並不是因為過度炒作科學或醫學療效而被罰款的第一人，也不會是最後一人。二〇一六年，創造廣受歡迎的「大腦訓練」課程 Lumosity 的 Lumos Labs 公司同意修改廣告，並支付兩百萬美元，與提起廣告不實訴訟的美國聯邦貿易委員會（US Federal Trade Commission，

FTC）和解。Lumos Labs 之所以挨告，是因為在廣告中宣稱產品具有「已證實」的強效，例如「Lumosity 能增強全球各地學生在課堂的表現」，以及「Lumosity 訓練對於健康成人有益」。包括 LearningRx 以及 Carrot Neurotechnology 在內的其他大腦訓練公司，也因為不實廣告而與美國聯邦貿易委員會和解。[6]

人人都想遠離老化對於認知功能的影響。誰都希望更能集中注意力，更能記住名字、事件，還有自己把鑰匙放在哪裡。認知訓練產業宣稱找到了治療心智退化的方法，卻參考了不少史丹利所用的行銷花招。這幾家公司的網站，大肆宣傳創辦人發現療法的經過，拿個人見證做為產品效果的證明，使用的次數並不多，卻號稱效果極為廣泛。我們看過不少這些公司拿來當成療效證明的研究，發現這些研究根本不能證明進行認知作業能提升個人在真實世界的認知能力，也無法證明健康的人進行認知作業會更聰明。[7]

「一隻蝴蝶能引發幾千英里之外的龍捲風」的概念，是「小小的改變能引發大大的不同」的原型。這句話也成為吸引關注、點閱、分享，以及其他名氣所能帶來的好處的通用樣板。少數幾種干預手段極有價值，因為小小的劑量，就能發揮強大的效果。疫苗與抗生素都是獨角獸，一個人注射一次或是短期服藥，就能從立即死亡，變為擁有數十年壽命，整體社會與文明也能享有巨大的健康與長壽效益。但這樣的例子遠比我們想像的稀有。大多數時候，提高效率的捷徑並不能改變你的人生。要有很大的介入，才會有很大的效果。[8]

頭號嫌犯

極為強大的效果實在太有吸引力，有些人照理說應該能識破這種圈套，但認知能力的防線卻依然被打破。這些人包括諾貝爾獎得主丹尼爾．康納曼。他最為知名的成就，是研究人的認知能力的缺陷。他在暢銷著作《快思慢想》（*Thinking, Fast and Slow*）第四章，介紹多項研究，證明細微到幾乎難以察覺的力量，也能徹底改變人的思想與行為。[9]

舉個例子，其中一項研究發現「馬克白夫人效應」：你看了一段刻意要引發你反感的短片之後，清洗雙手就能「洗去」令你不快的感覺，你對於違反道德的事情，反感也不會那麼強烈。另一項研究發現，在休息室懸掛以眼睛為主題的照片，就會有更多人自願付費使用公共咖啡機。而在最知名也是最有影響力的一項試驗，是一群大學生必須使用幾個詞造句。某些大學生分配到的詞，有一半都與高齡有關，例如「皺紋」、「健忘」、「佛羅里達」。學生完成任務，離開實驗室，走到電梯。然而試驗還沒結束。有位研究人員暗中測量學生走到電梯所需的時間，以測試「人在思考與高齡相關的字詞時，會在不知不覺中受到『促發』，而像老人一樣慢慢走路」的假設。研究結果發現，受到促發的學生，平均而言果然多花了一秒，才走完從實驗室到電梯大約十公尺的路程。這個研究結果引發不少矚目。如果周遭環境那些微小到幾乎察覺不到的特色，對我們影響如此之大，那控制自己的行動與決策的能力，一定遠不如我們所想像。[10]

康納曼知道，比較多疑的讀者很難相信這些研究結果，所以他特別強調，證據在他看來是多麼強而有力。他說：「你應該關注的重點是，你沒有不相信的餘地。這些研究結果並不是捏造出來的，也不是統計學上的僥倖現象。你只能接受，這些研究的主要結論是真實的。更重要的是，你必須接受這些結論說的就是**你**。」他也許說得對，這些研究結果都不是「捏造出來的」。康納曼堅稱這些研究結果，也就是隱喻會促發某些行為，是絕對正確的。但在幾年之後，屢有獨立人士複製這場試驗，卻發現這些隱喻全都沒有促發效果。

康納曼於二〇一一年出版新書。有個獨立實驗室，以比原版試驗更為嚴謹的方法，重做高齡相關字詞的促發效果試驗，卻沒能得出同樣的結果。不久之後，康納曼寫了一封信給研究促發的學者，懇求他們複製彼此的研究，以鞏固他們的科學基礎。他寫道：「諸位的研究領域，如今已成為質疑心理學研究的完善性的人矚目的焦點……我認為大家應該聯合起來，撥亂反正。」

此信一出，大多數人都是沉默以對，也有少數人反對。舉個例子，社會心理學家諾伯特・史瓦茲（Norbert Schwarz）接受科學記者艾德・楊訪問，表示：「你可以把這件事看成是心理學版本的氣候變遷辯論……絕大多數非常熟悉這個領域研究的心理學家的共識，被少數堅持己見、懷疑促發效應之人的意見淹沒。」在科學界，將批評者貶為否定氣候變遷之人，是一種相當卑劣的攻擊。[11]

六年後，那項頗具影響力的高齡字詞影響走路速度的研究的第一作者約翰・巴吉（John

Bargh）出版一本著作，主張微小的因素，也會全面影響人在日常生活的行動與思想。他甚至建議大家利用這些促發效應，發展出新型的心理治療。他在書中完全不提他重複自己的研究以及其他人的研究，卻無法得到相同的結果。這些他完全略去不提。他完全不提其他研究人員無法複製的研究，包括他的高齡促發效應研究。但他倒是提到尚未有人複製的類似研究，其中許多跟他在書中略去不提的研究，發表於同樣的科學論文。如果你不知道前情，直接閱讀巴吉的書，就不會知道這本書介紹的主要科學領域，竟然是「質疑心理學研究完善性的人所矚目的焦點」。[12]

在巴吉著作出版的同一年，康納曼思考自己寫的信所造成的效應：「我希望這項研究的幾位作者能團結起來，以更強大的證據說服大家，可惜這個願望尚未實現。」如果這些社會促發效應強大到能影響人在日常生活的思考、行動，以及行為，那支持者進行控制得當的實驗室研究，要重現這種效應應該不難。但他們不思重現這種效應，寧願花力氣主張他們的領域不需要獨立且直接的重複試驗。問題是小學課本已經告訴我們，獨立且直接的重複試驗，就是科學的基本原則。[13]

把溫暖效應拿去火堆燒掉

發現社會促發現象，並公開發表的學者，沒有幾位接受康納曼的挑戰，但倒是有門外漢接受挑戰。我們就跟許多心理學家一樣，對於高齡字詞促發效應研究的驚人發現頗感好奇。在我們專長的領域，也就是認知心理學，促發是一種存在已久的現象。但認知心理學所謂的促發，意思是人看見一個字詞或是圖像，稍後遇見相同或是相關的字詞或圖像，看見或處理的能力就會稍微進步一些。認知心理學有一項核心原則，是隨著促發物與目標之間的意義差距增加，促發效應就會弱化。促發物與目標之間的關聯愈薄弱，概念差異愈大，促發效應就愈薄弱。幾十年來嚴謹研究促發的經驗告訴我們，「造出與高齡相關的句子，就會在無意之間想到老化的概念，進而聯想到老化與步行速度之間的關聯，因此過了一會兒，在另一個地方走路速度會變慢」，這是難以置信的。[14]

儘管如此，巴吉還是有可能發現了極其罕見的蝴蝶效應。我們不想僅憑聽說，就相信隱喻的促發效應，也不願意想都不想就斥為不可能。所以決定自行研究，一探究竟。我們與自己的學生合作，想重現巴吉等人較為新近，同樣證明促發效應確實存在的研究結果。這項研究於二〇〇八年發表於《科學》期刊，研究的主題是一個人感受到實體的溫暖，是否會聯想到溫暖的概念，進而促發其他溫暖的意義，包括人際關係之間的溫暖，也因此覺得其他人「更為溫暖」。這項研究的發現，兩次試驗都出現強大的促發效應。拿著一杯熱咖啡的人，以一至七分的標準給分，給出的他人的「性格溫暖度」分數，大約比拿著一杯冷咖啡的人高出半分。短暫拿著熱敷袋的人，展現的利社會行為，也比拿著冷敷袋的人多。我們盡可能完全依照兩起試驗的程序，唯一的不同在於我們的研究對象人數多出超過三倍。我們沒發現任何證據，能證明一個人拿著溫暖的東西，思想或行為就會立刻改變。[15]

丹尼爾身為科學期刊編輯，曾經監督獨立的研究團隊，複製類似的研究，檢驗少量的介入是否真能產生類似的強大效應。結果大多數的複製研究，並沒有得到相同的結果。其中一項是湯瑪斯．斯魯爾（Thomas Srull）與羅伯特．懷爾（Robert Wyer）於一九七九年進行的研究，為後續的促發效應研究奠定了基礎。這項研究提供了方法讓後進依循，獲得引用的次數超過兩千四百次。參與研究的一群大學生，先是以字詞造句（巴吉幾年後使用同樣的方式，促發高齡的感覺）。學生接下來閱讀一則短短的故事，故事主角的行為，在某些人看來可能會覺得帶有敵意。某些研究對象認為，大部分的字詞只能造出表達敵意行為的句子。有些研究對象則是認為，大部分的字詞可以造出中立的句子。因為造出帶有敵意的句子而受到促發的研究對象，以零分至十分的標準，針對故事主角行為的敵意程度給分，結果評出的敵意分數高了三分。若以常用的統計量表的標準換算，敵意評分的差距，會是男性與女性的身高差距，或是老人與年輕人退休之前的剩餘工作年數差距這些明顯的差距的兩倍多。但在丹尼爾編輯的研究報告，同樣的研究設計總共重複了二十二次，每次都使用標準化程序，共有超過七千人參與，但敵意分數平均只上升〇．〇八分。[16]

多倫多大學的烏立克．司馬克（Ulrich Schimmack），於二〇一七年逐一分析康納曼在書中稱為鐵證的每一項促發研究，發現大多數原始研究的統計數據，並不能證明其所宣稱的結論。數間獨立實驗室自二〇一一年進行的複製研究，也發現研究對象造出與老化相關的句子之後，走路速度並不會變慢。洗手之後，道德批判的火力也不會變弱。背誦《十誡》也不會變得更誠實，看了一閃而過的金錢圖像，也不會變得更自私。[17]

康納曼後來坦承，他不該如此相信「取樣少到不合理又薄弱的研究結果」，而且他沒察覺到這些研究結果所呈現的效力，強大到令人難以置信。他說：「該知道的我都知道，所以我其實不該如此相信我提過的那些美好又不可思議的研究結果，顯然我沒有仔細思考。」康納曼起初看見的社會促發研究的強大效力，其實是沙子堆成的城堡。但他發現六年來屢屢有人複製這些研究，卻全都以失敗收場，他也就改變了看法。他說，行為促發效應「不可能像我書中那一章所形容的那樣巨大、那樣強大」。他也提醒像他一樣的作者「不要使用薄弱的研究所得出的驚人結果，做為證明自己論點的證據」。這位諾貝爾獎得主，幾十年前還曾寫過一篇頗具影響力的論文，探討相信小型研究的結果可能造成的風險，如今卻坦承自己被假稱強大的促發效應所騙。[18]

康納曼若是對於促發現象存有幾分疑慮，也許就會看出促發效應大到不真實。舉個例子，他引用的一項研究，宣稱教室與學校置物櫃的照片具有促發效果，看到的人更會投票支持加碼補助學校。在這項研究，促發物的效力竟然強大到比投票者有無子女所造成的差異還大！按照同樣邏輯就會知道，我們無法複製的溫度促發研究也有問題。依據原始研究，拿著熱敷袋對於為人寬厚程度的影響，比所得高低對於慈善捐款的影響，幾乎高出五〇％。倘若真是如此，那非營利機構早該知道，應該只在炎熱的夏日舉辦募款活動，問題是他們並不會這樣做。[19]

「做個投票者」是否就會有更高的投票意願？

有些研究顯示微小的促發物，對於判斷、評分，以及走路速度的影響甚巨。如果這些研究結果是正確的，那這些研究在科學領域就會非常重要。但在真實世界，我們很少需要做這些心理學實驗室的作業，例如用詞組造句，或是在性格調查中，為他人的溫暖度評分。不過也有一些研究，是以類似的「低干預手段」，處理複雜的社會問題。這些研究多半宣稱，低干預手段對真實世界的重要結果的影響，遠大於較為傳統、密集的干預手段。

選民若是兩極化，例如美國的幾次選舉週期都是如此，那想要勝選，關鍵不在於說服不支持自己的選民轉而支持自己，而是要讓已經支持自己的選民確實投下神聖一票。現在已經發展出精妙的政治競選手法，促使支持自己陣營的選民確實投票，因為投票率即使只是小幅上升，對於選舉結果都有重大影響。但要提高投票率可不容易，因為即使是最佳的訊息傳送方式，效益也有限。舉個例子，有人分析幾項關於挨家挨戶拉票的研究，發現挨家挨戶拉票，平均能提高四・三%的投票率，大約是每遊說二十三人，就會多一人投票支持。另外一項後設分析發現，以直接寄信施加社會壓力，敦促選民投票，能提高二・三%的投票率。志工打電話催票，提高了二・九%的投票率。電訪機構打電話催票，能提高〇・八%的投票率。自動化的「自動語音電話」只提升了〇・一%的投票率。[20]

這些合理且經過檢驗證明有效的方法成本很高，報酬率卻很低，所以號稱遠比這些有效的方法，確實值得懷疑。二〇一一年有篇論文說，人們在促發之下認為自己會去投票，會比在促發之下想到投票的重要性，更有可能去投票。我們看到這個假設，確實起了疑心。[21]

這篇論文敘述二〇〇八年美國總統大選之前，在加州進行的一場試驗。在這場試驗，回答「你認為在即將到來的選舉**做個投票者**有多重要？」的研究對象去投票的機率，比回答「你認為在即將到來的選舉**投票**有多重要？」的研究對象，高出一三．七％。在另一場試驗，研究對象是紐澤西一場選舉的選民，受到「做個投票者」身分促發的研究對象去投票的機率，比受到「投票」促發的研究對象，高出一一．九％。單一調查項目的用字遣詞稍有改變，形成的影響似乎是親自拜訪選民敦促他們投票的三倍。[22]

倘若真是如此，那「做個投票者」這五個字，將成為促進政治參與的萬靈丹。尤其這些試驗的參與者，從參與研究到投票日之間，應該都會看見、聽見輪番上陣的其他「催票」訊息，所以這五個字的效力更顯驚人。你看到現在，應該已經預料到故事的轉折。不幸的是，其實不算是轉折，而是我們料定會在這種情況發生的事。二〇一六年，同一個期刊發表了一項規模大出許多的研究。這項研究發現，在密西根州、密蘇里州，以及田納西州的初選，選民聽見的問題字眼無論是「投票」，還是「做個投票者」，實際去投票的機率都一樣。重要的是，這兩組實際去投票的機率，並不會高於被問到「去採買」的選民實際去投票的機率。但「去採買」是一種照理說完全不會影響到投票率的控制條件。換句話說，這些關於投票的問題，對於選民實際去投票的機率毫無影響。相較之下，一個較為傳統的催票訊息，提高了大約二・一%的投票率。先前一項針對電話催票效果的研究，也得到類似的結果。[23]

研究行銷、消費者行為，以及應用行為科學的「助推」（nudging）現象的社會心理學家與研究人員，喜歡研究這種用字遣詞的細微調整，對於現實世界中重要行為與判斷的影響。若是確實有影響，那只要花費很少成本，就能擁有實際效益。但細微調整用字遣詞的真正效果，幾乎總是很小，甚至根本沒有。二〇一一年有項不同領域的研究發現，稍微調整用字遣詞，會產生重大影響：說一個人「正在開槍」，認為此人蓄意犯罪的程度，會遠高於說此人「開了槍」。然而後來進行的十二項獨立複製研究發現，這種用字遣詞的差異造成的效應極小……而且正好與先前發現的效應相反。雖然沒有證據能證明用字遣詞的細微差異會影響行為，但政治競選的操盤手仍然使用這一招。在二〇二二年美國選舉之前，我們兩人都收到強調「做個投票者」的重要性的明信片。[24]

許多「強大到不真實」的主張，都提倡以迅速簡單的方式，解決複雜的社會問題，例如不同種族的學生在教育程度以及在校紀律的差異。舉個例子，《科學》期刊於二〇一一年刊出一篇論文，指出黑人與白人大學生在一小時課堂教學介入後，平均成績的差異減少七九%。另一項研究聲稱，類似的簡易自我肯定介入，減少了黑人與白人中學生在停學人數的種族差異。[25]

類似的練習，經由支持者大肆吹捧為「明智的介入」，也頗受關注，因為據說能以極小的投入換取極大的效益，比方說只需要進行一次性短暫的課堂活動，而不是斥巨資改善學校的人員、課程或組織。這些練習號稱能快速解決多年來影響學業表現的種族、社會，以及結構性不平等所累積的效應。問題是規模遠比這些練習大的介入，成效卻很有限。

你若看到一項新研究，宣稱一次短暫的體驗就能創造巨大的效益，要記得將這種方法的「活性成分」，和其他歷史較為悠久，能解決同樣問題的方法比較。複雜的問題就算有解方，也通常需要多管齊下才能解決，往往不是大家所說的「一個簡單的招數」就行得通。遇到不符合這項原則的言論，就該要求對方拿出最強而有力的證據。[26]

必須強調的是，我們並不是主張這些研究都是造假，或是刻意欺騙。我們的意思是，你應該對這些研究，還有類似的研究存疑。即使是最嚴謹、最透明的研究，有時也會給出錯誤答案。但出版單位、媒體，以及大眾，往往很容易相信強大到不可思議的研究結果。「明智的介入」研究與實驗室的字詞促發效應研究不同，需要少數研究團隊才能掌握的資源與權限，方得進行。換句話說，這些研究很少能由客觀獨立的研究人員複製。即使有人複製，結果也遠不如原始研究那樣出色。在缺乏複製的情況下，最好的對策就是一如往常的存疑。

要存疑並不容易，因為「微小介入造成巨大效果」的研究結果經過大肆宣傳，幾乎立刻為大眾所知曉，而慎重的科學評估，則是需要時間才能完成（如果進行的話）。這些亮眼的原始研究結果，在發布後的幾年，多半會被批駁得千瘡百孔，卻也很少會消失。先前討論精準的時候說過，要做成強而有力的結論，所需資料通常遠比我們想像的多。

以下是幾個例子：

- 二〇〇三年一項只有十七位研究對象的研究發現，玩第一人稱射擊電玩遊戲，能改善在實驗室進行認知任務的表現。這項研究發表於《自然》期刊，引用次數超過三千五百次，媒體也大肆報導，相關的TED演講點閱次數超過八百萬次。然而其他實驗室獨立進行的複製試驗，發現的成效卻遠不如原始研究。某些刊物的後設分析校正也發現，玩第一人稱射擊電玩遊戲的效益有限，甚至為零。[27]
- 二〇一〇年進行的一項針對四十二人的研究發現，維持兩種不同的「力量姿勢」各一分鐘的研究對象，之後與控制組相比，睪固酮更高，皮質醇更低，風險容忍度更高，力量感也更高。這項研究發表於《心理學》（*Psychological Science*），引用次數超過一千四百次。探討力量姿勢的TED演講，瀏覽次數超過六千七百萬次。然而後續研究並未得出原始研究的主要結論，也就是激素變化或風險容忍度。原始研究的第一作者後來也否認當初的研究結果。[28]
- 一九八〇年代末、一九九〇年代初的一系列研究與科學論文都在盛讚「精熟取向」

（mastery orientation），也就是現在的「成長心態」（growth mindset），認為有助於克服逆境。二〇〇六年的一本書，以及二〇一四年的一場TED演講（瀏覽人數超過一千四百萬），更是將成長心態推向主流。正如心理學家史都華・利奇（Stuart Ritchie）所言，成長心態的支持者，宣稱成長心態能創造種種效益。擁有成長心態，就有了「基本人權」，甚至有助於化解以色列與巴勒斯坦的衝突。但近年進行的後設研究，並沒能以強大證據證明，促進成長心態的短期介入，確實能提升成長心態運動所重視的學業表現。[29]

只要一項初始研究的結果登上了新聞標題、大眾書籍，以及TED演講，那即使科學家了解其局限，很多人還是會長長久久的相信下去。所以制定政策時，最好不要以一個研究團隊做出的好到不可思議的結果（甚至是一連串好到不可思議的結果）為依據。

揚曼測試

有「俏皮話之王」之稱的喜劇演員亨尼・揚曼（Henny Youngman）常說：「有人問我，『你太太怎麼樣？』我說：『跟什麼比？』」這一章介紹的例子，是行銷人員、政治人物，甚至科學家欺騙人的主要招數之一。他們無論是有心還是無意，都誇大了產品、服務、療法、政策，或是介入的效力或影響力。我們若是將結果單獨拿出來看，沒有與其他東西比較，就很容易上當。想知道產品或療法的效果是否不可能像宣傳說的那樣好，就要記得揚曼說的笑話，想想**「跟什麼比？」**。

要將別人宣稱有效的東西，與同一領域其他東西的效力做比較。要了解催票效果，就要將民調用字遣詞的細微變化所造成的影響，與電訪催票、挨家挨戶催票這些較為密集的催票行為互相比較。聽見別人宣稱的短期介入的效果，就該研究較為長期的介入的已知效果，或是研究已知具有實質影響力的顯著因子，看看影響力有多巨大。舉個例子，我們應該將催票介入的效應，與歐巴馬競選總統期間的黑人選民投票率（二〇〇八與二〇一二年的平均投票率為六一・四％），以及他並未參選時的黑人選民投票率（二〇〇四與二〇一六年為五六・一％）的差距做比較。差距僅有五・三％。一長串的行為決策研究顯示，人們若一次能看見不只一個選項，評估選項就會更正確。[30]

我們也可以想想，別人的主張若是真實的，世界又會有何不同。如果政治人物只要呼籲大家把自己當成投票者，就能大幅拉高投票率，那難道不該在幾十年前就想到這招嗎？如果只要將一種行為稱為「正在開槍」，而非「開了槍」，就能提高定罪率，那檢察官豈不是每次都來這套就行了？如果人的行為會因為短暫接觸到的實體感覺與言詞而大受影響，那麼那些試圖以影響他人為生的人不是早該完全控制眾人的行為了嗎？

俠盜獵車手會成為殺人犯嗎？

新形態媒體與科技所引發的道德恐慌，至少可追溯到古希臘時代。從書面文字、印刷書、搖滾樂歌詞，再到網際網路的發明，有些人會認為社會變遷反映出標準不斷下滑，也會歸咎於「現在的年輕人」在玩、在看，或是使用的一切。一九五〇年代父母受到的告誡，是別讓十幾歲的子女看貓王艾維斯．普里斯萊，因為他的舞蹈助長淫亂的風氣。到了二〇〇〇年代，有人說 Google 與 PowerPoint 會讓人「變笨」。智慧型手機與社群媒體在某些人眼中，是當今社會疏離、憂鬱、自殺風氣的罪魁禍首。[31]

要衡量科技使用與媒體消費變化的**實際**影響，極為困難。社會科學家若想做試驗，驗證「玩暴力遊戲會引發實際的暴力行為」的常見觀念，他們的倫理委員會可能不會允許他們測量研究對象攻擊研究助理的頻率。所以這個領域的研究人員，是運用簡化的實驗室作業，研究他們認定的具有攻擊性的行為。舉個例子，他們會探討研究對象是否會將音量較大、為時較久的難聽噪音傳送給遊戲中的對手。研究人員這樣做，就等於假設會助長「實驗室攻擊行為」的因素，也會助長真實世界的攻擊行為。[32]

前面已討論過，必須了解衡量事物的標準，才不會被過於精確的言論欺騙。要判斷效力，也必須理解衡量的標準。舉個例子，我們可以檢驗他人宣稱的效應，是否比衡量工具能測出的最大效應還要大。

喬・希爾嘉（Joe Hilgard）以此邏輯，檢視二〇一三年一項探討電玩遊戲對攻擊行為的影響的知名研究。這項研究的對象隨機分配成兩組，一組玩暴力遊戲，另一組玩非暴力遊戲，連續三天的遊戲時間共計一小時。研究對象接下來必須寫下故事的後續情節，還可以選擇以難聽的噪音轟炸遊戲對手。結果發現暴力遊戲的玩家撰寫更具侵略性的內容，也以更多噪音轟炸遊戲對手，次數遠多於另一組。希爾嘉認為這樣的研究結果不合理。他說：「如果三天總共玩一小時的暴力遊戲，就能讓思想與行為變得如此具有攻擊性，那我們的朋友、學生若是買了新款暴力電玩，我們就一定會注意到。」警方會有所戒備，每個人也會知道，新款遊戲推出之後，最好一連幾天都避開遊戲玩家。[33]

希爾嘉想知道，電玩遊戲對於完成故事與噪音轟炸行為的真正影響，究竟能大到什麼程度，於是他自行研究。他將研究對象隨機分配，一組觀看暴力遊戲，另一組觀看非暴力遊戲。有些研究對象看的是「暴雨殺機」（Heavy Rain）裡淡定畫著建築草圖的伊森，有些則看到「俠盜獵車手V」（Grand Theft Auto V）裡麥可在脫衣舞俱樂部殺害了二十人。接下來他們必須撰寫遊戲主角的後續行動，完成故事。而這些研究對象所寫的超暴力麥可故事，攻擊性**低於**原始研究對象所寫的故事。而他們要寫的是關於「正常人」的故事。也就是說，在原始研究當中，暴力電玩的影響力，比依照這個標準（亦即描寫殺人如麻的人的後續情節）所能衡量出的最大影響力還要大。

因此我們不該信以為真。[34]

我們相信，科學確實能發現大大造福人類的療法、介入，以及工具。科學在過去就曾多次做到，但諸如活字印刷、核能、網際網路之類的突破，是一個世代才會發生一次的大事。因此，我們將這一章的重點放在結果可疑的科學研究，尤其是某些研究所宣稱的強大到不合理的效應。這類研究所衍生出的介入、政策與做法，累計虛耗了數百億，甚至數千億美元的直接成本與機會成本。任何產品或過程，若是宣稱具有異常廣泛、獨特，或是與價格不成比例的作用，我們的詐騙偵測器就該開始作響。連諾貝爾獎得主都會相信科學根據太薄弱的效力，我們也有可能上當。[35]

結論 人生難免有當傻瓜的時候

朋友拿餅乾給你吃，你大概不會去查驗是否有毒。我們研究為何被騙，第一站就是檢視人容易相信別人說的是實話，而非謊話的傾向。研究發現，這種真相偏誤是合理的，也是必要的。人要是事事皆懷疑，也許永遠不會被騙，但絕大多數的日常互動都是直截了當的，所以事事懷疑只會適得其反。

人人都有可能被騙，而且被騙的方式大概超乎想像，被騙的次數也超出自己願意承認的次數。前八章討論了哪些重要的認知模式讓人容易被騙，亦即騙子會利用我們的哪些思考習慣，又會運用哪些陷阱讓人相信不該相信的東西。

我們的預設傾向，是先接受，後查證，說不定根本不會查證。這種傾向是被騙的先決條件。但只要懂得在正確的時機思考一些問題，就能降低被騙的風險。不過每個人質疑的積極程度不一樣：有些人比較疑心，有些人比較相信別人。不是每個投資人都會上馬多夫、Theranos，或是BitConnect的當，也不是每個藝術品收藏者都會買諾德勒畫廊的假畫，更不是每個人接到自稱是公司執行長的電話，都會匯款。

在分析詐騙的尾聲，我們要思考三個重要的問題：哪一種人最有可能受騙上當？如何知道自己被騙子鎖定？該做多少準備，才能避免被騙？

那只是胡扯

我們若希望社會互動能順利，不僅需要真相偏誤，還需要一個更為概括的假設，亦即別人跟我們溝通的內容無論真假，都是實質的內容。這種想法根深柢固，所以我們有時會被頂多只能算是胡扯的說法欺騙。依據哲學家哈里・法蘭克福（Harry Frankfurt）的定義，「胡扯」是看似可信，相當誘人，卻沒有實質意義的內容。想想厄尼斯特・馬利的那句詩：「情緒並不是老練的工作者」，就知道了。胡扯與事實無關，也與欺騙無關。正如法蘭克福所言：「無論是事實，還是他所認為的事實，胡扯的人可能沒有欺騙我們，甚至也不是存心要欺騙我們。他想騙我們相信的，是他的進取精神……至於他所說的內容真實與否，並不是他最在意的事情。」法蘭克福認為，之所以會有「胡扯大師」，是因為胡扯一旦擺脫了必須符合現實的束縛，就會更生動、更有趣。[1]

有一種特別吸引人的胡扯，是心理學家戈登・彭尼庫克與同僚所謂的「假作深奧的胡扯」。這種胡扯的特徵，就是長篇大論的花言巧語，內容空泛到能讓人聯想到大致與科學、心靈、知識有關的東西，但並不符合真實的科學或邏輯命題。

彭尼庫克想知道，有些人是否比其他人更容易相信假作深奧的胡扯。他們在二〇一五年的一項研究中，設計了一個「胡扯接受度量表」，方法是用一個網站，將新時代作家迪帕克．喬普拉（Deepak Chopra）發出的推文，重組成符合文法，但在其他方面全都是隨機組合的句子。這些假喬普拉主義的句子，例如「隱藏的意義流露出無與倫比的抽象之美」，以及「完整能平息無限的現象」，聽起來與喬普拉原本的推文極為類似，研究對象很難區別兩者。[2]

彭尼庫克的研究證實，自稱在做決策時會相信自己的直覺判斷的人，以及在認知推理任務表現較差的人，比較有可能認為假喬普拉主義句子很深奧。換句話說，他們對於胡扯的接受度較高。研究對象雖然認為正版喬普拉推文比隨機產生的推文更深奧一些，但具有上述特質的研究對象，卻認為無論是正版，還是假喬普拉推文，都很深奧。換句話說，愈依賴直覺，愈不擅長分析思考的人，愈能接受荒謬到既非為真，亦非為假的言論。我們經常看見成功人士自認為可以憑藉直覺看人，也能僅憑直覺迅速做出有把握的決策。這種人比較好騙。

這就說到了胡扯的問題核心，也就是胡扯與真正的事實並無關係，所以我們很難衡量胡扯。正如有些言論含糊到「甚至不是錯的」，胡扯也連假話都不是。如果你思考本書一開頭建議的，衡量真相偏誤的問題，也就是「真的是這樣嗎？」而且你也不知道哪些具體證據能讓你判斷真實與否，那你遇到的可能就是胡扯。若是遇到這種情況，就要想想**「這會不會是假的？」**，要盡量把抽象的陳腔濫調與複雜的文字，替換成簡單具體的文字。將含糊不清的言論，變成很容易理解。舉個例子，要檢驗「完整能平息無限的現象」這句話，就要想像一個無限的現象……也許是圓周率之類的無理數，數字會不斷連綿下去，而且不會重複。接著再想想「完整」能否套用在這個無限的現象。如果可以，那說圓周率是一種可以平息的雜訊，可有具體意義？如果不能輕易想出一種真實且具體的解讀，那這句話大概就是胡扯。如果你尋求的是有深度的思想，那該參考的是傑克・韓迪（Jack Handey）的作品。

專長與詐騙的對決

專家察覺胡扯的工夫了得，至少很擅長察覺自己專精領域的胡扯。專長是最佳防線，能預防想都不想就接受他人說法的毛病。魯伯特・莫瑞（Rupert Murray）二〇〇五年的紀錄片「身分不詳的白人男性」（*Unknown White Male*），就是一個鮮明的例子。二〇〇三年七月三日，學習攝影的學生道格・布魯斯（Doug Bruce）發現自己在紐約市的地鐵車廂，朝著康尼島前進。他的頭上有個腫塊，頭陣陣抽痛，但他完全不記得自己怎麼會在這裡。前一天晚上到現在的事情，他一概不記得。

道格接著發現，他不知自己身在何處，連自己是誰都不知道。他翻著背包，想找出能證明自己身分的東西，結果什麼也找不到，只好前往警察局求助。警方將他送往醫院，他被診斷出罹患回溯性失憶症（retrograde amnesia），就是不記得自己的過去。最後，他撥打身上一張紙片上的電話號碼，一名他幾個星期前認識的女子抵達醫院，將他接回他在曼哈頓的公寓。

莫瑞的影片記錄了道格努力找回記憶的經過。道格要找回的不只是對於身分與過往的記憶，還有對於雪、海浪這些簡單感官體驗的記憶。他探望在西班牙的家人，在倫敦的幾位朋友，還有以前在巴黎的家。他的失憶症的成因沒有定論，也沒人知道該如何治療他的症狀。於是他重返學校學攝影，與一位時尚模特墜入愛河，看待人生以及人生所有（全新）的神奇之處，也較不悲觀，較為天真。

「身分不詳的白人男性」的風格很吸引人，無論是攝影角度、聲音設計、時間移位，還是視覺效果，都能讓觀眾感受到道格的錯位感與混亂感。我們在心理學課堂上播放這部影片，大多數學生都相信道格是真的失憶。而出現在影片中，道格在失憶前、失憶後認識的每個人，也相信他是真的失憶。會這樣想也很合理，因為根據我們進行的研究，大約七五％的社會大眾認為，失憶症患者會忘記自己的身分。[3]

但研究記憶與神經科學的專家，多半不相信道格的故事，因為他們知道，類似這樣的失憶幾乎從未發生過。有些比較罕見的例子，是遺忘過去，或是忘記身分，那很顯然是因為大腦受傷，而且自我知識通常很快就會恢復。技能與事實也很少會被遺忘。汽車駕駛人也許不記得車禍前幾小時或幾天的事情，但人生中的記憶形成得愈早，就愈不可能消失。在真實的失憶症案例，需要更久才能恢復（有時永遠不會恢復）的，是形成**新的記憶**的能力。道格在這方面並沒有問題。甚至可以說這部影片敘事的情緒核心，是道格可以選擇憶起哪些過往，又忘卻哪些過往。

大多數紀錄片導演並不是存心想鼓吹某種理念，不會刻意誤導觀眾。同樣道理，大多數人寫自傳與回憶錄，並不是為了說服史學家、記憶專家，或是記者，而是要迎合自己的粉絲與支持者。儘管如此，紀錄片導演決定播出哪些，略去哪些，哪些要強調，哪些只是順帶一提，甚至還要選擇配樂，所以傳達的是一個他們選擇要傳達的訊息。坦白說，其實道格一直都在裝病，只是莫瑞可能在影片中刻意略去不提相關的蛛絲馬跡。[4]

我們研究的是認知科學，所以並不是「身分不詳的白人男性」的目標觀眾。在我們看來，這部影片並不是闡述失憶如何發生的個案研究，而是凸顯出很多人對於記憶的運作方式的種種誤解。任何主題的專家，能辨識、解讀的模式，都會比初學者多，所以也比較知道何時該懷疑。專家了解得比較多，所以能識破不懂裝懂的騙子。西洋棋大師就是因為懂得比較多，才能看出參與世界公開賽的約翰．馮紐曼，棋術並不高明。

但專家並不會對詐騙免疫。專家的專業有一部分，是對於事物的正確運作方式的強烈預期，而詐騙高手只要刻意滿足這些預期，就有機會騙倒專家。「約翰．德魯」為約翰．邁亞特的仿畫製作假的出處文件，放在專家認為該出現的地方。德里克．斯塔佩爾製造出他的研究領域的專家認為正確的研究結果，用這種方式讓他的許多造假論文通過科學的同儕評審。崔弗頓．德魯

（Trafton Drew）等人並不是存心要騙人，卻也證明了放射科醫師很擅長使用電腦斷層掃描找出腫瘤（他們預期會看見的東西），卻常常沒看見研究人員故意惡作劇，在電腦斷層掃描影像放入的與腫瘤一樣大的大猩猩。[5]

專家若是離自己專精的領域太遠，自己又沒有注意到，那騙局只要符合他們的預期，他們就很有可能上當。但熟悉該領域的真正專家，能識破這種騙局，不會上當。有些科技業的領導者，多次宣稱人工智慧即將到來。人工智慧是一種實體，進行多種智慧行為的能力，至少與人類一樣強。這些科技業的領導者，確實具有開發精密計算模型的專業能力，卻不見得有能力斷定模型展現的是否為智慧行為。

這些人之所以預測人工智慧即將到來，似乎是因為看見 ChatGPT、DALL-E 這些新的機器學習模型的精采表現。這些新的機器學習模型能生成近似真人的語言，還能製造出漂亮的圖片。但這些系統通常需要合宜的提示，才能有最好的表現，而吹捧人工智慧的人，則是輕描淡寫，甚或完全不提人工智慧系統遇到類似提示卻徹底失靈的例子。看似智慧的對話，其實往往只是與機器人閒談。而機器人之所以擁有聰明才智，是因為吸收了巨量文本，並且從自己的資料集，找出統計上最有關聯的內容，做出回應。機器人並沒有說實話的信念，因為機器人的程式碼並未包含說實話的概念。人們對於蓋瑞・馬庫斯（Gary Marcus）所說的「吃了類固醇的自動完成」科技的反應，展露的應該是人們如何從表面的模式，推斷出深層且有意義的原因，而不是模型的智慧。

這些模型展示出的能力極具吸引力，難怪 Google 的一名員工會在二〇二二年登上新聞，因為他說，他相信 Google 的 LaMDA 互動式語言模型，已經變得「有知覺」，應該要有法人身分（也應該要有自己的律師）。我們永遠應該記住，人類的專業就像現在的幾款人工智慧，是有限的，不可能樣樣都精通，而且只能在一個小小的領域具有大大的優勢。[6]

他們是偶然遇到你

詐騙一旦被揭露、被拆穿，大家往往會覺得，只有無知又容易受騙的人才會上當。如果對於胡扯的接受度，會讓我們更容易被騙，而專業卻能保護我們，那騙子要怎麼知道該鎖定哪些人？縝密的騙局會鎖定某個人或某個群體，但在許多情況下，騙子是等著受害者自己現身。

如果你上網的資歷夠久，那你應該收到過「奈及利亞親王」寄來的電子郵件，一開頭是一句很誘人的話，例如「我會與你聯繫，並非出於偶然」，並請你先匯給他一筆小額現金，他才能將大筆財富存入你的銀行帳戶。二〇〇六年，《紐約客》雜誌報導一名五十幾歲，來自美國麻州的心理治療師，接到非洲的某個「約書亞．姆博特上尉」（Captain Joshua Mbote）邀請，請他協助取回五千五百萬美元的財產。這位心理治療師在接下來的一年半，損失了八萬美元，也因為配合騙子存入空頭支票，又協助騙子轉移部分資金，所以後來金融詐欺及其他罪名成立，在美國被判處有期徒刑兩年。這個可憐的傢伙是個聰明的好人，卻因為被詐騙而損失慘重。他絕對不是二○○○年代唯一受害者。荷蘭公司 Ultrascan 表示，奈及利亞親王詐騙案只是預付費用詐騙的其中一種，而預付費用詐騙僅僅在二○○九年，就騙走九十三億美元。[7]

從事預付費用詐騙的騙子，就像精明的政治人物，不會平白浪費一個大好危機。二○二二年三月二十四日，也就是俄羅斯入侵烏克蘭的一個月後，丹尼爾收到一封電子郵件，主旨是很吸引人的「商務洽談」。一位自稱是「巴倫・沙尼先生」（Mr. Bahren Shani）的人以標點符號經常打錯的英文對他說，丹尼爾只要能提出「頗具說服力的商業計畫」，他就願意代表一群俄國富人，投資最高兩億歐元。丹尼爾短暫考慮過與對方合夥，出版一本探討如何避免被詐騙的書。但他最後並沒有回應，因為他相信在收到投資款之前，這些有錢人一定會要他幫忙支付一些較小的費用，大概是因為他們的海外資金被政府下令凍結，應該說除了那筆兩億歐元的「投資款」之外，其他資金都被凍結。

許多網路釣魚的騙局，都會包裝得很像正當的詢問，而這些「從天而降」的電子郵件，則是向你推銷一看就會覺得很荒謬的騙局。這樣做看似只會適得其反，所以資訊安全專家科馬克・埃利（Cormac Herley）才會在二○一二年的一篇論文題目問道：「奈及利亞的騙子為何自稱來自奈及利亞？」[8] 埃利說，重點在於明顯。騙子寄垃圾信給全世界，幾乎不需付出任何成本，但後續要引誘受害者上鉤，可就要付出不小成本。「姆博特上尉」背後的那群人，花了六個月時間追逐，獵物才終於願意匯錢給他們。這群騙子從一開始就明言「這是大家熟知的奈及利亞詐騙的又一個荒唐案例」，就能過濾掉懷疑的人，自動選出最好騙的人，展開接下來的一對一互動。諷刺的是，愈多收到電子郵件的人知道自己收到的是垃圾信，對騙子愈有利，因為這代表更多回覆者更有可能上當受騙，匯錢過來。如果你是那種一眼就能看穿這是詐騙電郵的人，姆博特上尉也希望你直接不理就好，不要浪費他寶貴的時間。

篩選大師

心靈感應者、魔術師，以及其他表演者，經常使用類似上述的選擇過程，讓最理想的自願者自行現身。沒有一個在舞台表演的催眠大師，想邀請不會被他們說服的觀眾上台。所以多數催眠大師在催眠秀一開始，會用一種有點明顯的手法過濾觀眾。舉個例子，他們可能邀請每一位觀眾閉上眼睛，雙手伸向前，進行短暫的冥想。然後他們可能會說：「想像一下，一個裝滿氦氣的氣球，綁在你左手的食指，而你的右手拿著一塊磚。」這種有結構的冥想進行了幾分鐘後，最配合的觀眾，左手會伸向天空，右手會伸向地面。這樣的人最有可能被催眠，所以會受邀上台。上台之後，催眠大師還會繼續篩選，直到選出能完全聽命行事的觀眾。

表面上看起來可疑的商業模型，有時候只要搭配精明的篩選策略，就能奏效。你可曾受邀參加提供免費晚餐或是其他誘因的「研討會」，但研討會只是幌子，其實是某位金融經理人的銷售大會，或是房地產投資課程？可曾有人邀請你聽一場推銷分時使用的房地產的演講，只要參加即可免費出遊？會回覆邀約訊息的人，等於是自稱很容易被強迫推銷說服。還有那種自動語音電話，叫你延長你的愛車保固期（延長保固期對於汽車公司來說多半不划算），或是叫你立刻以現金買房（對方為何不將房屋放在市場公開出售，賣給出價最高的人？）也是基於同樣的原理。

邊緣團體可以藉由同樣的篩選過程自我淨化，就能從群體或運動，變為一種邪教。主持基督教廣播節目的牧師哈羅德．康平，預言世界末日會在二〇一一年降臨，他的支持者是因為一開始就被他說服，才相信被提即將發生嗎？他們應該是一群堅定的忠實信徒，康平說了愈來愈多不合常理的話，甚至還預測地獄降臨人間的時間與日期，他們卻依然支持。當老師的覺得有一則《多恩斯伯里》（*Doonesbury*）的漫畫特別好笑，這則漫畫裡的教授發現，無論他說的話有多麼駭人聽聞，學生都會一字不漏照抄，讓他感到十分失望。邪教教主則會認為，這則漫畫提供了成功方程式。[9]

基斯．拉尼埃爾（Keith Raniere）是販售自我提升課程的多層次傳銷組織NXIVM的創辦人。但他惡名昭彰的原因，是吸引女性加入，成為他的奴隸，又在這些女性的身體烙印特殊的標示。他自稱是世上最聰明的人，所以願意追隨他的人，對他本就心懷敬畏。早期加入的東妮．娜塔莉（Toni Natalie）後來寫道：「一個人聰明到能引起《金氏世界紀錄》注意，一定有很高深的智慧能傳授，我是這麼認為的。」即使在外界看來是惡名昭彰，這個團體卻反而因此更有凝聚力。NXIVM的領導者，將負面新聞報導所提出的問題，變成一種利器，藉此汰除意志不堅定的人，只留下最死忠的支持者。[10]

如果你發現自己始終認同政治人物、學者專家，或是自詡為思想領袖的人，那就要想想，他們是不是刻意誘導你走向一個極端或荒謬的結論，而且還在你做出結論之前溜之大吉。

迴避篩選

對抗網路詐騙的措施，多半集中在教育使用者，或以演算法濾除詐騙電子郵件，以減少回覆詐騙者的人數。但難免會有一些攻擊行為突破防線，騙到一些網路菜鳥。埃利從騙子的角度分析奈及利亞騙局，提出一種較為有效的反擊方式：鼓勵更多人回覆詐騙電郵，但不要匯錢給騙子，騙子就只能浪費時間在沒有生產力的互動上，獲利就會減少。諸如此類的「詐騙剋星」已經存在。以奈及利亞的詐欺罪法令命名的「419 Eater」網站提供防詐祕訣與相關協助。也有喜劇演員刻意與詐騙者聊天，藉此蒐集表演素材。詐騙剋星愈多，騙子與人互動的平均報酬率愈低，繼續詐騙的誘因也就愈少。[11]

遇到高風險的狀況，應該記住騙子的觀點、目標與我們不同。人通常會聚焦在看見的資訊，而非沒看見的，但騙子卻掌握了**所有**資訊。所以無論命題有多吸引人，都應該停下來思考三個問題，就能避免因為被選中而受騙。

首先要問，**「為何是我？」**想一想你是否真的是對方唯一想說服的對象，還是你只是受到對方引誘而自願現身的許多人之一。

第二，要思考**「我在做什麼？」**以衡量你的行動與判斷是否反映**你的**目標，而不是你的對話者的目標。他們要你做的事，是不是你現在該做的事？

第三，要想想**「我是怎麼到這裡的？」**藉此思考以你現在的處境或環境，是否更容易被騙。騙子若能輕易接觸到許多像你這樣的人，或是你所處的環境若是充斥潛在的騙子，那你就應該提高警覺。

舉個例子，想像你在郵輪上，你發現船上有家「稀有藝術精品」商店。你看了看櫥窗，發現這家商店販賣的是畢卡索、達利這些名家作品的限量版「藝術微噴（giclée）畫作」。你家牆上要是也能掛上這樣的大師名作，豈不是太美妙了！但在購買之前，要記住你登上大船，並不是為了投資藝術品。藝術精品通常是在拍賣會，或是在高端藝廊售出，不會在郵輪上的商店販賣。你現在知道，騙子只要從成千上萬看見大帳篷的人當中，選出少數幾位受害者，就能騙到錢。如果你覺得一項交易不太對勁，或是你能想到覺得可疑的具體理由，那就大可離去，不必擔心錯過了大好機會。[12]

若有一則頗吸引人的新加密貨幣交易平台的廣告，降臨在你的電子郵件信箱或是社群媒體，那就要想想這則廣告是針對你一人，還是其他很多人也收到。接下來要想想，你依據廣告的指示去做，會有什麼結果。以你的年齡與財務狀況，投資如此高風險的資產類別是否恰當？最後也要想想，應不應該在這個平台進行此類投資。為何要在**這一家**全新的公司投資，而不是選擇另一家存在已久、可能比較值得信任的金融公司？一般的投資人若是思考這一連串簡單的問題，也許就不會在二〇二二年加密貨幣市場暴跌，幾家原本表現亮眼的公司，連同顧客的資產也一一消失之際，損失數十億美元。

如果你遇到一個臉書小測驗，告訴你你的色情明星的名字，是你第一隻寵物的名字，以及你從小到大居住的街名的組合，你就該思考，為何會有人慫恿你將這些資訊放在公開的網頁上。創造這個網站的人，是想帶給大家一點樂趣，還是有不可告人的動機？你輸入這些名字，還會造成什麼樣的後果？也許有個組織想透過許多類似的小測驗，蒐集許多人的資料，而你輸入資料，這群人就得逞。在這個例子，你提供的答案，是兩種最常見的「忘記密碼」提示問題的答案。

想避免被騙的另一個步驟，是進行「錯誤檢查」。西洋棋玩家通常會評估能走的許多棋步，以及對手會走的棋步，深深思考戰略與戰術，卻還是犯下最明顯的錯誤。許多教練建議，在思考過後，可以用一點時間仔細觀看整個棋盤，再想想「我是否犯下了簡單的錯誤？」就能避開某些錯誤。你在做出重大決定之前，都可以思考同樣的問題。

決策科學家蓋瑞・克萊因（Gary Klein）提到一個他稱之為「事前檢討」的類似程序。在展開一項計畫，同意一項交易，或是做出重大投資之前，都要問自己：「這件事要是徹底失敗，那最有可能的原因會是什麼？」想像一下，交易若是失敗，你可能會發現哪些詐騙的跡象，而且要在進行交易之前，就留心這些跡象。[13]

我們若是沉浸在當下的一刻，或是缺乏局外人的客觀性，那要自己進行錯誤檢查，或是事前檢討就不容易。所以不妨請別人幫忙進行獨立檢查。正如「紅隊」能抓出我們尚未犯下的嚴重錯誤，公正無私的一方，也能提出自己沒有認真思考過，甚至想都沒想過的顧慮與疑問。二〇一六年，有人冒充法國國防部長尚－伊夫・勒德里安（Jean-Yves Le Drian），聯繫法國一家酒品公司的老闆。此人要求老闆捐助三十萬歐元，救援受困於海外的人質。老闆正要照做，這時一位朋友走了進來，聽了幾句他們的 Skype 對話，就說：「這是詐騙。」老闆聽見局外人的話，重新思考，才免於加入數十位被「假勒德里安」騙走大約九千萬美元的富人的行列。[14]

當然，你必須願意適時依據他人的建議，調整自己的觀點，否則請朋友幫忙也無用。創辦 L Brands 時尚公司的億萬富豪萊斯李・威斯納（Leslie Wexner），在二〇一九年坦言，詐騙犯與性罪犯傑佛瑞・艾普斯汀（Jeffrey Epstein）「侵占」他四千六百萬美元的資金（有些人認為這個數字是實際金額的九牛一毛）。威斯納讓艾普斯汀全面掌管他的財務之前，他自己公司的副董提醒他，艾普斯汀是個騙子，威斯納卻選擇相信自己的直覺，不聽較為客觀的建言。[15]

接受優於檢查的時候

克里斯上一次在 Target 門市購物，買了一對八美元的拋棄式電動牙刷，店家說只要付費就能延長保固。他聽見就笑了，收銀員也笑了。現在大多數的人都知道，花錢延長小型家電的保固是不划算的。我們也應該以同樣的思路防範詐騙。防範詐騙的成本，與你被詐騙所承受的痛苦相比，是否不成比例？

很多大公司在編列預算時，會列入小型訴訟和解的預估成本。他們認為這是做生意很無奈卻也必要的一面。選擇和解而不是對抗，等於接受自己被騙，這在道德上很難接受，但在財務上卻是明智的。同樣的道理，商店想防範顧客順手牽羊，就必須將所有商品上鎖，但這樣做會疏遠很多顧客。在這兩個例子，防範額外詐騙的邊際成本，都高出效益。

你也應該想想，不去為小事煩心，而是坦然接受自己偶爾會被騙，對你的財務還有心靈平靜是否更有益。商店收銀機是否可能沒幫你以折扣價計算？當然有可能。你該不該花費時間與精力，每次購物都細細核對收據上的每一行字，確認每項價格完全正確？也許這樣做不值得。

許多組織無法在檢查的成本與效益之間取得平衡。他們沒有計算，也就無從判斷付出防範詐騙的成本是否值得。他們為了防範詐騙去制定政策、確保合規，所花費的成本，甚至可能比被詐騙所損失的金錢更多。那些為了防範或減少不當行為而制定新規則的人，是營造了有做事的形象，但他們承擔的，其實是遵守這些政策所需付出的成本與精力的一小部分。

伊利諾州州長羅德．布拉戈耶維奇（Rod Blagojevich）簽署《伊利諾州官員暨雇員倫理法》（Illinois State Officials and Employees Ethics Act）很久以後，他因為利用歐巴馬當選總統後，他可任命一位新任美國參議員的權力為己牟利，而被法院宣判有罪。依據這項法令，伊利諾州大約十七萬五千名州政府員工與雇員，每年必須抽出一個工時的時間，完成線上倫理課程，課程內容包含聘雇與採購規則、受政府任用之後即不得遊說政府的限制，以及工時打卡作弊。倫理課程聽起來很合理，每年提醒他們一次如何做個正直的公務人員，這樣的好事誰會反對？但僅僅是每年損失一小時的生產力，州政府總計就會損失數百萬美元，這還不包括研發、發行課程，提醒大家完成課程，處罰未完成的人員等等的成本。[16]

要判斷強制的倫理課程是否符合成本效益，我們需要知道幾項資訊。第一，強制的教育訓練是否真能防範無意的不當行為？如果能，那不當行為所造成的損失又有多高？第二，教育訓練是否能讓蓄意的不當行為消失？舉個例子，那種想要販賣參議院席次收受賄賂的人，完成一個小時的課程，知道廠商的禮物哪些能收受，哪些又不能收受之後，是否就比較不會收賄？第三，伊利諾州州政府所有員工都完成了倫理訓練課程，對於州政府而言，是否有財務上或是其他方面的好處？最後，把經費投資在查帳、調查之類的事情上，是否比一年一度的訓練，更能防範舞弊？就我們所知，就算這些問題有人問過，答案也從未公開。但若沒有探究這些問題，又如何知道舉辦強制的倫理課程是否值得？[17]

有時候有些機構實施防範或查緝詐騙的措施，卻等於在不知不覺中指導騙子該如何鑽漏洞。二〇二二年三月，耶魯紐哈芬醫院（Yale New Haven Hospital）急診醫學部前主任珍咪・佩卓（Jamie Petrone）認罪，承認在八年間侵占超過四千萬美元。在耶魯大學醫學院擁有權限的員工，要辦理一萬美元以下的採購是相對容易的。但採購金額若是超過一萬美元，就必須額外批准。佩卓採購了電腦、iPad，以及其他設備，宣稱要給醫學院學生使用。她還刻意將每筆採購金額控制在一萬美元以下。她再將採購來的設備，運往位於紐約的一家公司，這家公司將轉賣設備的所得，匯入她自己的公司。耶魯大學是以一萬美元的門檻控制損失，但像佩卓這樣的人，反而利用門檻偷渡成千上萬筆不受監督的虛假採購。是一位吹哨者告訴耶魯大學的人員，說佩卓將她採購的電腦設備裝進自己的車子裡，校方才開始調查佩卓過往的採購。[18]

美國的銀行必須向聯邦政府申報客戶一萬美元以上的現金存款，也是基於同樣原因。銀行與耶魯大學的醫院不同，有自動化的系統，能察覺客戶將超過一萬美元以上的存款，分拆成幾筆較為小額的存款。以這種方式「分拆」存款是違法的，因為分拆存款唯一合理的理由，是每一筆存款的金額會落在門檻以下，就能掩蓋洗錢之類的非法活動。[19]

大多數的機構缺乏資源，無法實施銀行所使用的防詐制度。耶魯大學當然希望沒被自家員工侵占四千萬美元，但校方是否真能防範這樣的事情再度發生？校方可以將需要額外批准的門檻，降到比方說一千美元，像佩卓這樣的人，就比較難在如此短的時間內侵占這麼多錢。但這樣做必定會為校方還有全校員工增添更多文書作業，而且絕大多數員工並不會犯下重大的採購詐欺。正如伊利諾州的強制倫理訓練，防詐措施對於員工的作業效率以及整體士氣，都可能有負面的短期與長期影響。這就好比在中學，一個蠢蛋不守規矩，全班都得受罰，只是換成成人版。

只要設置了門檻，總有人會想規避。我們先前討論過，班佛定律能抓出輕微的逃稅。人們會為了能少繳一點稅，而比較願意申報略低於五十美元的所得，比較不願意申報略微超出五十美元的所得。同樣的道理，美國疾病管制與預防中心絕對知道，以十五分鐘做為新冠感染者接觸追蹤的門檻，難免會遺漏一些可能已感染的人。但總要設下一個標準，才好追蹤接觸者，而且無論是什麼樣的標準，都會有人反對。舉個例子，美國蒙大拿州比靈斯（Billings）的學校，每十五分鐘就會讓學生更換座位，如此一來就能避開美國疾病管制與預防中心的追蹤，但也有可能增加教室內的疫情擴散風險。[20]

設下防範詐騙的新規則，可能導致監管不斷升高。包括藍斯．阿姆斯壯（Lance Armstrong）在內的職業自行車手多年來使用禁藥，卻在環法自由車賽以及其他比賽逃過藥檢，因為他們知道如何才能不被當時的藥檢檢出。後來新的藥檢能檢出更多藥品，想作弊的自行車手又改用其他禁藥。他們只要知道藥檢時間，就能調整服藥的時間，讓禁藥仍能發揮作用，但不會在藥檢時被檢出。他們也開始調整服用禁藥的方法，增加包括睪固酮在內的人體自然生成的物質，那藥檢就必須回答「數值與預期基準相比是否過高」這種較難回答的問題。隨著藥檢與規避藥檢之間的軍備競賽持續進行，以新的藥檢方式檢驗舊的樣本，有時還能抓出多年前服用禁藥的選手。但過去一直都有，以後也一直還會有新的規避規範的方式。只要作弊成功就能獲利，那新的規則與新的規避方式，難免就會不斷出現。但騙局不斷演化，並不代表你就得受騙。[21]

誰都難免有被騙的時候

我們在這本書討論過，信任就像一種信念，是一種揮之不去且相當持久的假設，認為某個人或某個團體一定會說實話，或是為我們著想。信任是一種能藉由熟悉或是其他社會向量而擴大或加速的假設。

產業、社會，以及群體的平均信任度有所不同。有時候就是太高了。我們所研究的心理學就有信任度太高的問題，直到大約十年前才有所改變。信任度太高的結果，就是出現太多錯誤、無法複製、沒有根據，甚至是虛構的主張。信任度也會有太低的問題，一個完全使用現金交易，人們借不到錢的社會，就有這種問題。信任度太低，詐騙案件就會大減，但貿易、成長、進步也會太少。我們必須達到平衡，要盡量減少騙子最有利可圖的詐騙機會，也要避免值得信任的人受到太多阻礙。

撰寫本書期間，我們研究了各行各業的詐騙與騙子。看了書，看了文章，看了紀錄片，聽了Podcast，進行了訪問，也分析了資料。現在的我們，比以前更容易察覺騙局。

但我們也發現，沉浸在詐騙的世界，至少一時之間對於人類的行為與經驗，會有一些偏見。我們會依據最常經歷，或是最常聽見的事物，衍生出對於基本機率（base rate），亦即哪些事物很常見，哪些事物很罕見的預期。舉個例子，每年夏季都會聽見許多鯊魚攻擊事件，不過這並不代表這類事件很常見。如今你快要看完這本書，大概滿腦子想的都是唯恐被騙。但幸好日常生活中並不會經常遇見經營龐氏騙局的騙子，或是偽造藝術品的人。我們難免會有被騙的時候，但長期布局的騙局，以及規模極大的騙局都很罕見。我們遇見的大多數都是誠實正直的人。即使真的受騙，損失往往也很輕微。

我們詳細探討大規模的詐騙，並不是因為此類詐騙很常見，而是因為這些詐騙背後的認知機制，會讓人在較為普遍的狀況下更容易被騙。我們了解惡名昭彰的騙子如何利用人的習慣，又布置了哪些陷阱，就更能察覺**可能**會遇到的詐騙。

我們希望本書闡述的觀念與故事，能讓你更留心「中級」的詐騙，就是重大到值得刻意避開，又常見到值得你留意的那種詐騙。身為研究人員，我們會遇到的「中級」詐騙，也許是科學研究的合作對象偽造資料。小型企業主會遇到的「中級」詐騙，可能是員工侵吞公司款項。如果你喜歡購買藝術品、運動紀念品、名牌服飾，或是古董，那你應該會在意這些東西的真偽。我們也都有可能被不實廣告、假新聞、政治謊言欺騙。

詐騙若是會造成嚴重後果，那除了更仔細確認之外，也應該要從騙子的角度思考。如果騙子騙倒我們就能發大財，那他們就會無所不用其極想贏得眾人的信任。刻意將仿製的藝術品以數百萬美元賣出的人，因為利潤夠大，所以願意花很多時間、金錢與精神偽造藝術品的出處。但是在郵輪上販賣藝術微噴作品的人，就不需如此大費周章，只要能找到不會確認，就會直接購買的人就好。

我們若能更擅長評估風險，就能採取主動，避免因為被騙，而在個人生活或職場付出慘痛代價。我們購買摩根士丹利、富達，或是先鋒領航這些大型機構的投資商品，大概不需要耗費太多時間與精力，去確認這項產品會不會讓積蓄歸零。但若想投資加密貨幣之類不受管制的新市場，就該仔細確認。除非你是區塊鏈專家，深諳數學與電腦科學，否則投資加密貨幣，代表你可能落入熟悉度的陷阱，認為跟隨眾人就能發財。加密貨幣市場若是（再次）崩跌，你是否會後悔？你是否有任何實質證據，能證明加密貨幣市場不會崩跌？你投資的公司，萬一是個徹頭徹尾的龐氏騙局怎麼辦？龐氏騙局遲早會充斥不受管制的金融業。即使是做一些例行公事，例如聘請一家小型公司，或是財務經理人為我們打理投資，最好也要細細調查他們的背景。即使合作了一陣子之後，也要偶爾調查。這個道理可以套用在生活的每個領域。

這就回到前面討論過的第一個認知習慣：專注。我們依據歷史上幾百個例子，分析詐騙的模式，以及受騙的原因，卻無法了解那些從未曝光的詐騙案例。也許還有其他比我們討論過的還要高深的詐騙，至今仍在運作，或隱藏在難以察覺的角落，在被拆穿之前就溜之大吉。無論是哪個領域，都不可能知道詐騙的真正比例，因為我們永遠無從得知最高明的詐騙。我們並沒有寫出一本防範所有類型詐騙的教戰手冊，因為這樣的一本書本身就是詐騙！

我們無從得知未曝光的詐騙與本書討論過的詐騙之間，是否有重大差異。騙子會不斷推出新的騙術，有些類型的詐騙尚未曝光，或是尚未問世。儘管如此，新騙術的運作原理，應該不脫前面介紹過的這幾種，因為人就是憑藉這幾種認知傾向，才能迅速且有效的遊走於這個世界。騙局若是不使用這幾種方法的其中之一來讓人鬆懈心防，那大概就不會成功。我們希望大家了解騙子現在是如何運用人的這些傾向，未來大家若遇到新形態的詐騙，也懂得批判思考。

本書一開始就引述了一句話：「人人偶爾都會被騙。」詹姆士．馬提斯說得對，人人都有可能被騙，在湊巧的時機遇到湊巧的騙局，任誰都有可能上當。而本書要說明的，是「偶爾」的部分。書中介紹四種大多數時候都能派上用場的思考習慣，以及人自然而然會受其吸引的四種陷阱。書裡也討論騙子會如何利用這些習慣與陷阱。我們也提供防範詐騙的策略。但我們不可能每次都多問幾個問題，每次都挖掘得更深，每次都先不做判斷，也不可能追究每一條線索的源頭。

要在接受與確認之間找到適當的平衡並不容易。做個不上當的人，並不代表必須避開**所有的**詐騙，只是要知道詐騙何時可能會發生，避開會讓你損失慘重的騙局。希望你在往後的人生，都能牢記本書介紹的觀念，也希望這些觀念能助你免於遭受詐騙而損失慘重。但也請你不要就此認定，人生處處是險惡的詐騙，全無樂趣可言。這樣的結論未免過於不智。

致謝

大約十年前，我們開始思考寫一本以詐騙為主題的書，後來就不斷蒐集構想與案例。其中絕大多數被打入筆記本與檔案櫃。一起被擱置的，還有幾份我們在經紀人 Jim Levine 勸說之下，最終放棄的出版計畫。沒有 Jim 一路上的點撥與指導，本書不可能完成。感謝他阻止我們自己騙自己。同時也感謝 Levine Greenberg Rostan Literary Agency 團隊的其他成員，尤其是負責國際版權銷售的 Michael Nardullo。

我們也要感謝 Basic Books 的編輯 T. J. Kelleher，以及社長 Lara Heimert 出版這本書，也幫助我們找到能實現目標的書稿架構。特別感謝 Tisse Takagi 編輯兩個版本的書稿，也針對書稿的組織與行文，提出最精闢的建議。感謝 Jordan Simons 與 Jeffrey Ohl 撥冗閱讀整部書稿，細細指點。感謝他們幫忙找出，也幫忙修改許多在我們看來清楚易懂，但讀者可能難以理解的段落。感謝 Pat Simons 閱讀這本書將近定稿的書稿，並大力編審，大幅提升最終定稿的可讀性。最後也要感謝 Kathy Richards 發揮火眼金睛般的校對功力，抓出校樣的許多打字錯誤，以及文意表達不清的地方。若你喜歡這本書，請感謝他們用心維護書的品質（若你不喜歡，請責怪我們兩人就好）。

感謝 Sanga Sung、Tamara Gjorgjieva、Michael Bennett，尤其是 Jeffrey Ohl 大力協助這本書的研究工作。也要感謝 Jonathan Segal、Pronoy Sarkar 指點。

在開始寫這本書的很久之前，我們曾於澳洲荷巴特（Hobart）的新舊藝術博物館（Museum of Old and New Art，ＭＯＮＡ）協助策展工作，也為展覽手冊撰寫兩篇文章。感謝新舊藝術博物館的 David Walsh、Pippa Mott、Jane Clark、Beth Hall 等人不吝傳授藝術品詐騙的相關知識，我們才能在書中介紹。

構思本書期間，承蒙各領域的專家大方分享專業知識。幾位專家私下與我們討論疑似詐騙的案例，也有幾位是匿名透露對於知名詐騙案件的看法。我們在書中的分析，參考了不少他們的高見。在此深深感謝每一位的協助。

感謝多位專家在我們寫作書稿期間，提供重要資訊，糾正我們的錯誤觀念，確認書稿的內容正確。若仍有錯誤，那絕對是我們的疏忽，沒有仔細聽專家的指點。我們也要感謝下列諸位（以姓氏首字母排列）：Max Bazerman、Bill Brewer、Joanne Byars、Susan Clancy、Gary Dell、Daniel Edelman、Shane Frederick、Jennifer Golbeck、Joshua Hart、Diana Henriques、Joe Hilgard、David Laibson、Bosse Lindquist、Andrew Metrick、Scott Myers、Kenneth Norman、Peter Pagin、Ron Rensink、Katie Rothstein、Jamie Shovlin、Joe Simmons、David Smerdon、Larry Taylor、Åsa Wikforss、Mike Wilkins、Katherine Wood、Rene Zeelenberg，以及 Rolf Zwaan。感謝 Nick Brown

與 Matt Tompkins 閱讀大段書稿，耐心指教。

我們兩人都感謝各自的家人、朋友、同僚，在這本書漫長的製作期間的支持、鼓勵，以及體諒。丹尼爾要特別感謝 Kathy Richards、Jordan Simons、Ellix Simons、David Simons、Pat Simons，以及 Paul Simons。克里斯要特別感謝 Michelle Meyer、Caleb Meyer-Chabris、Daniel Chabris，以及 Knowledge Resistance Project 的成員。

最後，感謝所有曾欺騙過我們的人，不僅點燃我們對此書主題的興趣，更讓我們有動力完成此書。

注釋

前言

1. 引用自詹姆士・馬提斯接受朱蒂・伍德羅弗（Judy Woodruff）訪問內容，*PBS News-Hour*, September 2, 2019 [https://www.youtube.com/watch?v=5LZlJmb8cmY].
2. 下列兩個探討 Theranos 一案，以及伊莉莎白・荷姆斯刑事訴訟過程的 Podcast，引用了與本書討論內容相關的大量法庭宣誓作證內容：*The Dropout* (ABC News, 2021–2022) [https://abcaudio.com/podcasts/the-dropout/] 以及 *Bad Blood: The Final Chapter* (John Carreyrou, 2021–2022) [https://podcasts.apple.com/us/podcast/bad-blood-the-final-chapter/id1575738174]. 有關 Theranos 一案的經過，見 J. Carreyrou, *Bad Blood: Secrets and Lies in a Silicon Valley Startup* (New York: Knopf, 2018). 中文版《惡血：矽谷獨角獸的醫療騙局！深藏血液裡的祕密、謊言與金錢》，約翰・凱瑞魯著，商業周刊，2018.09。2022 年初，法院經過為期十五週的審理，判決 Theranos 創辦人伊莉莎白・荷姆斯四項與詐欺投資人相關的罪名成立 [https://www.justice.gov/usao-ndca/pr/theranos-founder-elizabeth-holmes-found-guilty-investor-fraud]，她被判處一百三十五個月有期徒刑 [https://www.justice.gov/usao-ndca/pr/elizabeth-holmes-sentenced-more-11-years-defrauding-theranos-investors-hundreds]. 她的前男友，亦即 Theranos 營運長拉梅什・巴爾瓦尼（Ramesh Balwani），亦於 2022 年稍晚被判決十二項罪名成立 [https://www.washingtonpost.com/technology/2022/07/07/theranos-trial-verdict/].
3. P. Pagin, "The Indicativity View," in *The Oxford Handbook of Assertion*, ed. S. Goldberg (New York: Oxford University Press, 2020); D. Sperber, "Epistemic Vigilance," *Mind & Language* 25 (2010): 359–393 [https://doi.org/10.1111/j.1468-0017.2010.01394.x]; T. R. Levine, *Duped: Truth-Default Theory and the Social Science of Lying and Deception* (Tuscaloosa: University of Alabama Press, 2020). 我們的認知系統雖說大致管用，但也有一些瑕

疵，會引發真相偏誤，導致我們「容易受騙」。相關討論見 H. Mercier, *Not Born Yesterday: The Science of Who We Trust and What We Believe* (Princeton, NJ: Princeton University Press, 2020).

4. 吉爾伯特・奇克利與總裁詐騙的相關討論，見拉特立夫（Evan Ratliff）的 Podcast，*Persona: The French Deception* (Wondery, 2022) [https://wondery.com/shows/persona/], 亦見 E. Kinetz, T. Goldenberg, D. Estrin, and R. Satter, "AP Investigation: How Con Man Used China to Launder Millions," AP News, March 28, 2016 [https://apnews.com/article/business-middle-east-israel-europe-africa-7500da6eb1d94e1dbb7e5650d1c20bd6].
5. 近年有下列作者深入探討這些主題：Maria Konnikova、Dan Davies、George Akerlof、Robert Shiller、Eugene Soltes、Edward Balleisen。我們推薦下列書籍：M. Konnikova, *The Confidence Game: Why We Fall for It . . . Every Time* (New York: Viking, 2016) 中文版《騙局：為什麼聰明人容易上當？》，瑪莉亞・柯妮可娃著，商周出版，2022.03；D. Davies, *Lying for Money: How Legendary Frauds Reveal the Workings of the World* (New York: Scribner, 2021) 中文版《商業大騙局》，丹・戴維斯著，行路出版，2020.07；G. A. Akerlof and R. J. Shiller, *Phishing for Phools: The Economics of Manipulation and Deception* (Princeton, NJ: Princeton University Press, 2015) 中文版《釣愚：操縱與欺騙的經濟學》，喬治・艾克羅夫、羅伯・席勒著，天下文化，2016.06；E. Soltes, *Why They Do It: Inside the Mind of the White-Collar Criminal* (New York: PublicAffairs, 2016); 以及 E. J. Balleisen, *Fraud: An American History from Barnum to Madoff* (Princeton, NJ: Princeton University Press, 2018).
6. C. F. Chabris and D. J. Simons, *The Invisible Gorilla and Other Ways Our Intuitions Deceive Us* (New York: Crown, 2010) 中文版《為什麼你沒看見大猩猩？：教你擺脫六大錯覺的操縱》，克里斯・查布利斯，丹尼爾・西蒙斯著，天下文化，2011.04。
7. 不斷增加的詐騙案件："The True Cost of Fraud Study," LexisNexis, 2022 [https://risk.lexisnexis.com/insights-resources/research/us-ca-true-cost-of-fraud-study]; "Investment Scam Complaints on the Rise—Investor Alert," US Securities and Exchange Commission, December 14, 2020 [https://www.investor.gov/introduction-investing/general-resources/news-alerts/alerts-bulletins/investor-alerts/investment-0]. 鼓勵內線交易：S. Kolhatkar, *Black*

Edge: Inside Information, Dirty Money, and the Quest to Bring Down the Most Wanted Man on Wall Street (New York: Random House, 2018) 中文版《黑色優勢：比狼更狡詐！揭開華爾街不為人知的黑錢流動、內線交易，以及 FBI 與頂級掠食者的鬥智競賽》，席拉・寇哈特卡著，樂金文化，2020.10。評等造假：例如旅館若是有鄰近的競爭對手，那這些競爭對手通常會有異常大量的假負面評論，見 D. Mayzlin, Y. Dover, and J. Chevalier, "Promotional Reviews: An Empirical Investigation of Online Review Manipulation," *American Economic Review* 104 (2014): 2421–2455 [https://doi.org/10.1257/aer.104.8.2421]. 協助學生造假的公司：S. Adams, "This $12 Billion Company Is Getting Rich Off Students Cheating Their Way Through Covid," *Forbes*, January 28, 2021 [https://www.forbes.com/sites/susanadams/2021/01/28/this-12-billion-company-is-getting-rich-off-students-cheating-their-way-through-covid]. 一家名為「Cheat Ninja」，又稱「Chicken Drumstick」的可疑公司，以開發包括「決勝時刻」（Call of Duty）、「鬥陣特攻」（Overwatch）在內的人氣線上遊戲的「作弊外掛」，賺進大約七千六百萬美元。見 J. Tidy, "Police Bust 'World's Biggest' Video-Game-Cheat Operation," BBC News, March 30, 2021 [https://www.bbc.com/news/technology-56579449]; L. Franceschi-Bicchierai, "Inside the 'World's Largest' Video Game Cheating Empire," *Vice*, June 1, 2021 [https://www.vice.com/en/article/93ywj3/inside-the-worlds-largest-video-game-cheating-empire].

8. 引用川普 2020 年 7 月 23 日接受 *Barstool Sports* 訪問內容 [https://www.youtube.com/watch?v=Hois8NpBiw0].
9. 有關廣為流傳的原始臉書文章的說明與分析，見 D. Mikkelson, "All 8 Supreme Court Justices Stand in Solidarity Against Trump SCOTUS Pick?," Snopes.com, March 27, 2017 [https://www.snopes.com/fact-check/supreme-court-justices-stand/]. Factcheck.org查核了報導內容：C. Wallace, "Justices Didn't Oppose Gorsuch," FactCheck.org, April 4, 2017 [https://www.factcheck.org/2017/04/justices-didnt-oppose-gorsuch/].
10. 史賓諾沙（Baruch Spinoza）於十七世紀指出，我們除非先相信某項陳述或命題為真，至少暫時相信，否則便完全無法理解。兩百年後，蘇格蘭哲學家班恩（Alexander Bain）寫道：「我們一開始全都相信，無論什麼都相信。」二十世紀心理學家吉爾伯特（Daniel Gilbert）以及哲學家曼德爾鮑姆（Eric Mandelbaum），是這種史賓諾沙的信念「模型」的最大支持者。B. Spinoza, *The Ethics and Selected Letters*, ed. S. Feldman, trans. S. Shirley (1677; repr., Indianapolis, IN: Hackett, 1982); A. Bain, *The Emotions and the Will* (London: Longmans, Green, 1859); D. T. Gilbert, "How Mental Systems Believe," *American Psychologist* 46 (1991): 107–119 [https://doi.org/10.1037/0003-066X.46.2.107]; E. Mandelbaum, "Thinking Is Believing," *Inquiry: An Interdisciplinary Journal of Philosophy* 57 (2014): 55–96 [https://doi.org/10.1080/0020174X.2014.858417]. 在一項研究中，讀者判斷句子內容為真的速度，比判斷句子內容為假，或是不確定真假的速度，快了大約半秒。這項結果符合上述概念：S. Harris, S. A. Sheth, and M. S. Cohen, "Functional Neuroimaging of Belief, Disbelief, and Uncertainty," *Annals of Neurology* 63 (2008): 141–147 [https://doi.org/10.1002/ana.21301].

11. C. N. Street and D. C. Richardson, "Descartes Versus Spinoza: Truth, Uncertainty, and Bias," *Social Cognition* 33 (2015): 227–239 [https://doi.org/10.1521/soco.2015.33.2.2].
12. 這項推特試驗，為 G. Pennycook et al., "Shifting Attention to Accuracy Can Reduce Misinformation Online," *Nature* 592 (2021): 590–595 [https://doi.org/10.1038/s41586-021-03344-2] 所列的第七項試驗。彭尼庫克的團隊於 2017 至 2020 年間，與超過兩萬六千名研究對象合作，總共進行二十項類似的試驗。結果發現整體而言，強調正確性的提示，能減少大約 10% 的假報導轉發量，但真報導的轉發量卻並未增加。見 G. Pennycook and D. G. Rand, "Accuracy Prompts Are a Replicable and Generalizable Approach for Reducing the Spread of Misinformation," *Nature Communications* 13 (2022): 2333 [https://doi.org/10.1038/s41467-022-30073-5].
13. 美國國稅局不會逮捕小額欠稅者，就算會，也不會動用地方警力。大本營在印度的一場大規模客服中心詐騙，就是以類似的電話行騙，最終美國以及其他國家數百人因為詐騙數千萬美元，於 2016 年遭到逮捕與起訴。關於此案的精闢報導，見 "Scam Likely," Podcast *Chameleon* 第四季 (Campside Media, 2022) [https://www.campsidemedia.com/shows/chameleon-scam-likely]; 美國政府起訴六十一人與團體 [https://www.justice.gov/opa/pr/dozens-individuals-indicted-multimillion-dollar-indian-

call-center-scam-targeting-us-victims].

14. 班傑明・威爾科米爾斯基事件：S. Maechler, *The Wilkomirski Affair: A Study in Biographical Truth* (New York: Schocken, 2001); "Fragments of a Fraud," *Guardian*, October 14, 1999 [https://www.theguardian.com/theguardian/1999/oct/15/features11.g24]. 貝爾・吉布森自稱治癒癌症：B. Donnelly and N. Toscano, *The Woman Who Fooled the World: Belle Gibson's Cancer Con, and the Darkness at the Heart of the Wellness Industry* (London: Scribe, 2018).
15. 馬多夫資料來源：美國證券交易委員會督察長寇茲（David Kotz）訪談內容，H. Markopolos, *No One Would Listen: A True Financial Thriller* (New York: Wiley, 2010) 有聲書附錄，中文版《不存在的績效：穩定報酬的真相解密！馬多夫對沖基金騙局最終結案報告》，哈利・馬可波羅著，寰宇，2019.02; Michael Ocrant, Markopolos 引用 , p. 82; 馬多夫言論引述自影片 "Roundtable Discussion with Bernard Madoff," October 20, 2007 [https://www.youtube.com/watch?v=ab1NTIlO-FM]. 關於自信的運作原理，詳見《為什麼你沒看見大猩猩？：教你擺脫六大錯覺的操縱》第三章。
16. 瑞克・辛格於 2019 年 3 月 12 日，承認下列罪名：共謀詐騙、共謀洗錢、共謀詐欺美國政府，以及妨礙司法公正，並同意配合美國司法部調查 [https://www.justice.gov/usao-ma/investigations-college-admissions-and-testing-bribery-scheme].《華爾街日報》報導大學入學醜聞的記者，對此案的詳細介紹請見 M. Korn and J. Levitz, *Unacceptable: Privilege, Deceit, and the Making of the College Admissions Scandal* (New York: Portfolio/Penguin, 2020). 要知道瑞克・辛格是一種合法事業的異數。許多顧問輔導高中生申請進入知名大學，也為他們思考能提高錄取率的策略，但並沒有像辛格那樣保證入學。除非是死亡與納稅這兩種主題，否則你只要聽見別人對你說「保證」二字，就該提高警覺。要多確認一些，而不是少確認一些。
17. 見 *Flawed Science: The Fraudulent Research Practices of Social Psychologist Diederik Stapel*, 調查斯塔佩爾的 Levelt Committee、Noort Committee，以及 Drenth Committee 聯合報告，November 28, 2012 [https://www.rug.nl/about-ug/latest-news/news/archief2012/nieuwsberichten/stapel-eindrapport-eng.pdf].

18. 有些最離譜也最知名的新聞造假案，不只是潤飾事實，而是完全捏造，包括捏造人物、地點、事件，當成真實事件報導。例如葛雷斯（Stephen Glass）在他於《新共和》（*New Republic*）刊出，後來又被撤回的二十七篇文章當中，虛構了很多精采的人物與場景。例如一位十七歲的駭客，在「Jukt Microelectronics」公司，與一群成年人經理同桌談判。只要公司願意給他現金，以及種種額外的好處，他就承諾不入侵這家公司的電腦系統。只要有人質疑葛雷斯在文章所寫的事實與資料來源，他就會捏造注釋等資料，充當證明。他依據過往進行事實查核的經驗，捏造出真正的記者該有的文件。見 B. Bissinger, "Shattered Glass," *Vanity Fair*, September 5, 1998 [https://www.vanityfair.com/magazine/1998/09/bissinger199809]. 根據杜克大學的校報，葛雷斯曾於演講時表示，他歸還了幾家雜誌社先前支付他所寫的虛構文章的稿費。下列文章闡述他坦承錯誤，以及深感懊悔的心路歷程：A. Ramkumar, "Discredited Journalist Stephen Glass Reveals $200,000 Repayments to 4 Magazines," *Chronicle*, March 28, 2016 [https://www.dukechronicle.com/article/2016/03/discredited-journalist-stephen-glass-reveals-200000-repayments-to-4-magazines].
19. 《連線》（*Wired*）委託紐約大學科學新聞教授瑟菲（Charles Seife），針對喬納・雷勒的部落格文章進行獨立調查：C. Seife, "Jonah Lehrer's Journalistic Misdeeds at Wired.com," *Slate*, August 31, 2012 [https://slate.com/technology/2012/08/jonah-lehrer-plagiarism-in-wired-com-an-investigation-into-plagiarism-quotes-and-factual-inaccuracies.html].《連線》編輯台發表聲明，表示雷勒的部落格文章，並不符合《連線》的新聞報導標準：E. Hansen, "Violations of Editorial Standards Found in wired Writer's Blog," *Wired*, August 31, 2012 [https://www.wired.com/2012/08/violations-of-editorial-standards-found-in-wired-writers-blog/]. 雷勒發表演說，也拿到奈特基金會（Knight Foundation）支付的演說費。他在演說中為過往的過失致歉。這段致歉演說可於他的個人網站上找到：Jonah Lehrer, February 2012. 雷勒捏造的泰勒言論：S. Myers, "Another False Quotation Found in Jonah Lehrer's 'Imagine,'" *Poynter*, August 10, 2012 [https://web.archive.org/web/20140722023144/http://www.poynter.org/latest-news/mediawire/184700/another-false-quotation-found-in-jonah-lehrers-imagine-penn-teller/]. 雷勒曲解費斯廷格研究的內容，並發表於他的著

作 *Imagine: How Creativity Works* (Boston: Houghton Mifflin, 2012) 中文版《開啟你立刻就能活用的想像力》，雷勒著，天下文化，2013.03，以及他先前發表的部落格文章：J. Lehrer, "The Psychology of Conspiracy Theories," *Wired*, August 4, 2010 [http://www.wired.com/wiredscience/2010/08/the-psychology-of-conspiracy-theories]. 姆努金（Seth Mnookin）也在部落格發文指出此事：S. Mnookin, "Jonah Lehrer's Missing Compass," *Panic Virus*, August 3, 2012 [https://web.archive.org/web/20120803193135/http://blogs.plos.org/thepanicvirus/2012/08/03/jonah-lehrers-missing-compass/].

20. 喬納・雷勒抄襲、捏造內容的行為曝光之後，與他合作的出版社將他的兩本著作下架。但當時雷勒已是頗有名氣的作家，後來也繼續發表著作，名利雙收。他在抄襲曝光之後發表的著作包括：S. Benartzi and J. Lehrer, *The Smarter Screen: Surprising Ways to Influence and Improve Online Behavior* (New York: Portfolio, 2015) 中文版《螢幕陷阱：行為經濟學家揭開筆電、平板、手機上的消費衝動與商業機會》，索羅摩・班納齊，喬納・雷勒著，時報出版，2016.10; J. Lehrer, *A Book About Love* (New York: Simon & Schuster, 2016); J. Lehrer, *Mystery: A Seduction, a Strategy, a Solution* (New York: Simon & Schuster, 2021). 諷刺的是，雷勒最新著作 *Mystery* 的主要推薦人之一，是英國作家海利（Johann Hari）。海利抄襲、捏造引文的行為，比雷勒更早曝光。他盛讚 *Mystery* 是「嚴謹之作」。我們也遇過抄襲事件，不只是在我們身為教授任教的學校遇到。杜伯里（Rolf Dobelli）2012 年的著作 *The Art of Thinking Clearly*（中文版《思考的藝術：52 個非受迫性思考錯誤》，魯爾夫・杜伯里著，商周出版，2012.09）抄襲我們前一本書的內容，卻沒有注明出處，還賣了兩百五十萬本。如此說來，我們前一本書的銷售量，應該遠超過兩百五十萬本才對 [http://blog.chabris.com/2013/09/similarities-between-rolf-dobellis-book.html]. 杜伯里於 2013 年在個人網站發表聲明，承認抄襲我們的著作，沒有注明出處 [https://www.dobelli.com/book-corrections/].

21. FTX 服務條款：B. Dale and F. Salmon, "FTX's Terms-of-Service Forbid Trading with Customer Funds," *Axios*, November 13, 2022 [https://www.axios.com/2022/11/12/ftx-terms-service-trading-customer-funds]. FTX 垮台的相關事件簡介：A. Osipovich et al., "They Lived Together, Worked Together and Lost Billions Together: Inside Sam Bankman-Fried's

Doomed FTX Empire," *Wall Street Journal*, November 19, 2022 [https://www.wsj.com/articles/sam-bankman-fried-ftx-alameda-bankruptcy-collapse-11668824201].

22. 研究詐騙案例，會發現諷刺的現象俯拾即是。例如知名的安永會計師事務所，就因為公司稽核人員在倫理測驗作弊，而被罰款一億美元：K. Gibson, "Ernst & Young Hit with $100 Million Fine After Auditors Cheat on Ethics Exam," CBS News, June 28, 2022 [https://www.cbsnews.com/news/sec-fines-ernst-young-100-million-auditors-cheat-on-ethics-exam/]. 還有幾位靈媒的 Instagram 帳號資訊被人竊取，歹徒還提供「假」通靈服務，向顧客收費：A. Merlan, "Psychics and Tarot Readers Are Under Siege by Instagram Scammers and Online Fatigue," *Vice*, June 18, 2022 [https://www.vice.com/en/article/n7zb88/psychics-and-tarot-readers-are-under-siege-by-instagram-scammers-and-online-fatigue]. 探討抄襲的書，竟然也抄襲別人的著作：R. A. Posner, *The Little Book of Plagiarism* (New York: Pantheon Books, 2007), 8.

01　專注：想想少了什麼

1. *John Edward Cross Country* 節目從 2006 至 2008 年，於 WE tv 播出三季 [https://www.imdb.com/title/tt0848540/]. 這段對話是克里斯從某一集節目的影片抄錄下來。
2. A. Corneau, "Kim Kardashian Realizes Marriage Is Over via Psychic Medium John Edward," *Us Weekly*, January 23, 2012 [https://www.usmagazine.com/entertainment/news/kim-kardashian-realizes-marriage-is-over-via-psychic-medium-john-edward-2012231/].「南方四賤客」解析約翰．愛德華的那一集，是第六季的第十五集（2002 年），在維基百科有專屬條目 [https://en.wikipedia.org/wiki/The_Biggest_Douche_in_the_Universe].
3. 使用暗樁的通靈者：J. Hitt, "Inside the Secret Sting Operations to Expose Celebrity Psychics," *New York Times Magazine,* February 26, 2019 [https://www.nytimes.com/2019/02/26/magazine/psychics-skeptics-facebook.html].
4. 「紙牌讀心術」由哈利．哈汀發明，第一份正式書面介紹見 T. N. Downs, *The Art of Magic*, ed. J. N. Hilliard (Chicago: Arthur P. Felsman, 1921), 80–85 [https://archive.org/details/cu31924084451008/page/n87/

mode/2up?q=princess+card]. 也有人以「紙牌讀心術」的一種變化，模擬精神病的經驗，例如 T. Ward, P. A. Garety, M. Jackson, and E. Peters, "Clinical and Theoretical Relevance of Responses to Analogues of Psychotic Experiences in People with Psychotic Experiences With and Without a Need-for-Care: An Experimental Study," *Psychological Medicine* 50 (2020): 761–770 [https://doi.org/10.1017/S0033291719000576].

5. A. Abad-Santos, "This Is What Happens When Talk-Show Psychics Talk About Kidnap Cold Cases," *Atlantic*, May 7, 2013 [https://www.theatlantic.com/national/archive/2013/05/sylvia-browne-cleveland-kidnapper/315507/]; "Celebrity Psychic Told Berry's Mom Her Daughter Was Dead," CBS News, May 9, 2013 [https://www.cbsnews.com/news/celebrity-psychic-told-berrys-mom-her-daughter-was-dead/]. 布朗這樣的靈媒之所以會遭遇難堪的失敗，通常是因為他們誤以為預測尚未偵破的懸案，是萬無一失的，因為誰也不可能挑戰他們的預測。克里斯曾在課堂上播放一段影片，是蘇菲亞・布朗「通靈」一位客戶的已故父親，卻沒有一項說對。克里斯隔年再到 YouTube 找這段影片，卻再也找不到。
6. 波士頓動力公司跑酷影片："More Parkour Atlas," September 24, 2019 [https://www.youtube.com/watch?v=_sBBaNYex3E].
7. 關於「改變一個像素」對於處理影像辨識的深層類神經網路的影響，相關研究見 J. Su, D. V. Vargas, and K. Sakurai, "One Pixel Attack for Fooling Deep Neural Networks," *IEEE Transactions on Evolutionary Computation* 23 (2019): 828–841 [doi.org/10.1109/TEVC.2019.2890858].
8. Theranos的零程序示範：T. De Chant, "Theranos Devices Ran 'Null Protocol' to Skip Actual Demo for Investors," *Ars Technica*, October 20, 2021 [https://arstechnica.com/tech-policy/2021/10/theranos-devices-ran-demo-apps-that-blocked-error-messages-during-investor-pitches/]. 福斯汽車排放量醜聞：J. Lanchester, "Fraudpocalypse," *London Review of Books*, August 4, 2022 [https://www.lrb.co.uk/the-paper/v44/n15/john-lanchester/fraudpocalypse].
9. 十幾年來，我們在演說以及課堂上，經常提到這個例子。這張圖不僅在推特成為迷因，也是近來幾本暢銷科學書籍討論的話題，包括艾倫伯格（Jordan Ellenberg）探討統計思考的佳作 *How Not to Be Wrong: The Power of Mathematical Thinking* (New York: Penguin, 2014) 中文版《數學教你不犯錯（上）（下）》，艾倫伯格著，天下文化，上冊 2015.12.

下冊 2016.01。維基百科有一則條目詳細介紹沃德其人，以及經典的飛機示意圖背後的故事："Abraham Wald" [https://en.wikipedia.org/wiki/Abraham_Wald];「黑色星期四」的詳細介紹亦見："Boeing B-17 Flying Fortress," Wikipedia [https://en.wikipedia.org/wiki/Boeing_B-17_Flying_Fortress].

10. 戴夫・魯賓的推特貼文，2021 年 11 月 12 日，[https://twitter.com/RubinReport/status/1459163836905234437].
11. M. Gladwell, *The Tipping Point: How Little Things Can Make a Big Difference* (Boston: Little, Brown, 2000) 中文版《引爆趨勢：小改變如何引發大流行》，麥爾坎・葛拉威爾著，時報出版，2020.04。我們在《為什麼你沒看見大猩猩？：教你擺脫六大錯覺的操縱》詳細討論這個例子，華茲（Duncan Watts）在著作 *Everything Is Obvious*:*Once You Know the Answer* (New York: Crown Business, 2011) 也有所解析。
12. 運氣對於成功的影響，經常為人所低估，相關討論見N. N. Taleb, *Fooled by Randomness: The Hidden Role of Chance in Life and in the Markets*, 2nd ed. (New York: Random House, 2008); M.J. Mauboussin, The Success Equation: Untangling Skill and Luck in Business, Sports, and Investing (Boston: Harvard Business Review Press, 2012) 中文版《成功與運氣：解構商業、運動與投資，預測成功的決策智慧》，麥可・莫布新著，天下雜誌，2017.03; R. H. Frank, *Success and Luck: Good Fortune and the Myth of Meritocracy* (Princeton, NJ: Princeton University Press, 2016).
13. 判斷可能成為獨角獸的企業的研究：G. Lifchits, A. Anderson, D. G. Goldstein, J. M. Hofman, and D. J. Watts, "Success Stories Cause False Beliefs About Success," *Judgment & Decision Making* 16 (2021) [http://journal.sjdm.org/21/210225/jdm210225.pdf] 在這項研究，少數研究對象會額外拿到一美元，但這筆小額的酬勞，重要性低於這項研究所具有的「激勵相容」的特質。激勵相容（incentive compatible）一詞源自經濟學，意思是人們透露真實的想法，就能得到獎勵。在這個例子，雖然獎勵金額不高，但研究對象除了選出他們認為最有可能成功的創辦人之外，並沒有動機去做其他選擇。若是沒有「賭注」與獎勵，更多人可能會隨便回答，或是以其他方式回答。
14. 見 J. Wai, S. M. Anderson, K. Perina, F. C. Worrell, and C. F. Chabris, "The Most Successful and Influential 'Outlier' Americans Come from a

Surprisingly Narrow Range of Elite Educational Backgrounds," submitted to *PLoS ONE*, 2022 圖一。2015 年的「獨角獸企業」名單，見 S. Austin, C. Canipe, and S. Slobin, "The Billion Dollar Startup Club," *Wall Street Journal*, February 18, 2015 [https://www.wsj.com/graphics/billion-dollar-club/].

15. 哲學家威克福斯（Åsa Wikforss）也提出此點，見 "The Dangers of Disinformation," in *The Epistemology of Democracy*, ed. H. Samaržija and Q. Cassam (London: Routledge, 2023).

16. 布朗被定罪：J. Nickell, "Psychic Sylvia Browne Once Failed to Foresee Her Own Criminal Conviction," *Skeptical Inquirer*, November–December 2004 [https://web.archive.org/web/20050727083155/http://www.findarticles.com/p/articles/mi_m2843/is_6_28/ai_n6361823]. 靈媒表現評論：R. Saunders, "The Great Australian Psychic Prediction Project," *Skeptic* 41 (2021): 20–31 [https://www.skeptics.com.au/wp-content/uploads/magazine/The%20Skeptic%20Volume%2041%20(2021)%20No%204%20(Cover).pdf]; R. Palmer, "The Great Australian Psychic Prediction Project: Pondering the Published Predictions of Prominent Psychics," *Skeptical Inquirer*, March–April 2022 [https://skepticalinquirer.org/2022/02/the-great-australian-psychic-prediction-project-pondering-the-published-predictions-of-prominent-psychics/].

17. 市面上許多大眾財經書籍，也是以同樣的邏輯，傳授能挑中會上漲百倍的飆股的選股技巧（「十倍」已經夠吸引人了，「百倍」簡直太美妙了）。例如 C. W. Mayer, *100-Baggers: Stocks That Return 100-to-1 and How to Find Them* (Baltimore, MD: Laissez-Faire Books, 2015) 中文版《尋找百倍股》，克里斯多福・邁爾著，大牌出版，2022.05; T. W. Phelps, *100 to 1 in the Stock Market: A Distinguished Security Analyst Tells How to Make More of Your Investment Opportunities* (New York: McGraw-Hill, 1972) 中文版《百倍獲利，複利投資選股指南》，湯馬斯・菲爾普斯著，堡壘文化，2023.03。

18. 避險基金經理人阿斯尼斯（Clifford Asness）表示，以為「只要找到一檔亞馬遜，就能大賺特賺」的想法還有一個問題：你還必須在上漲期間一路緊抱，要有預知未來的本事，知道不能隨便賣出，還要懂得把十年後注定不會有同樣驚人漲幅的其他股票，全都賣出 [https://

twitter.com/cliffordasness/status/1529635310677655553?s=21&t=XxESK_H6RnNusIgcyn5zQQ].

19. "Great Moments in Intuition: A Timeline," *O: The Oprah Magazine*, August 2011 [https://www.oprah.com/spirit/a-history-of-intuition-intuition-timeline].
20. S. Shane, J. Preston, and A. Goldman, "Why Bomb Suspect's Travels Didn't Set Off More Scrutiny," *New York Times*, September 23, 2016 [https://www.nytimes.com/2016/09/24/nyregion/how-ahmad-khan-rahami-passed-through-a-net-meant-to-thwart-terrorists.html]; 請注意，這篇文章列舉拉哈米往返各地的情形，但並未表示他的行動與恐怖活動有關。
21. 我們在這篇探討吸引力法則，以及吸引力法則的支持者的文章，提出這個「想著某人，某人打電話來」的例子：C. F. Chabris and D. J. Simons, "Fight 'The Power,'" *New York Times*, September 26, 2010 [https://www.nytimes.com/2010/09/26/books/review/Chabris-t.html].
22. M. Lindstrom, "You Love Your iPhone. Literally," *New York Times*, September 30, 2011 [https://www.nytimes.com/2011/10/01/opinion/you-love-your-iphone-literally.html]; 亦見四十五位神經科學家聯名的回應：R. Poldrack, "The iPhone and the Brain," *New York Times*, October 4, 2011 [https://www.nytimes.com/2011/10/05/opinion/the-iphone-and-the-brain.html?_r=1].
23. Nikola 的影片被 YouTube 移除，但仍可在網際網路檔案館（Internet Archive）找到："Nikola Motor Company—Nikola One Electric Semi Truck in Motion" [https://web.archive.org/web/20201004133213/https://www.youtube.com/watch?v=IAToxJ9CGb8]. 亦見 T. B. Lee, "Nikola Admits Prototype Was Rolling Downhill in Promotional Video," *Ars Technica*, September 14, 2020 [https://arstechnica.com/cars/2020/09/nikola-admits-prototype-was-rolling-downhill-in-promotional-video/]. Nikola 提出不具代表性，而且就這個例子而言，虛構的自動駕駛範例，又提及公司內部研發的人工智慧科技，導致觀眾更難察覺到缺失的資訊。2021 年 7 月，Nikola 第一項產品尚未上市之時，崔弗．米爾頓被美國政府以詐欺罪嫌起訴，主因是他在安排公司上市期間，為了拉抬股價，不惜編造 Nikola 的產品與業務相關的謊言。據說他宣稱 Nikola 的電池是自家生產，但其實是向其他公司購買。據說他還將一輛普通的福特卡車放上 Nikola 的商標，宣稱是自家公司從頭打造的車子 [https://www.justice.gov/usao-sdny/pr/former-

nikola-corporation-ceo-trevor-milton-charged-securities-fraud-scheme]. 米爾頓於 2022 年 10 月被判有罪：J. Ewing, "Founder of Electric Truck Maker Is Convicted of Fraud," *New York Times*, October 14, 2022 [https://www.nytimes.com/2022/10/14/business/trevor-milton-nikola-fraud.html]. 美國證券交易委員會也控告 Nikola 公司詐欺投資人，公司同意支付一億兩千五百萬美元，以換取和解 [https://www.sec.gov/news/press-release/2021-267]. Nikola 與詐欺案調查詳細資訊，見 A. Rice, "Last Sane Man on Wall Street," *New York*, January 20, 2022 [https://nymag.com/intelligencer/2022/01/nathan-anderson-hindenburg-research-short-selling.html].

24. 就算你能找到看似合理的解釋，主張公司聘請賴瑞・泰勒，確實與員工留用率提升有關，也沒有證據可以證明，是他的作為提升了員工留用率。企業的績效，並不像用於評估醫療方法的隨機對照試驗。並沒有一組接受「安慰劑諮詢服務」的控制組，可以與泰勒輔導成功的客戶比較。若有公司向你的公司招攬生意，你通常不會指望對方提供這種資訊。但你應該記住，唯有這樣的資訊，才能驗證這些公司的績效。
25. E. Yong, "America Is Zooming Through the Pandemic Panic-Neglect Cycle," *Atlantic*, March 17, 2022 [https://www.theatlantic.com/health/archive/2022/03/congress-covid-spending-bill/627090/].
26. 丹尼爾在他的個人簡歷，開闢了「無進度」欄位，列出基於種種原因，一直被擱置的許多計畫與論文。
27. 貝瑟默風險投資公司的反投資組合，可在他們的網站上找到：[https://www.bvp.com/anti-portfolio]. 深入討論見：E. Newcomer, "The Anti-Portfolio," *Newcomer*, July 27, 2021 [https://www.newcomer.co/p/the-anti-portfolio]. Version One 也有一份反投資組合 [https://versionone.vc/the-version-one-anti-portfolio-the-opportunities-we-missed/]. 我們從未看過一份列出慘賠收場的投資的反投資組合，但慘賠的經驗照理說應該難忘得多。

02　預測：做好感到意外的心理準備

1. "CBS News Admits Bush Documents Can't Be Verified," Associated Press, September 20, 2004 [https://www.nbcnews.com/id/wbna6055248]. CBS 新聞台總裁荷華德（Andrew Heyward）表示：「依據我們現在掌握的資訊，

CBS 新聞台無法證實文件的真實性。按照新聞業的標準，唯有真實的文件，才能用於報導。我們錯在不該使用那些文件。」丹．拉瑟也表示：「我當時要是知道現在才知道的事，就不會那樣播出那則新聞，也絕對不會使用那些文件。」他還說：「我們犯了錯，深感懊悔。」見 "Dan Rather Statement on Memos," CBS News, September 20, 2004 [https://web.archive.org/web/20041230094523/http://www.cbsnews.com/stories/2004/09/20/politics/main644546.shtml]. 亦見 "Killian Documents Controversy," Wikipedia [https://en.wikipedia.org/wiki/Killian_documents_controversy].

2. M. Z. Barabak, "Gov. Bush Denies Illegal Drug Use in Last 25 Years," *Los Angeles Times*, August 20, 1999 [https://www.latimes.com/archives/la-xpm-1999-aug-20-mn-1962-story.html]. 小布希在 1990 年代末表示，他在過去二十幾年並未使用毒品，但某些報導提出反駁。小布希面對吸毒酗酒的質疑，回應的用字遣詞相當謹慎，為自己保留了餘地。他坦承在四十歲之前曾經酗酒。
3. 字型與印刷術專家菲尼（Tom Phinney）[https://www.thomasphinney.com/about/] 表示，備忘錄是以現代文字處理機製作，使用的字型是 Microsoft Times Roman。澳洲雜誌 *Desktop* 亦於 2004 年做出相同結論；見 "Killian Documents Authenticity Issues," Wikipedia [https://en.wikipedia.org/wiki/Killian_documents_authenticity_issues]. 菲尼的分析：T. Phinney, "Bush Guard Memos Used Times Roman, Not Times New Roman," *Typekit*, August 3, 2006 [https://blog.typekit.com/2006/08/03/bush_guard_memo/]. 漢尼提接受福斯新聞訪談內容："Killian: CBS Docs Smear My Father," September 15, 2004 [https://www.foxnews.com/transcript/killian-cbs-docs-smear-my-father].
4. 森堡的報告：D. Thornburgh and L. D. Boccardi, *Report of the Independent Review Panel on the September 8, 2004* 60 Minutes Wednesday *Segment "For the Record" Concerning President Bush's Texas Air National Guard Service*, January 5, 2005 [http://wwwimage.cbsnews.com/htdocs/pdf/complete_report/CBS_Report.pdf]. 調查小組指出報導的許多缺失，並在最終報告表示，CBS「並未取得確切的證明，能證實所謂基利安撰寫的備忘錄確實為真」，沒有詳查提供資料的比爾．伯克特的背景，也沒能證實報導的說法。見 S. Kiehl and D. Zurawik, "CBS Fires 4 Executives, Producers over Bush–National Guard Report," *Baltimore Sun*, January 11, 2005 [https://

www.baltimoresun.com/entertainment/tv/bal-te.to.cbs11jan11-story.html].

5. J. Carreyrou, *Bad Blood: Secrets and Lies in a Silicon Valley Startup*（New York: Knopf, 2018）中文版《惡血：矽谷獨角獸的醫療騙局！深藏血液裡的祕密、謊言與金錢》，約翰・凱瑞魯著，商業周刊，2018.09。凱瑞魯表示，他寫完報導提交之後，希望報社能盡快刊出，但編輯「勸他耐心等待」。編輯表示：「這則報導是重磅級的，我們要先確定萬無一失，才能刊登。」（見該書原文 265–273 頁，關於上述引文，以及凱瑞魯從提交報導，到最終刊出的過程的內容）。
6. H. Arendt, "Lying in Politics: Reflections on the Pentagon Papers," *New York Review of Books*, November 18, 1971 [https://www.nybooks.com/articles/1971/11/18/lying-in-politics-reflections-on-the-pentagon-pape/].
7. 探討「紅隊」由來與實例的書籍：M. Zenko, *Red Team: How to Succeed by Thinking Like the Enemy* (New York: Basic Books, 2015) 中文版《試閱紅隊測試：戰略級團隊與低容錯組織如何靠假想敵修正風險、改善假設？》，米卡・岑科著，大寫出版，2016.12; 以及 B. G. Hoffman, *Red Teaming: How Your Business Can Conquer the Competition by Challenging Everything* (New York: Crown Business, 2017). 追捕賓拉登行動的紅隊介紹，見 P. Bergen, *Manhunt: The Ten-Year Search for Bin Laden from 9/11 to Abbottabad* (New York: Crown, 2012) 191–199.
8. C. Ansberry, N. Subbaraman, and J. R. Brinson, "Why Cloth Masks Might Not Be Enough as Omicron Spreads," *Wall Street Journal*, January 11, 2022 [https://www.wsj.com/articles/cloth-face-mask-omicron-11640984082]. 資訊圖由「美國政府工業衛生學家會議疫情因應工作小組」（ACGIH Pandemic Response Task Force） 製 作 [https://www.acgih.org/pandemic-task-force]. 此組織專門提供職業環境衛生解決方案。制定「預防 SARS-COV-2 病毒傳染面罩效力」指導原則的工作小組，是一群「致力為工業衛生專家、其他衛生與安全專業人員，以及他們的主管，開發資訊圖表與資源的志工。」但這些人似乎並不具備傳染病與流行病學專業。其中一位成員是工業衛生碩士，另一位是工業衛生專家，具有環境科學的學士學位。第三位是一名顧問，也是合格衛生專家。現在已有不計其數的人，看過他們的「受保護小時」資訊圖。
9. 「受保護小時」的計算方法如下。兩人戴著未經貼合度測試的 N95 口罩，這張表假設每個口罩的過濾效率為 90%，因此 10% 的病毒粒子仍會穿透。兩個口罩的 0.1 x 0.1，得出 0.01。不知為何，取 0.01 的倒數，得出 100，再乘以 15/60（每小時十五分鐘）。最終結果為二十五小時。這種計算方式僅僅依據十五分鐘的假設，以及已知的口罩過濾效率。

10. "Scientific Brief: SARS-CoV-2 Transmission," Centers for Disease Control and Prevention, May 7, 2021 [https://www.cdc.gov/coronavirus/2019-ncov/science/science-briefs/sars-cov-2-transmission.html].
11. 關於錯誤科學資訊的深度討論，見 C. T. Bergstrom and J. D. West, *Calling Bullshit: The Art of Skepticism in a Data-Driven World* (New York: Random House, 2020) 中文版《數據的假象：數據識讀是深度偽造時代最重要的思辨素養，聰明決策不被操弄》，卡爾・伯格斯特姆，杰文・威斯特著，天下雜誌，2022.06.
12. 卡韓等人的研究：D. Kahan, E. Peters, E. Dawson, and P. Slovic, "Motivated Numeracy and Enlightened Self-Government," *Behavioural Public Policy* 1 (2017): 54–86 [doi.org/10.1017/bpp.2016.2]. 卡韓與彼得斯以另一個一千六百人的樣本，複製這項研究：D. Kahan and E. Peters, "Rumors of the 'Nonreplication' of the 'Motivated Numeracy Effect' Are Greatly Exaggerated," Yale Law & Economics Research Paper No. 584, August 26, 2017 [http://dx.doi.org/10.2139/ssrn.3026941]. 有關此類「列聯表」（contingency table）的解讀方式，見 W. C. Ward and H. M. Jenkins, "The Display of Information and the Judgment of Contingency," *Canadian Journal of Psychology* 19 (1965): 231–241 [https://doi.org/10.1037/h0082908]; R. E. Nisbett and L. Ross, *Human Inference: Strategies and Shortcomings of Social Judgment* (Englewood Cliffs, NJ: Prentice-Hall, 1980).
13. 「動機性推理」的概念，意思是我們通常必須先有動機，才會運用推理能力。而推理能力最常見的用途，是捍衛既有信念，而不是依據現有的證據，推論出正確的結論。見 Z. Kunda, "The Case for Motivated Reasoning," *Psychological Bulletin* 108 (1990): 480–498 [https://doi.org/10.1037/0033-2909.108.3.480]. 有些學者將動機性推理的概念加以擴大，主張人類推理能力的主要作用，是在爭論中勝出，並說服別人支持自己，因此邏輯推理的認知能力之所以存在，是為了達成社交目的：H. Mercier and D. Sperber, *The Enigma of Reason* (Cambridge, MA: Harvard University Press, 2017).
14. J. H. Anderson, "Let's Shed the Masks and Mandates—Omicron Stats Show

We Can Stop Living in Fear," *New York Post*, January 9, 2022 [https://nypost.com/2022/01/09/omicron-stats-show-we-dont-need-mask-mandates-or-vaccine-requirements/].《紐約郵報》文章的分析依據：J. H. Anderson, "Do Masks Work? A Review of the Evidence," *City Journal*, August 11, 2021 [https://www.city-journal.org/do-masks-work-a-review-of-the-evidence]. 孟加拉口罩防疫的隨機研究：J. Abaluck et al., "Impact of Community Masking on COVID-19: A Cluster-Randomized Trial in Bangladesh," *Science* 375 (2021), eabi9069 [doi.org/10.1126/science.abi9069].

15. A. Gampa, S. P. Wojcik, M. Motyl, B. A. Nosek, and P. H. Ditto, "(Ideo) Logical Reasoning: Ideology Impairs Sound Reasoning," *Social Psychological and Personality Science* 10 (2019): 1075–1083 [https://doi.org/10.1177/1948550619829059]. 這篇論文的另外兩項研究顯示，用字遣詞比較不像邏輯謎題，比較像自然語言的項目，也得到同樣的結果。我們在書中使用的三段論範例，來自發表於「開放科學架構」（Open Science Framework）的第一項研究的材料 [https://osf.io/a496s/].
16. 試算表所引發的亂局說明：J. Cassidy, "The Reinhart and Rogoff Controversy: A Summing Up," *New Yorker*, April 26, 2013 [https://www.newyorker.com/news/john-cassidy/the-reinhart-and-rogoff-controversy-a-summing-up]. 內含錯誤分析的暢銷書，是 C. M. Reinhart and K. S. Rogoff, *This Time Is Different: Eight Centuries of Financial Folly* (Princeton, NJ: Princeton University Press, 2009) 中文版《這次不一樣：800 年金融危機史》，萊茵哈特、羅格夫著，大牌出版，2015.09。有篇論文探討試算表錯誤，也提出萊因哈特與羅格夫的分析可能含有的由預期所引發的偏誤，見 T. Herndon, M. Ash, and R. Pollin, "Does High Public Debt Consistently Stifle Economic Growth? A Critique of Reinhart and Rogoff," *Cambridge Journal of Economics* 38 (2014), 257–279 [https://doi.org/10.1093/cje/bet075]. 萊因哈特與羅格夫於一封信中承認 Excel 試算表有誤，但表示他們的資料分析並無其他問題：M. Gongloff, "Reinhart and Rogoff's Second Response to Critique of Their Research," *Huffington Post*, April 17, 2013 [https://www.huffpost.com/entry/reinhart-rogoff-research-response_b_3099185].
17. B. Mellers, R. Hertwig, and D. Kahneman, "Do Frequency Representations Eliminate Conjunction Effects? An Exercise in Adversarial Collaboration," *Psychological Science* 12 (2001): 269–275 [https://doi.org/10.1111/1467-

9280.00350].

18. “Driscoll Middle School Trick Play,” YouTube [https://www.youtube.com/watch?v=0UIdI8khMkw]. 這種欺敵戰術雖未違規，但有些專家球評並不認同：F. Deford, “Middle School Trick Play Is No Laughing Matter,” *Sports Illustrated*, November 17, 2010 [https://www.si.com/more-sports/2010/11/17/driscoll-middleschool]. 在這個例子，有些欺敵戰術是由一位助理教練執行，專家認為堂堂助理教練，竟然以欺敵戰術對付其他中學生，未免有失運動精神。
19. 我們於 1999 年發表的 *Gorillas in Our Midst* 影片，可在 YouTube 找到 [https://www.youtube.com/watch?v=vJG698U2Mvo]，丹尼爾於 2010 年發表的 *Monkey Business Illusion* 影片，也可在 YouTube 找到 [https://www.youtube.com/watch?v=IGQmdoK_ZfY]. 見 D. J. Simons and C. F. Chabris, “Gorillas in Our Midst: Sustained Inattentional Blindness for Dynamic Events,” *Perception* 28 (1999): 1059–1074 [doi.org/10.1068/p281059]; D. J. Simons, “Monkeying Around with the Gorillas in Our Midst: Familiarity with an Inattentional-Blindness Task Does Not Improve the Detection of Unexpected Events,” *i-Perception* 1 (2010): 3–6 [doi.org/10.1068/i0386].
20. Canon 的這項計畫名為「誘餌」，是「實驗室」（*The Lab*）系列計畫的一部分 [https://www.youtube.com/watch?v=F-TyPfYMDK8].
21. 原來里卡多·蒙塔爾班在現實生活也深諳此道。他在 1980 年代，出現在克萊斯勒汽車的一系列廣告，吹捧克萊斯勒的「高級科林斯皮革」等各項奢華配備。但世上根本沒有「科林斯皮革」這種東西：“Corinthian Leather,” Wikipedia [https://en.wikipedia.org/wiki/Corinthian_leather].
22. D. A. Stapel and S. Lindenberg, “Coping with Chaos: How Disordered Contexts Promote Stereotyping and Discrimination,” *Science* 332 (2011), 251–253 [doi.org/10.1126/science.1201068], 以及撤回公告 [doi.org/10.1126/science.1201068]; A. K. Leung et al., “Embodied Metaphors and Creative ‘Acts,’” *Psychological Science* 23 (2012): 502–509 [doi.org/10.1177/0956797611429801]; L. E. Williams and J. A. Bargh, “Experiencing Physical Warmth Promotes Interpersonal Warmth,” *Science* 322 (2008), 606–607 [doi.org/10.1126/science.1162548]; A. Dijksterhuis and A. Van Knippenberg, “The Relation Between Perception and Behavior, or How to Win a Game of Trivial Pursuit,” *Journal of Personality and*

Social Psychology 74 (1998): 865–877 [https://doi.org/10.1037/0022-3514.74.4.865]; S. W. Lee and N. Schwarz, "Bidirectionality, Mediation, and Moderation of Metaphorical Effects: The Embodiment of Social Suspicion and Fishy Smells," *Journal of Personality and Social Psychology* 103 (2012): 737–749 [https://doi.org/10.1037/a0029708].

23. 斯塔佩爾獲得實驗社會心理學學會（Society of Experimental Social Psychology）頒發研究貢獻獎（Career Trajectory Award），但他造假曝光後，該獎項也被追回："Career Trajectory Award Recipients," Society of Experimental Social Psychology [https://www.sesp.org/content.asp?admin=Y&contentid=146]. 亦見最終調查報告：Levelt Committee, Noort Committee, and Drenth Committee, "Flawed Science: The Fraudulent Research Practices of Social Psychologist Diederik Stapel," November 28, 2012 [https://www.rug.nl/about-ug/latest-news/news/archief2012/nieuwsberichten/stapel-eindrapport-eng.pdf]. 此案概要：Y. Bhattacharjee, "The Mind of a Con Man," *New York Times Magazine*, April 26, 2013 [https://www.nytimes.com/2013/04/28/magazine/diederik-stapels-audacious-academic-fraud.html]. 心理學家英巴爾（Yoel Inbar）於 *Two Psychologists, Four Beers* Podcast 節目名為 "The Replication Crisis Gets Personal" 的一集，闡述他對斯塔佩爾一案的所知 [https://www.fourbeers.com/4]. 斯塔佩爾的回憶錄 *Faking Science: A True Story of Academic Fraud* 荷蘭原文版於 2012 年出版，後於 2016 年由 Nicholas J. L. Brown 翻譯為英文 [http://nick.brown.free.fr/stapel/FakingScience-20161115.pdf].

24. 萬辛克的研究：B. Wansink, D. R. Just, and C. R. Payne, "Can Branding Improve School Lunches?," *Archives of Pediatric and Adolescent Medicine* 166 (2012): 967–968 [https://doi.org/10.1001/archpediatrics.2012.999]; *JAMA Pediatrics* 171 (2017), 1230 撤回公告 [doi.org/10.1001/jamapediatrics.2017.4603]. 拉庫爾的研究：M. McNutt, "Editorial Retraction," *Science* 348 (2015): 1100 [doi.org/10.1126/science.aac6638]. 豪瑟的研究：M. D. Hauser, D. Weiss, and G. Marcus, "retracted: Rule Learning by Cotton-Top Tamarins," *Cognition* 117 (2010): 106 [https://doi.org/10.1016/j.cognition.2010.08.013]. 亦見 "Findings of Research Misconduct," Office of Research Integrity, US Department of Health and Human Services, September 10, 2012 [https://grants.nih.gov/grants/guide/notice-files/not-

od-1-149.html].

25. 根據哈佛大學與美國國家衛生院（NIH）調查報告："Findings of Scientific Misconduct," December 13, 2001 [https://grants.nih.gov/grants/guide/notice-files/not-od-02-020.html], "Dr. Ruggiero engaged in scientific misconduct by fabricating data." 魯傑羅被撤回的論文的例子：K. M. Ruggiero, J. P. Mitchell, N. Krieger, D. Marx, and M. L. Lorenzo, "retracted: Now You See It, Now You Don't: Explicit Versus Implicit Measures of the Personal/Group Discrimination Discrepancy," *Psychological Science* 11 (2000): 511–514 [https://doi.org/10.1111/1467-9280.00298]; K. M. Ruggiero and D. M. Marx, "retracted: Less Pain and More to Gain: Why High-Status Group Members Blame Their Failure on Discrimination," *Journal of Personality and Social Psychology* 77 (1999): 774–784 [https://doi.org/10.1037/0022-3514.77.4.774].
26. 在一個截然不同的專業領域，籃球界傳奇柯比・布萊恩（Kobe Bryant）在 2012 年說起「林來瘋」現象，也就是加入 NBA 第二年的球員林書豪在該賽季突然暴紅的現象，也發現了同樣的道理。他說：「我覺得其實就是大家先前大概沒怎麼注意到他。感覺林來瘋是突然發生的現象，但大家只要仔細回想，就會發現他的球技應該從一開始就不差。只是大家沒注意到而已。」林書豪的實力之所以被低估，可能是因為他是常春藤盟校的亞裔美籍畢業生，很少 NBA 球員有類似背景。柯比・布萊恩的原話，以及林書豪在 2012 年「林來瘋」時期的成就，見 K. Peters, "Jeremy Lin Proving That He's the Real NBA Deal," *Palo Alto Online*, February 16, 2012 [https://www.paloaltoonline.com/news/2012/02/16/jeremy-lin-proving-that-hes-the-real-nba-deal].
27. 撤稿觀察排行榜 [https://retractionwatch.com/the-retraction-watch-leaderboard/].
28. L. L. Shu, N. Mazar, F. Gino, D. Ariely, and M. H. Bazerman, "Signing at the Beginning Makes Ethics Salient and Decreases Dishonest Self-Reports in Comparison to Signing at the End," *Proceedings of the National Academy of Sciences* 109 (2012): 15197–15200 [https://doi.org/10.1073/pnas.1209746109]; 撤回公告，September 13, 2021 [https://doi.org/10.1073/pnas.2115397118].
29. 誠實申報引文：US Form 1040 for tax year 2019。里程數研究所用的方

法非常聰明，如此一來公司就不必費力檢查成千上萬輛汽車的真實里程數。駕駛人高報里程數，是有損自身利益的，因此我們可以假設，誠實申報的人數之所以增加，想必是先簽署聲明的設計，發揮了道德「助推」的作用。

30. 西蒙斯與同僚在他們的部落格 *Data Colada* 發文，標題為 "Evidence of Fraud in an Influential Field Experiment About Dishonesty"，表示發現造假數據，August 17, 2021 [https://datacolada.org/98]. 原始研究作者當中的幾位，竟然無法複製自己的研究結果，這才導致原始的研究數據遭到調查：A. S. Kristal, A. V. Whillans, M. H. Bazerman, and D. Ariely, "Signing at the Beginning Versus at the End Does Not Decrease Dishonesty," *Proceedings of the National Academy of Sciences* 117 (2020): 7103–7107 [https://doi.org/10.1073/pnas.1911695117]. 我們兩人都認識丹・艾瑞利。克里斯曾在 2000 年代初期，與艾瑞利一起進行研究計畫。艾瑞利為我們的前一本書寫過推薦文，也介紹我們認識現在的經紀人。丹尼爾也曾與艾瑞利通信，討論多項研究與複製研究。多年來，我們兩人向來欽佩艾瑞利將行為科學應用於日常生活的種種創舉。說來湊巧，丹尼爾也與其他學者合作，重新檢視艾瑞利先前的研究，並針對艾瑞利的研究的可複製性，以及研究方法的某些細節提出質疑。例如丹尼爾擔任編輯的一項大型研究，就是要複製艾瑞利的一項較為知名的研究。根據艾瑞利的研究結果，背誦《十誡》具有促發效果，能減少背誦者的作弊行為。在丹尼爾擔任編輯的這項大型研究，許多實驗室以嚴謹的方法研究，卻沒有發現作弊行為有所減少。詳見 S. M. Lee, "A Famous Honesty Researcher Is Retracting a Study over Fake Data," *BuzzFeed News*, August 20, 2021 [https://www.buzzfeednews.com/article/stephaniemlee/dan-ariely-honesty-study-retraction]. 艾瑞利回應里程數研究造假的指控，表示遭到質疑的數據，是保險公司直接提供給他的。他也表示，他努力「研擬新政策，確保我們蒐集資料、分析資料的方法符合最高標準」。必須強調的是，助推誠實機制的效應，很難在真實世界衡量。但有個團體近來倒是進行研究，想知道北歐某國的保險客戶先簽署聲明，誠實申報的比例是否會提高。這項研究的結果與造假的里程數研究不同，並未發現誠實申報的人數會因為先簽署聲明而增加：J. B. Martuza, S. R. Skard, L. Løvlie, and H. Thorbjørnsen, "Do Honesty-Nudges Really Work? A Large-Scale Field Experiment in an Insurance Context," *Journal of Consumer*

Behaviour 21 (2022): 927–951 [https://doi.org/10.1002/cb.2049].

31. An Exact Fishy Test [https://macartan.shinyapps.io/fish/].
32. 這就類似某個知名的圖表，指出林肯與甘迺迪兩位美國前總統的許多巧合與相似之處。只要存心想找，總能找出有趣之處。維基百科對此的總結非常精闢："Lincoln–Kennedy Coincidences Urban Legend" [https://en.wikipedia.org/wiki/Lincoln%E2%80%93Kennedy_coincidences_urban_legend].
33. 挑紙牌：J. A. Olson, A. A. Amlani, and R. A. Rensink, "Perceptual and Cognitive Characteristics of Common Playing Cards," *Perception* 41 (2012), 268–286 [https://doi.org/10.1068/p7175]. 擲硬幣：你擲一枚正常硬幣五次，那連續擲出五次正面或五次反面的機率，超過 6%。但研究對象隨意說出的擲硬幣結果，連續出現正面或反面的次數，遠少於真正隨機擲硬幣會出現的次數。
34. J. Golbeck, "Benford's Law Applies to Online Social Networks," *PLoS ONE* 10 (2015): e0135169 [https://doi.org/10.1371/journal.pone.0135169].
35. J. Golbeck, "Benford's Law Can Detect Malicious Social Bots," *First Monday* 24 (2019) [https://doi.org/10.5210/fm.v24i8.10163]. 要知道，建立一個網路機器人群組，讓組內的網路機器人的追蹤者人數都符合班佛定律，其實並不困難。但要確保這些網路機器人追蹤的帳號的追蹤者人數也符合班佛定律，可就是難上加難。
36. *Radiolab* 探討班佛定律誤用於 2020 年美國總統大選的情形：Latif Nasser, "Breaking Benford," November 13, 2020 [https://radiolab.org/episodes/breaking-benford].
37. M. J. Nigrini, *Benford's Law: Applications for Forensic Accounting, Auditing, and Fraud Detection* (Hoboken, NJ: Wiley, 2012).
38. 引用自 J. Levitt, *Contemplating Comedy* (Conrad Press, 2020). 要想準確預測未來事件，關鍵在於不能被自己的預期蒙蔽。見 P. E. Tetlock and D. Gardner, *Superforecasting: The Art and Science of Prediction* (New York: Crown, 2015) 中文版《超級預測：洞悉思考的藝術與科學，在不確定的世界預見未來優勢》，菲利普・泰特洛克，丹・賈德納著，寶鼎出版，2016.09。

03 信念：假設的時候要小心

1. 肖林製造的 Lustfaust 文物在倫敦、紐約初次展出的相關討論，見 A. Jones "It's Only Mock 'n' Roll but We Like It," *Independent*, May 1, 2006 [https://www.independent.co.uk/arts-entertainment/music/features/it-s-only-mock-n-roll-but-we-like-it-6102224.html]; "Art in Review; Lustfaust—A Folk Anthology, 1976–1981," *New York Times*, July 21, 2006 [https://www.nytimes.com/2006/07/21/arts/art-in-review-lustfaust-a-folk-anthology-19761981.html]. 我們以簡短的電子郵件訪問肖林。肖林表示，有人記得自己曾在 1970 年代看過 Lustfaust。2006 年的展覽結束後，肖林「重啟」樂團，顯然更多人因此相信 Lustfaust 在肖林將其發明之前即已存在。
2. 菲歐娜・布梅的曼德拉效應原版網站 [https://mandelaeffect.com/].
3. 關於曼德拉效應相關的記憶機制的詳細解析，見：M. Triffin, "Your Whole Life Is a Lie: It's BerenstAin Bears, Not BerenstEin Bears," *Yahoo Health*, August 13, 2015 [https://www.yahoo.com/lifestyle/your-whole-life-is-a-lie-its-berenstain-bears-126604020432.html]. *Good Housekeeping* 雜誌列舉五十個據說是「曼德拉效應」所造成的記憶分歧的例子："50 Mandela Effect Examples That Will Make You Question Everything," May 25, 2022 [https://www.goodhousekeeping.com/life/entertainment/g28438966/mandela-effect-examples/]. 2019 年還有一部關於曼德拉效應的科幻電影，名為 *The Mandela Effect*（David Guy Levy 導演）。兩本自行出版的書籍認真討論曼德拉效應，認為發生這種效應，代表宇宙發生大規模騷亂，而不是一種很容易解釋的記憶扭曲，見 S. Eriksen, *The Mandela Effect: Everything Is Changing* (CreateSpace, 2017); T. S. Caladan, *Mandela Effect: Analysis of a Worldwide Phenomenon* (CreateSpace, 2019). 近來的一項關於曼德拉效應的心理學研究，見 D. Prasad and W. A. Bainbridge, "The Visual Mandela Effect as Evidence for Shared and Specific False Memories Across People," *Psychological Science*, 2022 [https://doi.org/10.1177/09567976221108944].
4. 對於記憶的錯誤觀念的證據：D. J. Simons and C. F. Chabris, "Common (Mis)Beliefs About Memory: A Replication and Comparison of Telephone and Mechanical Turk Survey Methods," *PLoS One* 7 (2012): e51876 [https://

doi.org/10.1371/journal.pone.0051876]. 諷刺的是，還有另一種關於記憶的錯誤觀念，是反過來的，亦即有人以為，如果你不記得做過某事，就表示你一定沒做過。大概就是受到這種錯誤觀念影響，才會有不少人以為 2020 年收到來自中國種子的人，一定是遭到詐騙，甚至比被詐騙還糟。收到種子的人頗感意外，也想出幾種可能原因，包括生化戰、亞馬遜網路商店詐騙等等。其實最合理的解釋，是他們：1. 在網路上訂購種子，2. 並不知道自己是向中國公司訂購種子，3. 疫情導致種子延遲很久才送達，而他們忘了自己曾訂購種子，即使收到也仍未想起。見 C. Heath, “The Truth Behind the Amazon Mystery Seeds,” *Atlantic*, July 15, 2021 [https://www.theatlantic.com/science/archive/2021/07/unsolicited-seeds-china-brushing/619417/].

5. 主張中世紀從未存在過的言論：J. Elledge, “Did the Early Medieval Era Ever Really Take Place?,” July 4, 2022 [https://jonn.substack.com/p/did-the-early-medieval-era-ever-really]. 主張美國懷俄明州並不存在的言論：J. Goodrick, “Growing Online Theory Says Wyoming Doesn’t Exist,” AP News, November 22, 2020 [https://apnews.com/article/wyoming-coronavirus-pandemic-gillette-d7d2bbf5e2040b4e1e5498c8131bc376]. 甚至有些科學家認為，在某種神祕、無法解釋的力量作用之下，世界的真實樣貌久而久之會逐漸消失。見 J. Lehrer, “The Truth Wears Off,” *New Yorker*, December 5, 2010 [https://www.newyorker.com/magazine/2010/12/13/the-truth-wears-off]; 批駁這種言論的文章，見 J. Lehrer and C. F. Chabris, “Jonah Lehrer Interviews Christopher Chabris,” *Creativity Post*, August 1, 2012 [https://www.creativitypost.com/article/jonah_lehrer_interviews_christopher_chabris].
6. 詳見這部 YouTube 影片 [https://www.youtube.com/watch?v=dQw4w9WgXcQ].
7. 發表於 10 月 24 日，對此貼文的匿名評論：S. Alexander, “Kolmogorov Complexity and the Parable of Lightning,” *Slate Star Codex*, October 23, 2017 [https://slatestarcodex.com/2017/10/23/kolmogorov-complicity-and-the-parable-of-lightning/].
8. M. Heffernan, *Willful Blindness: Why We Ignore the Obvious at Our Peril* (New York: Bloomsbury, 2011) 中文版《大難時代》，瑪格麗特・赫弗南著，漫遊者，2016.09。

9. R. Revsbech et al., "Exploring Rationality in Schizophrenia," *BJPsych Open* 1 (2015): 98–103 [doi.org/10.1192/bjpo.bp.115.000224]; D. Mirian, R. W. Heinrichs, and S. M. Vaz, "Exploring Logical Reasoning Abilities in Schizophrenia Patients," *Schizophrenia Research* 127 (2011): 178–180 [https://doi.org/10.1016/j.schres.2011.01.007].
10. N. Merchant, "US Intel Predicted Russia's Invasion Plans. Did It Matter?," AP News, February 24, 2022 [https://apnews.com/article/russia-ukraine-vladimir-putin-business-europe-8acc2106b95554429e93dfee5e253743]; "2 in 5 Russians Believe War with Ukraine Likely—Poll," *Moscow Times*, December 14, 2021 [https://www.themoscowtimes.com/2021/12/14/2-in-5-russians-believe-war-with-ukraine-likely-poll-a75816]; M. Mirovalev, "Why Most Ukrainians Don't Believe Biden's Warnings, Distrust West," Al Jazeera, February 21, 2022 [https://www.aljazeera.com/news/2022/2/21/why-ukrainians-dont-believe-in-war-with-russia-distrust-west]; V. Hopkins, N. MacFarquhar, S. Erlanger, and M. Levenson, "100 Days of War: Death, Destruction, and Loss," *New York Times*, June 3, 2022 [https://www.nytimes.com/2022/06/03/world/europe/russia-ukraine-war-100-days.html].
11. 克里斯研究人對於未來金錢的折現率，是以共有二十七道問題的測驗進行。隨機抽中的研究對象，可獲得他們選擇的結果的其中之一，因此他們有誠實作答的動機，較有可能坦言是寧願現在得到較小的金額，還是往後得到較大的金額。這些研究詳見 C. F. Chabris, D. I. Laibson, C. L. Morris, J. P. Schuldt, and D. Taubinsky, "The Allocation of Time in Decision-Making," *Journal of the European Economic Association* 7 (2009), 628–637 [https://doi.org/10.1162/JEEA.2009.7.2-3.628]; C. F. Chabris, D. I. Laibson, C. L. Morris, J. P. Schuldt, and D. Taubinsky, "Individual Laboratory-Measured Discount Rates Predict Field Behavior," *Journal of Risk and Uncertainty* 37 (2008): 237–269 [https://doi.org/10.1007/s11166-008-9053-x]. 要注意的是，人必須相信自己什麼都不必做，錢就會在指定日期匯入自己的帳戶，折現率才會是有用的衡量標準。而且以嚴謹的研究方法評估人們的折現率，實際操作起來可能比我們的範例所顯示的更複雜。
12. N. Augenblick, J. M. Cunha, E. D. Bó, and J. M. Rao, "The Economics of Faith: Using an Apocalyptic Prophecy to Elicit Religious Belief in the Field,"

Journal of Public Economics 141 (2016): 38–49 [https://doi.org/10.1016/j.jpubeco.2016.07.004]. 奧根布里克等人只研究了五十二人（其中二十三人相信預言，另外二十九人是基督復臨安息日會的信眾）。一般而言，如此小的樣本，並不足以做出強而有力的結論。但在這個例子，兩組研究對象的差異極大。二十三位相信預言的人當中，有二十二位不願等到被提日之後再拿五百美元。但全體二十九位基督復臨安息日會的信眾，都願意等到被提日之後再拿五百美元。

13. 皮尤研究中心的意見調查：Pew Research Center, "Jesus Christ's Return to Earth," July 14, 2010 [https://www.pewresearch.org/fact-tank/2010/07/14/jesus-christs-return-to-earth/]; 寇恩的言論：D. Cohen, *Waiting for the Apocalypse* (New York: Prometheus Books, 1983), p. 72.
14. P. Johansson, L. Hall, S. Sikström, and A. Olsson, "Failure to Detect Mismatches Between Intention and Outcome in a Simple Decision Task," *Science* 310 (2005): 116–119 [https://doi.org/10.1126/science.1111709]. 同樣的選擇盲視現象，也出現在對食物滋味的偏好：L. Hall, P. Johansson, B. Tärning, S. Sikström, and T. Deutgen, "Magic at the Marketplace: Choice Blindness for the Taste of Jam and the Smell of Tea," *Cognition* 117 (2010): 54–61 [https://doi.org/10.1016/j.cognition.2010.06.010]. 在另一項研究，研究選擇盲視的人員在全國性選舉之前，請瑞典兩個城市的選民說出他們有多認同，或是多不認同各大政治聯盟的立場。研究人員再用一個暗藏機關的寫字夾板，給研究對象看一個變造過的答案版本，讓研究對象誤以為自己比較支持另一方。結果 92% 的研究對象，以為變造過的總分就是自己原本的給分。將近半數的研究對象表示，自己有可能將票投給其他政治聯盟。見 L. Hall, T. Strandberg, P. Pärnamets, A. Lind, B. Tärning, and P. Johansson, "How the Polls Can Be Both Spot On and Dead Wrong: Using Choice Blindness to Shift Political Attitudes and Voter Intentions," *PLoS One* 8 (2013): e60554 [https://doi.org/10.1371/journal.pone.0060554]. 如果你很難相信，覺得選民怎會如此不熟悉議題，政治立場以及對於候選人的認同又怎會如此易變，不妨想想：2016 年美國總統大選結束後的隔天早上，我們其中一人在一家三明治店，無意間聽見兩位員工的對話。他們搞不清楚候選人是哪幾位，勝出的又是哪一位，也不知道自己幹嘛在意這些。
15. 探討判斷的框架效應（framing effects）的研究，也得出相同的結論，例如 P. Slovic, "The Construction of Preference," *American Psychologist* 50 (1995): 364–371 [https://doi.org/10.1037/0003-066X.50.5.364].

16. E. Trouche, P. Johansson, L. Hall, and H. Mercier, "The Selective Laziness of Reasoning," *Cognitive Science* 40 (2016): 2122–2136 [https://doi.org/10.1111/cogs.12303].
17. The Magic of Consciousness Symposium, Association for the Scientific Study of Consciousness, 2007 [https://web.archive.org/web/20070519203333/http://assc2007.neuralcorrelate.com/index.php?module=pagemaster&PAGE_user_op=view_page&PAGE_id=7].
18. 我們有這種會相信過往的推論，而不會重新檢視的傾向。因此有些騙子會利用這個漏洞，一開始先進行幾次合法的交易，累積信任之後再騙取巨款。
19. 法蘭克・凱西的故事，見 J. Campbell, *Madoff Talks: Uncovering the Untold Story Behind the Most Notorious Ponzi Scheme in History* (New York: McGraw-Hill, 2021) 126–128.
20. 退化視野的相反，是標準視野。從標準視野的角度觀看物體，能得到最多關於此物體與其他物體的差異的資訊。通常從物體上方四十五度角處觀看，即可看見標準視野。所謂的歪像藝術，是一種畫作或雕像，必須從某一個角度觀看，才會看見真實的場景或物體。歪像藝術也是同樣的原理，但卻是顛倒過來的。從唯一正確的角度觀看歪像藝術作品，看到的是退化視野。而且我們並不知道從其他任何一種角度觀看，景象有多失真。
21. J. Kirby, "What to Know About the 'Raw Water' Trend," *Vox*, January 4, 2018 [https://www.vox.com/science-and-health/2018/1/4/16846048/raw-water-trend-silicon-valley]. 關於偏好自然產品的現象，詳見 A. Levinovitz, *Natural: How Faith in Nature's Goodness Leads to Harmful Fads, Unjust Laws, and Flawed Science* (Boston: Beacon Press, 2020).
22. 保羅・馬基亞里尼的刑事定罪報導：G. Vogel, "Disgraced Italian Surgeon Convicted of Criminal Harm to Stem Cell Patient," *Science* 376 (2022): 1370–1371 [https://doi.org/10.1126/science.add6185]. 此案詳細資訊，見 E. Ward and C. Anderson, "A High-Flying Italian Surgeon's Fall from Grace," *New York Times*, June 17, 2022 [https://www.nytimes.com/2022/06/17/world/europe/macchiarini-windpipe-surgeon-deaths.html]; A. Ciralsky, "The

Celebrity Surgeon Who Used Love, Money, and the Pope to Scam an ABC News Producer," *Vanity Fair*, January 5, 2016 [https://www.vanityfair.com/news/2016/01/celebrity-surgeon-nbc-news-producer-scam]. 波塞・林吉斯特以馬基亞里尼為主題的影片 *Fatal Experiments*，2016 年於瑞典電視台以及 BBC 播出。

23. 胡扯不對稱原則：經濟學先驅巴斯夏（Frédéric Bastiat）在 1845 年的著作 *Economic Sophisms*，首創「胡扯不對稱原則」的概念。他說：「我們不得不承認，對手只要胡扯，就有很大的贏面。他們三言兩語，就能講出一個片面的事實。我們為了證明這個事實是片面的，就只能長篇大論，說上一堆枯燥無味的話。」甚至在更早的時期，作家斯威夫特（Jonathan Swift）就曾寫道：「謊言飛奔於前，真相只能蹣跚著追趕在後。等到人們恍然大悟，卻是為時已晚。鬧劇已成過去，謊言已然奏效。」*Examiner [afterw.] The Whig Examiner* [J. Addison 著] (United Kingdom: n.p., 1710). 原版「字體難以閱讀」的研究：A. L. Alter, D. M. Oppenheimer, N. Epley, and N. Eyre, "Overcoming Intuition: Metacognitive Difficulty Activates Analytic Reasoning," *Journal of Experimental Psychology: General* 136 (2007): 569–576 [https://doi.org/10.1037/0096-3445.136.4.569]. 下列人士都曾在自己的著作稱讚這項研究：麥爾坎・葛拉威爾（《以小勝大：弱者如何找到優勢，反敗為勝？》〔*David and Goliath*〕）、丹尼爾・康納曼（《快思慢想》），以及奧特自己（*Drunk Tank Pink*）。複製研究：A. Meyer et al., "Disfluent Fonts Don't Help People Solve Math Problems," *Journal of Experimental Psychology: General* 144 (2015): e16 [https://doi.org/10.1037/xge0000049].

24. S. Benartzi and J. Lehrer, *The Smarter Screen: Surprising Ways to Influence and Improve Online Behavior* (New York: Portfolio, 2015), 127. 時間反轉捷思法是由安德魯・傑爾曼在他的部落格文章率先提出，見 "The Time-Reversal Heuristic—a New Way to Think About a Published Finding That Is Followed Up by a Large, Preregistered Replication (in Context of Claims About Power Pose)," *Statistical Modeling, Causal Inference, and Social Science*, January 26, 2016 [https://statmodeling.stat.columbia.edu/2016/01/26/more-power-posing/].

25. L. Magrath, and L. Weld, "Abusive Earnings Management and Early Warning Signs," *CPA Journal*, August 2002, 50–54. 雷（Kenneth Lay）的起訴書，

詳述製造優於預期的假數據的經過 [https://www.justice.gov/archive/opa/pr/2004/July/04_crm_470.htm]; 他於 2006 年被判有罪 [https://www.justice.gov/archive/opa/pr/2006/May/06_crm_328.html]. 美國證券交易委員會對可口可樂採取的行動 [https://www.sec.gov/litigation/admin/33-8569.pdf].

26. 撒迪厄斯分析哥倫比亞大學的排名：M. Thaddeus, "An Investigation of the Facts Behind Columbia's U.S. News Ranking," Department of Mathematics, Columbia University, February 2022 [https://www.math.columbia.edu/~thaddeus/ranking/investigation.html]. 哥倫比亞大學的回應：A. Hartocollis, "U.S. News Ranked Columbia No. 2, but a Math Professor Has His Doubts," *New York Times*, March 17, 2022 [https://www.nytimes.com/2022/03/17/us/columbia-university-rank.html]. 撒迪厄斯也調查了哥倫比亞大學工程學程的排名："The U.S. News Ranking of Columbia's Online Engineering Programs," Department of Mathematics, Columbia University, April 2022 [http://www.math.columbia.edu/~thaddeus/ranking/engineeringhtml].《美國新聞與世界報導》排行榜變化，以及其他被歪曲的數據：R. Morse, "U.S. News Rankings Update: Find Out About the Schools That Misreported Data to U.S. News," July 7, 2022 [https://www.usnews.com/education/articles/us-news-rankings-updates]; A. Hartocollis, "U.S. News Dropped Columbia's Ranking, but Its Own Methods Are Now Questioned," *New York Times*, September 12, 2022 [https://www.nytimes.com/2022/09/12/us/columbia-university-us-news-ranking.html]. 還有一樁類似的醜聞，是天普大學商學院院長五年來為了拉高商學院的排名，與他人共謀偽造數據，後被定罪：A. Lukpat, "Former Temple U. Dean Found Guilty of Faking Data for National Rankings," *New York Times*, November 29, 2021 [https://www.nytimes.com/2021/11/29/us/temple-university-moshe-porat-fraud.html]. 大學不再強制要求新生入學必須繳交標準化測驗成績的影響：H. Wainer, *Uneducated Guesses: Using Evidence to Uncover Misguided Education Policies* (Princeton, NJ: Princeton University Press, 2011), ch. 1.

27. B. I. Koerner, "The Cheating Scandal That Ripped the Poker World Apart," *Wired*, September 21, 2020 [https://www.wired.com/story/stones-poker-cheating-scandal/].

28. J. Maysh, "How an Ex-Cop Rigged McDonald's Monopoly Game and Stole Millions," *Daily Beast*, July 28, 2018 [https://www.thedailybeast.com/how-

an-ex-cop-rigged-mcdonalds-monopoly-game-and-stole-millions].

29. Fyre音樂節：G. Bluestone, *Hype: How Scammers, Grifters, and Con Artists Are Taking Over the Internet—and Why We're Following* (Toronto, ON: Hanover Square Press, 2021). 美國司法專案辦公室（Office of Justice Programs）網站上的報告所提及的詐騙累犯："White Collar Crime and Criminal Careers," 1993 [https://www.ojp.gov/ncjrs/virtual-library/abstracts/white-collar-crime-and-criminal-careers]（此網頁提供報告的PDF檔連結），以及Oversight網站：N. L'Heureux, "The Value of Identifying the Repeat Offender," March 22, 2021 [https://www.oversight.com/blog/the-value-of-identifying-the-repeat-offender]. 詐騙犯一出獄，就立刻發起新的詐騙的另一個例子，見J. Bullmore, "Château La Thief," *Air Mail*, May 14, 2022 [https://airmail.news/issues/2022-5-14/chateau-lathief].

30. 奧蘭多藝術博物館的巴斯奇亞展覽網站 [https://web.archive.org/web/20220609201252/https://omart.org/exhibitions/heroes_monsters_jean_michel_basquiat_the_venice_collection_thaddeaus_mumford_jr/]. 美國聯邦調查局搜查：B. Sokol and M. Stevens, "F.B.I. Raids Orlando Museum and Removes Basquiat Paintings," June 24, 2022 [https://www.nytimes.com/2022/06/24/arts/design/fbi-orlando-museum-basquiat.html].《紐約時報》記者索寇爾（Brett Sokol）發表兩篇長文，探討這二十五幅首度公開畫作的相關問題："In Orlando, 25 Mysterious Basquiats Come Under the Magnifying Glass," *New York Times*, February 16, 2022 [https://www.nytimes.com/2022/02/16/arts/design/basquiat-painting-orlando-mumford-museum.html]，以及"F.B.I. Investigates Basquiat Paintings Shown at Orlando Museum of Art," *New York Times*, May 29, 2022 [https://www.nytimes.com/2022/05/29/arts/design/fbi-basquiat-paintings-orlando-museum.html].

31. J. Settembre, "Forget West Elm Caleb—We Were Duped by 'Psycho' Dating Nightmare Long Island Kevin," *New York Post*, July 12, 2022 [https://nypost.com/2022/07/12/singles-warn-long-island-kevin-is-worse-than-west-elm-caleb/].

04 效率：多問一些問題

1. J. Benjamin and H. Scott, *Winning the World Open: Strategies for Success at America's Most Prestigious Open Chess Tournament* (Alkmaar, the Netherlands: New in Chess, 2021).
2. 幾家西洋棋雜誌於一九九三年報導「約翰・馮紐曼」事件，特別推薦 J. Watson, "Yermolinsky Wins World Open . . . but von Neumann Steals the Show," *Inside Chess* 6 (1993): 3–10; D. Vigorito, "1993 World Open," *Chess Horizons* (September–October 1993): 23–24; J. Benjamin, "Yerminator on Top of the World . . . Open," *Chess Chow* (July–August 1993): 5–14; M. Shibut, "Macon a Contribution to Chess Theory," *Chess Chow* (September–October 1993): 3–4. 我們在書中引用雜誌的報導，也加入我們訪問幾位當時參與比賽的人士的內容。
3. 克里斯從 1989 至 1995 年，接連主辦「哈佛盃」（Harvard Cup）西洋棋大賽，由人類大戰電腦。1992 年，五個參賽的電腦程式當中最厲害的一個，對戰五位西洋棋特級大師，結果拿下三分。由此可見，約翰・馮紐曼若真以電腦程式作弊，而且始終沒曝光，那他就很有機會贏得大獎，賺進數千美元的獎金。多篇文章都曾介紹「哈佛盃」西洋棋大賽，特別推薦 C. F. Chabris, "The Harvard Cup Man-Versus-Machine Chess Challenge," *ICGA Journal* 16 (1993): 57–61 [https://doi.org/10.3233/ICG-1993-16113]; C. F. Chabris and D. Kopec, "The 4th Harvard Cup Human Versus Computer Chess Challenge," *ICGA Journal* 16 (1993): 232–241 [https://doi.org/10.3233/ICG-1993-16410].
4. 馮紐曼後來在比賽的最後一晚回到賽場，表示願意挑戰任何一位棋手，以證明自己沒有作弊。本地的西洋棋大師希布特（Macon Shibut）在比賽結束後尚未離去，因此被選中與馮紐曼來一場短暫對決。但馮紐曼才走了三步棋，就陷入長考。觀眾紛紛散去。希布特覺得這盤棋恐怕得耗上幾小時，於是也起身離去。
5. Guardian Sport, "Chess Grandmaster Admits to Cheating with Phone on Toilet During Tournament," *Guardian,* July 13, 2019 [https://www.theguardian.com/sport/2019/jul/13/igors-rausis-cheating-phone-tournament-scandal]. 勞西斯拿著手機，坐在馬桶上的照片：S. Dorn, "Chess Grandmaster Allegedly Caught Cheating on Toilet During Tournament," *New York Post,*

July 13, 2019 [https://nypost.com/2019/07/13/chess-grandmaster-allegedly-caught-cheating-on-toilet-during-tournament/]. 2022 年 9 月，這位世界冠軍輸給了一位他懷疑是作弊取勝的特級大師，隨後退出頂級賽事。這也是他在職業生涯首度退出頂級賽事。見 A. Therrien, "Magnus Carlsen and Hans Niemann: The Cheating Row That's Blowing Up the Chess World," BBC News, September 23, 2022 [https://www.bbc.com/news/world-63010107]. 卡爾森（Magnus Carlsen）後於推特發表聲明 [https://twitter.com/MagnusCarlsen/status/1574482694406565888].

6. 有趣的是，很多人經常把洗手間當成作弊的基地。勞西斯並不是第一位在西洋棋賽使出這招的人（這招其實很多人用，雖說盡人皆知，但在某些比賽，主辦單位並沒有特別監視洗手間）。我們覺得很多學生在考試期間，也一定會把「小抄」藏在洗手間。想知道別人有無作弊，不妨想想「我最不可能去哪裡尋找證據？」（索拉索與柯里昂坐下來共進晚餐之前，要是想過這個問題，也許就不會有後來的「教父第二集」〔*Godfather: Part II*〕）。洗手間、更衣室之類的地方受到隱私權規範，對於作弊者來說是相對安全的犯案地點。證明勞西斯作弊的那張照片，大概也觸犯了本地法令，不過拍攝的人並沒有被起訴。
7. X. Gabaix and D. I. Laibson, "Shrouded Attributes, Consumer Myopia, and Information Suppression in Competitive Markets," *Quarterly Journal of Economics* 121 (2006): 505–540 [https://doi.org/10.1162/qjec.2006.121.2.505]. 印表機的生產成本，從 1980 年代中期開始大幅下降，當時第一批雷射印表機的價格，約為三千至七千美元。
8. 顧客因為隱蔽費用而花更多錢：M. Luca, "The Sinister Logic of Hidden Online Fees," *Wall Street Journal*, November 23, 2022 [https://www.wsj.com/articles/the-sinister-logic-of-hidden-online-fees-11669229205].
9. 廣告的例子：DealDash [https://www.youtube.com/watch?v=DaKsZC0whYc] 以及 Quibids [https://www.youtube.com/watch?v=TCowafeg_-U]. DealDash 廣告上的小字，也包括很難看懂的統計數據，例如「54% 的拍賣得標者，能省下 90%，甚至更多的『現在購買價』」。
10. N. Augenblick, "The Sunk-Cost Fallacy in Penny Auctions," *Review of Economic Studies* 83 (2016): 58–86 [doi.org/10.1093/restud/rdv037].
11. K. Mrkva, N. A. Posner, C. Reeck, and E. J. Johnson, "Do Nudges Reduce Disparities? Choice Architecture Compensates for Low Consumer

Knowledge," *Journal of Marketing* 85 (2021): 67–84 [https://doi.org/10.1177/0022242921993186].

12. 你買一間房子，為了順利成交而加價一萬美元，也許不會太在意，但你買其他任何東西，多花一萬美元可能就心疼得很。你買房多花的一萬美元，跟你花在其他地方的一萬美元，價值是一樣的！而且如果你是貸款買房，那付完房貸後的實際支出將會高出許多。以長期而言算是理想的 5% 的利率計算，多花一萬美元買房，三十年下來的總支出將會是一萬九千美元。你若將同樣的一萬美元拿去投資，每年預期報酬率為 5%，三十年後將有大約四萬三千美元。所以衡量機會成本，就會發現不加價一萬美元買房，等到三十年房貸付清之後，你的財富竟然能多出六萬美元。
13. J. Liu, "How a Prolific Art Forger Got a New York Gallery Show," *Hyperallergic*, April 11, 2022 [https://hyperallergic.com/723112/how-a-prolific-art-forger-got-a-new-york-gallery-show/].
14. 媒體廣為報導諾德勒畫廊一案，例如《紐約時報》就曾刊出幾篇報導。關於本案概要，見 M. H. Miller, "The Big Fake: Behind the Scenes of Knoedler Gallery's Downfall," *ARTnews*, April 25, 2016 [https://www.artnews.com/art-news/artists/the-big-fake-behind-the-scenes-of-knoedler-gallerys-downfall-6179/]. 這篇文章所述，主要是依據 Podcast *Art Fraud* (iHeart Radio, 2022)，以及探討此案的兩部紀錄片：艾弗里奇（Barry Avrich）執導的「瞞天過海：紐約史上最大贗品案」（*Made You Look: A True Story About Fake Art*）(2020)，以及普萊斯（Daria Price）執導的 *Driven to Abstraction* (2019)。
15. 羅薩萊斯承認九項罪名 [https://www.justice.gov/usao-sdny/pr/art-dealer-pleads-guilty-manhattanfederal-court-80-million-fake-art-scammoney]; 她的疑似同夥，共計遭檢方以十項罪嫌起訴 [https://www.just ice.gov/usao-sdny/pr/three-defendants-charged-manhattan-federal-court-connection-33-million-art-fraud-scheme].
16. 關於專家將藝術贗品誤認為真跡，以及「直覺」是否有助於察覺藝術品詐騙，詳細討論見 D. J. Simons and C. F. Chabris, "The Trouble with Intuition," *Chronicle of Higher Education*, May 30, 2010 [https://www.chronicle.com/article/the-trouble-with-intuition/].
17. 邁亞特與德魯一案的詳盡紀錄，見 L. Salisbury and A. Sujo, *Provenance:*

How a Con Man and a Forger Rewrote the History of Modern Art (New York: Penguin, 2009). 其他參考資料包括 "UK Art Fraudster Found Guilty," BBC News, February 12, 1999 [http://news.bbc.co.uk/1/hi/uk/278413.stm]; "UK Art Fraudster Jailed," BBC News, February 15, 1999 [http://news.bbc.co.uk/2/hi/uk_news/279937.stm]. 一如往常，這只是眾多案例的其中一例，比方說 2010 年，葡萄牙警方發現一起類似的騙局，一對挪威夫婦涉嫌製造新作品，並偽造來源文件：D. Alberge, "An Eclectic Art Fraud in Portugal," *Wall Street Journal*, November 24, 2010 [https://www.wsj.com/articles/SB10001424052748704369304575632801638081746].

18. S. Cain, "'Milli Violini': I Was a Fake Violinist in a World-Class Miming Orchestra," *Guardian*, May 27, 2020 [https://www.theguardian.com/books/2020/may/27/milli-violini-fake-violinist-miming-orchestra-jessica-chiccehitto-hindman-memoir-sounds-like-titanic]; J. Hindman, *Sounds Like Titanic: A Memoir* (New York: W. W. Norton, 2019).
19. K. Rothstein, "Scam Season Comes for the Orchestra," *Vulture*, February 14, 2019 [https://www.vulture.com/2019/02/a-famous-composer-faked-his-way-through-live-performances.html].
20. 公共廣播電視公司巡迴演出的其中一部影片："Tim Janis, beautiful america full PBS Special" [https://www.youtube.com/watch?v=Nu_KwMEl-Kw&t=1460s]; 在這部影片的結尾，辛德曼名列表演者之一。
21. R. Catlin, "The Long Musical Arm of Tim Janis," *Hartford Courant*, November 26, 2001 [https://www.courant.com/news/connecticut/hc-xpm-2001-11-27-0111270707-story.html].
22. "A Fake Orchestra Performance in 'Sounds Like Titanic,'" NPR.com, February 9, 2019 [https://www.npr.org/2019/02/09/692955821/a-fake-orchestra-performance-in-sounds-like-titanic].
23. 官方社群媒體所發布的關於文章、搜尋結果，以及其他許多的摘要、標語的貼文，讀者人數遠多於看過「完整內容」的人數。這些貼文多半是其他人寫的，往往是營造線上參與度的專家所寫。而這些專家也只看過文章內容而已，並未參考其他資料。
24. 斯梅斯特斯案的正式報告：R. A. Zwaan, P. J. F. Groenen, A. J. van der Heijden, and R. te Lindert, "Rapport onderzoekscommissie Wetenschappelijke integriteit: Onderzoek naar mogelijke schending van de wetenschappelijke

integriteit"(「科學誠信調查委員會報告：疑似違反科學誠信案件調查」); A. J. van der Heijden, P. J. F. Groenen, R. Zeelenberg, and R. te Lindert, "Report of the Smeesters Follow-up Investigation Committee," January 27, 2014.（由 Renee Zeelenberg 翻譯成英文，並提供給丹尼爾）。斯梅斯特斯受訪談論此案："Smeesters' Side of the Story," *Erasmus Magazine*, September 11, 2012 [https://www.erasmusmagazine.nl/en/2012/09/11/smeesters-side-of-the-story/].

25. J. Liu, D. Smeesters, and D. Trampe, "Effects of Messiness on Preferences for Simplicity," *Journal of Consumer Research* 39 (2012): 199–214 [https://doi.org/10.1086/662139].
26. 依據東西的大小，調整出價的幅度（買汽車以一千美元為單位出價，買上衣就以五美元為單位出價）並不見得合理。無論是三十三美元，還是三萬三千美元，你出價若能盡量貼近這件東西在你心目中的價值，如此省下的每一塊錢，價值都是相同的。
27. U. Simonsohn, "Just Post It: The Lesson from Two Cases of Fabricated Data Detected by Statistics Alone," *Psychological Science* 24 (2013): 1875–1888 [https://doi.org/10.1177/0956797613480366]. 原始研究於荷蘭進行，所以計價貨幣其實並不是美元，但原理是一樣的。
28. M. Enserink, "Rotterdam Marketing Psychologist Resigns After University Investigates His Data," *Science*, June 25, 2012 [doi.org/10.1126/article.27200].
29. 西蒙森訪談：E. Yong, "The Data Detective," *Nature* 487 (2012): 18–19 [https://doi.org/10.1038/487018a].
30. G. Spier, *The Education of a Value Investor* (New York: Palgrave Macmillan, 2014) 中文版《華爾街之狼從良記》，蓋伊・斯皮爾著，大牌出版，2018.03。Farmer Mac 的故事見原版書 53-57 頁。斯皮爾發現他對 Farmer Mac 了解不夠深，就貿然決定投資。後來他花了一年多的時間，研究中國的電池與汽車製造商比亞迪，才決定動用基金的資金投資（原版書 125-126 頁）。
31. 所謂放空，意思是他向別人借來股份，然後賣出。等到股價下跌，再以較低的價格買回股份，還給借他股份的人，藉此獲利。
32. 這則故事，以及故事中的道理，可以歸納成一句值得記住的箴言：「要做足功課，才能判斷」。*Farnam Street* 部落格文章 "The Work Required

to Have an Opinion" [https://fs.blog/the-work-required-to-have-an-opinion/] 強調這句話的重要性。

33. 羅斯汀（Jed Rothstein）執導的 2018 年紀錄片「中國大騙局」（*The China Hustle*）細說此案的來龍去脈，廣受好評。這群投資人所寫的東方紙業研究報告，可在網路上找到：[https://www.muddywatersresearch.com/research/orient-paper-inc/initiating-coverage-onp/].

34. M. Levine, "Caesars and the $450M 'And,'" *Bloomberg*, May 13, 2014 [https://www.bloomberg.com/opinion/articles/2014-05-13/caesars-and-the-450-million-and]. 萊文表示，債券的條款等於暗示，凱薩只要賣出少量股票，就能擺脫大量債務。2014 年，母公司「凱薩娛樂事業公司」賣出子公司大約價值六百萬美元的新股，因此符合擔保失效的三種情況之一。唯恐損失四億五千萬美元的債券持有者，這下子可要仔細看看投資說明書。他們一路看到一百零六頁，發現三種情況是由「以及」二字串聯，意思是三種情況必須全數發生，擔保才會失效。但凱薩的做法，卻是認定三種情況只要其中一種發生，就足以讓擔保失效。然而爭論也沒有意義，因為凱薩就在那年稍晚破產。

35. T. Rogers and M. I. Norton, "The Artful Dodger: Answering the Wrong Question the Right Way," *Journal of Experimental Psychology: Applied* 17 (2011): 139–147 [https://doi.org/10.1037/a0023439].

36. 「安慰劑資訊」一詞，源自一項知名社會心理學試驗的名稱。這項試驗圍繞著一台影印機。試驗的作者走向正在使用影印機的人，表示自己急需影印文件，請對方讓自己先用。根據試驗結果，這位作者說出安慰劑理由「因為我需要影印」，就跟說出類似的理由「因為我趕時間」，一樣具有說服力。這項研究結果是否足夠有力，安慰劑資訊是否一樣有效，我們不得而知，但這個概念倒是應當牢記。E. Langer, A. Blank, and B. Chanowitz, "The Mindlessness of Ostensibly Thoughtful Action: The Role of 'Placebic' Information in Interpersonal Interaction," *Journal of Personality and Social Psychology* 36 (1978): 635–642 [https://doi.org/10.1037/0022-3514.36.6.635]. 另一項隨機臨床試驗則是顯示，「因為」開頭的安慰劑理由，並沒有說服力，見 M. R. Heino, K. Knittle, A. Haukkala, T. Vasankari, and N. Hankonen, "Simple and Rationale-Providing SMS Reminders to Promote Accelerometer Use: A Within-Trial Randomised Trial Comparing Persuasive Messages," *BMC Public Health* 18 (2018): 1–16

[https://doi.org/10.1186/s12889-018-6121-2].「不否認的否認」一詞由《華盛頓郵報》編輯布萊德利（Ben Bradlee）首創，據說是源自尼克森政府在水門案（Watergate）醜聞期間，與媒體的互動。

37. L. Gilbert, "Rothko Specialist and Son Testify They Never Authenticated Fake Painting in Knoedler Trial," *Art Newspaper*, February 2, 2016 [https://www.theartnewspaper.com/2016/02/02/rothko-specialist-and-son-testify-they-never-authenticated-fake-painting-in-knoedler-trial]; C. Moynihan, "In Knoedler Art Fraud Trial, Expert Testimony on Fakes Weighs Heavily," *New York Times*, February 1, 2016 [https://www.nytimes.com/2016/02/02/arts/in-knoedler-art-fraud-trial-expert-testimony-on-fakes-weighs-heavily.html].
38. 見 S. A. Clancy, *Abducted: How People Come to Believe They Were Kidnapped by Aliens* (Cambridge, MA: Harvard University Press, 2005) 第四章。1962 年之前的幾百年，總之很久以前，曾有人自稱遇到外星人，但並未有人自稱被外星人綁架。「外星人綁架地球人」是隨著描寫這種情節的電視節目、電影，而興起的特殊新現象。雖然確實有人自稱在 1962 年之前遭到外星人綁架，但這些人是在 1962 年之後，才表示自己曾被綁架。
39. S. Zito, "Who Is Kathy Barnette?," *Washington Examiner*, May 11, 2022 [https://www.washingtonexaminer.com/opinion/who-is-kathy-barnette].
40. 更多例子請見 A. Gawande, *The Checklist Manifesto: How to Get Things Right* (New York: Metropolitan Books, 2009) 中文版《清單革命：不犯錯的祕密武器》，葛文德著，天下文化，2018.09。
41. 亦見 W. Berger, *The Book of Beautiful Questions* (New York: Bloomsbury, 2018) 中文版《從 Q 到 Q+：精準提問打破偏見僵局 x 避開決策陷阱，關鍵時刻做出最佳決斷》，華倫・伯格著，寶鼎出版，2020.03。
42. 這個問題由心理學家米勒（Geoffrey Miller）在推特上提出。
43. D. A. Redelmeier, E. Shafir, and P. S. Aujla, "The Beguiling Pursuit of More Information," *Medical Decision Making* 21 (2001): 376–381 [https://doi.org/10.1177/0272989X0102100504]. 血壓研究改寫自 C. F. Chabris and D. J. Simons, "Four Ways That Information Can Lead Us Astray," American Express, May 18, 2010 [https://www.americanexpress.com/en-us/business/trends-and-insights/articles/four-ways-that-information-can-lead-us-astray-christopher-chabris-and-daniel-simons/].

05 一致性：懂得雜訊的價值

1. 美國政府控告薩蒂什・昆巴尼，被告別號「Vindee」、「VND」、「vndbcc」。2022 年 2 月 25 日起訴書，美國加利福尼亞南區聯邦地區法院 [https://storage.courtlistener.com/recap/gov.uscourts.casd.727918/gov.uscourts.casd.727918.1.0_1.pdf]; 新聞稿 [https://www.justice.gov/opa/pr/bitconnect-founder-indicted-global-24-billion-cryptocurrency-scheme]. 阿卡諾（Glenn Arcano）認罪，承認與他人共謀詐欺 BitConnect 投資人 [https://www.justice.gov/opa/pr/56-million-seized-cryptocurrency-being-sold-first-step-compensate-victims-bitconnect-fraud].
2. 最早探討比特幣的論文，是 S. Nakamoto, *Bitcoin: A Peer-to-Peer Electronic Cash System*, October 31, 2008 [bitcoin.org/bitcoin.pdf]. 亦見 F. Schär and A. Berentsen, *Bitcoin, Blockchain, and Cryptoassets: A Comprehensive Introduction* (Cambridge, MA: MIT Press, 2020).
3. S. Williams, "The 20 Largest Cryptocurrencies by Market Cap," The Motley Fool, December 15, 2017 [https://www.fool.com/investing/2017/07/20/the-20-largest-cryptocurrencies-by-market-cap.aspx].
4. T. Frankel, *The Ponzi Scheme Puzzle* (Oxford, UK: Oxford University Press, 2012); 特別推薦第一章關於原版龐茲騙局的簡介。龐茲的職業生涯與騙局的詳細解析，見 D. Davies, *Lying for Money: How Legendary Frauds Reveal the Workings of the World* (New York: Scribner, 2021), 75-79. 中文版《商業大騙局》，丹・戴維斯著，行路出版，2020.07。在龐茲之前，也發生過類似的騙局，小說也曾描寫這種騙局，但龐茲詐騙的規模最大，是 1920 年的一千五百萬美元，相當於這本書寫作期間的兩億兩千萬美元，曝光也最多，因此成為往後類似詐騙案的樣板。但許多類似的詐騙案，與龐茲的騙局仍有重大差異。
5. 在多層次傳銷組織，業者招募其他業者為自己販售商品，將收益的一部分支付給上層業者，一層層往上支付，直至最高層的創辦人。美國康乃狄克州的 Gifting Tables，是典型的現金贈禮老鼠會，後來遭到美國政府調查，最終數人被定罪 [https://www.justice.gov/usao-ct/pr/two-guilford-women-sentenced-federal-prison-overseeing-gifting-tables-pyramid-scheme].
6. 近年發生的龐氏騙局，以及紀錄在案的龐氏騙局的資料庫，見 Ponzitracker [https://www.ponzitracker.com/about] 以及 the Ponzi Scheme

Database [https://dachshund-cheetah-cxaa.squarespace.com/ponzi-database/]. Celsius 資料來源：J. Oliver and K. Shubber, "Celsius Chief Feels the Heat After Blocking Withdrawals," *Financial Times*, June 18–19, 2022 [https://www.ft.com/content/18b6fb80-44dd-40ed-b5ea-3f3bf2814c7d]; H. Lang, "Crypto Lender Celsius Network Reveals $1.19 Bln Hole in Bankruptcy Filing," Reuters, July 14, 2022 [https://www.reuters.com/business/finance/crypto-lender-celsius-network-reveals-119-billion-hole-bankruptcy-filing-2022-07-14/]. 在加密金融的複雜世界，Celsius 只是因為與來自新加坡的三箭資本（Three Arrows Capital）有所牽扯而出事的眾多企業的其中一家。三箭資本自己也因為類似龐氏騙局的行徑，而在 2022 年 6 月進入清算程序，見 J. Wieczner, "The Crypto Geniuses Who Vaporized a Trillion Dollars," *New York*, August 15, 2022 [https://nymag.com/intelligencer/article/three-arrows-capital-kyle-davies-su-zhu-crash.html].

7. 2008 年 12 月 10 日，也就是馬多夫被逮捕的前一天，他用於經營騙局的銀行帳戶的最終餘額為兩億兩千兩百萬美元。見 J. Campbell, *Madoff Talks* (New York: McGraw-Hill, 2021), 16.
8. 馬多夫的「避險基金報酬率」，是依據費菲德哨兵（Fairfield Sentry）避險基金發表的 1991 至 2007 年報酬率。在那段期間，這檔基金將客戶的資金，全數投資馬多夫（自己也賺進豐厚的管理費與績效費）見 C. Bernard, and P. P. Boyle, "Mr. Madoff's Amazing Returns: An Analysis of the Split-Strike Conversion Strategy," *Journal of Derivatives* 17 (2009): 62–76 [https://doi.org/10.3905/jod.2009.17.1.062].
9. 這種偏誤可能很大：夏恩・佛德瑞克發現，他研究的大學生當中，超過三分之一表示寧願穩穩拿到五百美元，也不想選擇有 15% 的機率，能拿到一百萬美元。而 15% 拿到一百萬美元的機率，預期價值會是五百美元的三百倍（0.15 x $1,000,000 = $150,000 = 300 x $500），但有 85% 的機率不會實現。若沒有實現，那與領取五百美元相比，就是損失五百美元。見 S. Frederick, "Cognitive Reflection and Decision Making," *Journal of Economic Perspectives* 19 (2005): 25–42 [https://doi.org/10.1257/089533005775196732] 第 34 頁圖 3a。
10. 發現馬多夫騙局，也發表回憶錄《不存在的績效：穩定報酬的真相解密！馬多夫對沖基金騙局最終結案報告》（*No One Would Listen*）的馬可波羅原本非常高興自己的著作要翻譯成羅馬尼亞文與俄文。但他後來發現，譯本的用途並不是防範詐騙，而是傳授如何打造馬多夫騙局。見 Campbell, *Madoff Talks* 最終章。

11. 2018 年 2 月 8 日之前的五年間，標準普爾五百指數的成分股，一天之內的股價高點與低點的平均差，為 1.91%（中位數 1.61%）。這項計算所依據的數字，來自 C. Nugent, "S&P 500 Stock Data, 2013–18," Investor's Exchange API, Kaggle, February 2018 [https://www.kaggle.com/datasets/camnugent/sandp500].
12. 這張圖表源自 2015 年的一場試驗。在試驗中，研究人員問一群外行人，願意向朋友推薦這四檔基金當中的哪一檔。結果 68% 的研究對象，選擇績效穩定到不可思議的，以假名掩飾的馬多夫基金。但圖表的說明文字其實已經揭露，這檔基金並未透露其投資策略，而且是由一家不知名小型公司負責查帳（這兩項都是疑似人謀不臧的警訊，馬多夫的基金，以及許多將客戶的錢交給馬多夫投資的基金，也都具備這兩個疑點）。研究人員又問另一組研究對象相同的問題，不過這次請他們先思考，這些基金是否有可疑之處，結果有較多人不選擇馬多夫的基金，但仍有 51% 的人選擇。見 T. Zhang, P. O. Fletcher, F. Gino, and M. Bazerman, "Reducing Bounded Ethicality: How to Help Individuals Notice and Avoid Unethical Behavior," *Organizational Dynamics* 44 (2015): 310–317 [https://doi.org/10.1016/j.orgdyn.2015.09.009].
13. 唉，凱因斯顯然從未說過這句話：「事實改變，我的看法也會變。先生，你呢？」引自 Investigator, July 22, 2011 [https://quoteinvestigator.com/2011/07/22/keynes-change-mind/] (網路存檔 https://archive.ph/wip/5E7jd).
14. 公平競爭資訊來自 "Chess Cheating," Chess.com, October 10, 2022 [https://www.chess.com/article/view/online-chess-cheating]. 最知名的線上作弊案件，與克里斯遇到拉齊爾的經歷極為相似：P. Doggers, "Cheating Controversy Results in Most-Watched Chess Stream in History," Chess.com, March 23, 2021 [https://www.chess.com/news/view/most-watched-chess-stream-in-history-dewa-kipas]. 甚至也有職業西洋棋手及西洋棋特級大師作弊被抓的例子。在線上進行的 2021 年英格蘭錦標賽，一名並列領先地位的西洋棋手，在錦標賽結束之前被取消資格。Armenian Eagles 團隊，以及該隊的頭號好手彼得羅相（Tigran L. Petrosian），在贏得線上進行的 2020 年 PRO Chess League 冠軍戰之後，被取消資格。見 L. Barden, "Chess: Keith Arkell Captures Online British Title After

Rival Is Disqualified," *Guardian*, August 13, 2021 [https://www.theguardian.com/sport/2021/aug/13/chess-keith-arkell-captures-online-british-title-after-rival-is-disqualified]; PROChessLeague, "Saint Louis Arch Bishops 2020 PRO Chess League Champions; Armenia Eagles Disqualified," Chess.com, October 1, 2020 [https://www.chess.com/news/view/saint-louis-arch-bishops-2020-pro-chess-champions].

15. 例如法官掌握的案件資訊即使相同，對被告的判決還是有可能不同。在這種情況，至少一位被告會遭受不公平的判決。這種（司法體系的）雜訊，應該要予以衡量、減輕。見 D. Kahneman, O. Sibony, and C. Sunstein, *Noise: A Flaw in Human Judgment* (New York: Little, Brown Spark, 2020) 中文版《雜訊：人類判斷的缺陷》，丹尼爾·康納曼，奧立維·席波尼，凱斯·桑思汀著，天下文化，2021.05。
16. 萊斯特城足球俱樂部資料來自 "Performance Record of Clubs in the Premier League," Wikipedia [https://en.wikipedia.org/wiki/Performance_record_of_clubs_in_the_Premier_League] 以及 "Leicester City F.C.," Wikipedia [https://en.wikipedia.org/wiki/Leicester_City_F.C.#Premier_League_champions_(2015%E2%80%9316)].
17. *Report of JPMorgan Chase & Co. Management Task Force Regarding 2012 CIO Losses*, January 16, 2013, 128–129 [https://ypfs.som.yale.edu/node/2821]; A. Ahmed, "The Hunch, the Pounce and the Kill," *New York Times*, May 27, 2012 [https://www.nytimes.com/2012/05/27/business/how-boaz-weinstein-and-hedge-funds-outsmarted-jpmorgan.html]; E. Owles, "Timeline: The London Whale's Wake," *New York Times*, March 27, 2013 [https://archive.nytimes.com/www.nytimes.com/interactive/2013/03/27/business/dealbook/20130327-jpmorgan-timeline.html].
18. M. De Vita, "Analysis: Madoff's Returns vs. the Market," in *The Club No One Wanted to Join: Madoff Victims in Their Own Words*, ed. E. Arvedlund and A. Roth (Alexandra Roth Book Project, 2010), 212–219. 我們取得相同的過往績效數據，計算德·維塔的十六檔基金，以及馬多夫基金（依據投資馬多夫基金的費菲德哨兵基金所公開的績效數據），1991 至 2007 年的年度波動率（報酬率標準差）。馬多夫基金的夏普值（Sharpe ratio，亦即每單位波動性報酬率，計算時是與零風險資產比較，通常是與美國國庫券比較）是 3.02，而非龐氏騙局的基金的夏普值，通常低於

0.5。

19. 我們從阿格西接受 Unscriptd 訪問的內容，抄錄這幾段原話 “Andre Agassi Interview | Beat Boris Becker by Observing His Tongue,” YouTube [https://www.youtube.com/watch?v=ja6HeLB3kwY]（網路存檔 https://archive.ph/2yofY). 報導見 A. Pattle, “Andre Agassi Reveals He Looked at Boris Becker's Tongue for Serve Clues in Rivals' Clashes,” *Independent*, April 30, 2021 [https://www.independent.co.uk/sport/tennis/andre-agassi-boris-becker-tongue-serve-b1840198.html].
20. 有些職業撲克玩家會戴墨鏡、帽子，甚至穿上有拉鍊的連帽衫，完全遮蓋自己的臉部，以免露出面部表情或呼吸習慣。弗格森（Chris Ferguson）建議玩家自行練習，每次決策都在相同長短的時間內完成，至少即使做最簡單的決策，也要設定最起碼的思考時間，且每次思考時間的長短都相同。對手就無法從思考時間的長短，找出「馬腳」。蕾托（Jonathan Little）在 *Secrets of Professional Tournament Poker: The Essential Guide* (D&B Poker, 2021) 一書一言以蔽之：「不必要的動作，就完全不要做。」貝克要是知道阿格西看出自己舌頭露出的馬腳，就會利用這個馬腳誤導阿格西，例如故意讓阿格西誤以為他要將球發到中線，但其實是要發向外角。
21. 依據橋牌的倫理守則，橋牌玩家不得利用搭檔不當透露的資訊：“Ethics and Discipline,” American Contract Bridge League [https://acbl.org/ethics/]. 若是利用不當透露的資訊，對手就能指控兩人作弊。要判斷一對搭檔是否以不當的溝通方式作弊，向來不太容易，因此橋牌競賽的主辦方，也出手防範其他不當溝通方式。橋牌玩家大聲叫牌，即可輕易串通作弊，因此要求玩家使用放在桌上的叫牌卡，可以避免作弊。蓄意作弊的玩家，在叫牌時可以說「a spade」或「one spade」，運用這種差異，刻意向搭檔暗示自己手中的牌。改變叫牌的語氣，也能向搭檔暗示自己手中的牌。
22. 橋牌作弊案例的資料來源，包括西凡（Daniel Sivan）執導的紀錄片 *Dirty Tricks* (2021); R. Tenorio, “How a Cheating Scandal Brought Down the Michael Jordan of Bridge,” *Guardian*, May 5, 2021 [https://www.theguardian.com/sport/2021/may/05/lotan-fisher-bridge-cheating-scandal-2015-documentary]; D. Owen, “Dirty Hands,” *New Yorker*, February 28, 2016 [https://www.newyorker.com/magazine/2016/03/07/the-cheating-

problem-in-professional-bridge]; J. Colapinto, "Is the Competitive Bridge World Rife with Cheaters?," *Vanity Fair*, February 29, 2016 [https://www.vanityfair.com/culture/2016/02/competitive-bridge-cheating-scandal]; "Fantoni and Nunes Cheating Scandal," Wikipedia [https://en.wikipedia.org/wiki/Fantoni_and_Nunes_cheating_scandal]; "Cheating in Bridge," Wikipedia [https://en.wikipedia.org/wiki/Cheating_in_bridge]; "Fisher and Schwartz Cheating Scandal," Wikipedia [https://en.wikipedia.org/wiki/Fisher_and_Schwartz_cheating_scandal]. 這些作弊的橋牌搭檔若想以更隱蔽的方式作弊，可以偶爾在彼此知道並不需要打暗號時，刻意使用馬腳。等到真的在打暗號的時候，同樣的馬腳就不易被察覺。

23. 這些討論舍恩與薩哈伊的段落，部分內容來自我們在澳洲荷巴特的新舊藝術博物館協辦的一場展覽的展覽手冊：D. J. Simons and C. F. Chabris, "Fooling Ourselves Most of the Time," in *Gorillas in Our Midst* (Hobart, Australia: Museum of Old and New Art, 2019), 17–44. 同一本手冊也收錄一篇由館長克拉克（Jane Clark）所寫，探討藝術界偽作的歷史的文章。
24. A. Amore, *The Art of the Con* (New York: Palgrave Macmillan, 2015). 關於人們為何如此珍視原作，甚至更甚於完美的複製品的解析，見 P. Bloom, *How Pleasure Works: The New Science of Why We Like What We Like* (New York: W. W. Norton, 2010) 中文版《香醇的紅酒比較貴，還是昂貴的紅酒比較香？》，保羅・布倫著，商周出版 2021.06。
25. 伊里・薩哈伊承認這項詐欺罪名，最終被判處四十一個月有期徒刑 [http://www.justice.gov/usao/nys/pressreleases/July05/sakhaisentence.pdf].
26. L. Cassuto, "Big Trouble in the World of 'Big Physics,'" *Guardian*, September 18, 2002 [https://www.theguardian.com/education/2002/sep/18/science.highereducation].
27. 舍恩因為朗訊科技（Lucent Technologies）的調查報告而被解雇。他回應這份報告，承認自己犯錯，但否認詐欺：「我是犯了錯，但我從來不想誤導別人，也不想濫用別人的信任。我知道犯了這些錯，會影響研究結果的可信度。但我真的相信，研究所呈現的科學效應是真實的，是很有潛力的，也是值得努力研究的。」見 Lucent Technologies, "Report of the Investigation Committee on the Possibility of Scientific Misconduct in the Work of Hendrik Schön and Coauthors," September 2022 [https://media-bell-labs-com.s3.amazonaws.com/pages/20170403_1709/misconduct-revew-

report-lucent.pdf].

28. 倫辛克等人的原始閃現研究：R. A. Rensink, J. K. O'Regan, and J. J. Clark, "To See or Not to See: The Need for Attention to Perceive Changes in Scenes," *Psychological Science* 8 (1997): 368–373 [https://doi.org/10.1111/j.1467-9280.1997.tb00427.x]. 我們的《為什麼你沒看見大猩猩？：教你擺脫六大錯覺的操縱》的第二章，也探討「改變視盲」。倫辛克的找出相同處的研究，詳見 R. A. Rensink, "Change Blindness: Implications for the Nature of Visual Attention," in *Vision and Attention*, ed. M. Jenkin and L. Harris (New York: Springer, 2001), 169–188.

29. 將複製的數據當成新數據發表，絕對不可能是無心之過。編輯影像以更改數據，也是存心欺騙的行為。這些都構成科學上的不端行為。複製影像與操弄影像不同，有時純屬粗心大意。在丹尼爾與人合寫的一篇論文，因為作業疏忽，同樣的數據出現在論文的兩處。丹尼爾應該上傳兩個不同的影像檔案，卻誤將同樣一個影像檔案上傳兩次。這項錯誤最終也隨著論文刊出。這很顯然是無心的錯誤，兩項數據應該來自有著不同條件的不同試驗，所以數據顯然也應該不同。但丹尼爾與另一位作者並未及時察覺，期刊的審查人員也沒發現。誰都有犯錯的時候，科學文獻也有更正的機制。比克發現論文工廠的經過，見 D. Chawla, "A Single 'Paper Mill' Appears to Have Churned Out 400 Papers," *Science*, February 27, 2020 [https://doi.org/10.1126/science.abb4930]; E. M. Bik, F. C. Fang, A. L. Kullas, R. J. Davis, and A. Casadevall, "Analysis and Correction of Inappropriate Image Duplication: The *Molecular and Cellular Biology* Experience," *Molecular and Cellular Biology* 38 (2018): e00309-18 [https://doi.org/10.1128/MCB.00309-18].

30. 幾項研究的問卷回收份數都是七百七十，以及在另一個案例，兩篇論文以不同的研究對象進行試驗，然而最終的十八項研究結果中，竟有十七項完全相同，以上詳見尼克．布朗的部落格文章："Strange Patterns in Some Results from the Food and Brand Lab," *Nick Brown's Blog* [http://steamtraen.blogspot.com/2017/03/strange-patterns-in-some-results-from.html]. 將同樣的研究結果，發表於不同論文的另一種較為微妙的做法，是所謂的「切香腸」（salami slicing），亦即將一項研究的不同結果，發表於多篇論文。幾項宣稱動作電玩遊戲能提升認知能力的研究，存在這種疑似詐欺行為，相關調查詳見 J. Hilgard, G. Sala, W. R. Boot, and

D. J. Simons, "Overestimation of Action-Game Training Effects: Publication Bias and Salami Slicing," *Collabra: Psychology* 5 (2019): 30 [https://doi.org/10.1525/collabra.231].

31. 康乃爾大學並未公布校方的完整調查結果，但教務長倒是發表了一項聲明："Statement of Cornell University Provost Michael I. Kotlikoff," Cornell University [https://statements.cornell.edu/2018/20180920-statement-provost-michael-kotlikoff.cfm]. 教務長克里寇夫（Michael I. Kotlikoff）寫給尼克・布朗，以及其他曾調查萬辛克研究的人士的一封信 [https://www.documentcloud.org/documents/5028990-BrownandFellowSignatories-11-05-18.html], 信上指出，調查發現「許多科學研究的不當行為」，包括「偽造數據」以及「一稿多投」。

32. J. Förster and M. Denzler, "Sense Creative! The Impact of Global and Local Vision, Hearing, Touching, Tasting and Smelling on Creative and Analytic Thought," *Social Psychology and Personality Science* 3 (2012): 108–117 [https://doi.org/10.1177/1948550611410890].

33. 見 "Suspicion of Scientific Misconduct by Dr. Jens Förster," Retraction Watch, September 3, 2012 [http://retractionwatch.files.wordpress.com/2014/04/report_foerster.pdf].「撤稿觀察」亦提供 LOWI 報告及譯文："Förster Report Cites 'Unavoidable' Conclusion of Data Manipulation," Retraction Watch, May 7, 2014 [https://retractionwatch.com/2014/05/07/forster-report-cites-unavoidable-conclusion-of-data-manipulation]; 引文節錄自譯文。萊夫・尼爾森與烏里・西蒙森在他們的部落格 Data Colada 發表文章 "Fake-Data Colada: Excessive Linearity," May 8, 2014 [http://datacolada.org/21]，說明一系列的模擬與分析。顯然十萬次的模擬，沒有一次呈現出如同福斯特的研究結果那樣始終如一的線性結果。這種一致性極高的可疑結果，也出現在福斯特的另外兩篇論文當中。

34. 阿文內爾的發現，以及後續調查，見 K. Kupferschmidt, "Researcher at the Center of an Epic Fraud Remains an Enigma to Those Who Exposed Him," *Science*, August 17, 2018 [https://www.science.org/content/article/researcher-center-epic-fraud-remains-enigma-those-who-exposed-him].

35.「隨機的事物應該要平均分配（尤其在短期）」的觀念，正是知名的賭徒謬誤（Gambler's Fallacy）。「小型樣本應該符合其母體的特性」的觀念，則是錯誤的「小數法則」（Law of Small Numbers），見 A. Tversky and D. Kahneman, "Belief in the Law of Small Numbers," *Psychological Bulletin* 76 (1971): 105–110 [https://doi.org/10.1037/h0031322].「除非所有的基準差異為零，否則隨機試驗無效」也是錯誤觀念，但有些研究學者偏偏就是這麼想。也許正因如此，才會有騙子捏造基準差異為零的研究結果。

36. M. J. Bolland, A. Avenell, G. D. Gamble, and A. Grey, "Systematic Review and Statistical Analysis of the Integrity of 33 Randomized Controlled Trials," *Neurology* 87 (2016): 2391–2402 [https://doi.org/10.1212/WNL.0000000000003387]. 根據美國神經病學學會（American Academy of Neurology）發布的新聞稿 "Study Suggests Probable Scientific Misconduct in Bone Health Studies," November 9, 2016 [https://www.aan.com/PressRoom/Home/PressRelease/1501]（網路存檔 https://archive.ph/wip/Uev5F),「佐藤美洋表示願意承擔所有責任，承認神經病學論文造假。造假的論文宣稱，某些療法能有效緩解中風後的病患，以及帕金森氏症病患的髖部骨折症狀。佐藤美洋表示，論文的共同作者均未參與不當行為。他是基於尊崇，才將他們列為共同作者。他要求撤回三項研究。」在造假的研究，資料集的一個模式看起來有問題，通常代表其他模式也有問題。例如在佐藤美洋的數據，每一組的研究對象人數也過於一致。在真正的隨機分配，治療組與控制組的人數應該會有差異。我們已經知道，擲硬幣一百次，很少會正好出現五十次正面，以及五十次反面（機率只有 8%）。而擲出六十次或更多的正面或反面的機率，則是高得出奇的超過 5.5%。佐藤美洋的「隨機分配」，等於每次都正好擲出五十次正面，以及五十次反面。博蘭德的團隊檢視了佐藤美洋的三十項研究，發現在其中二十七項，各組人數竟然完全相同，簡直不可思議。佐藤美洋的研究，除了樣本人數與基準試驗結果過於一致之外，幾篇研究不同對象的論文，竟然也出現一模一樣的文字敘述與統計數據。

37. 卡萊爾的方法：J. B. Carlisle, "Data Fabrication and Other Reasons for Non-random Sampling in 5087 Randomised, Controlled Trials in Anaesthetic and General Medical Journals," *Anaesthesia* 72 (2017): 944–952 [https://doi.org/10.1111/anae.13938]. 截至 2022 年 9 月 5 日，藤井善隆共有一百八十三篇論文被撤回。被撤回論文數量排行榜 [https://retractionwatch.com/the-retraction-watch-leaderboard/] 的第二名與第三名，是一百六十四篇論文被撤回的博爾特（Joachim Boldt），以及一百二十三篇論文被撤回的

上嶋浩順。這兩位也是麻醉學者。第四名則是一百一十篇論文被撤回的佐藤美洋。雖說四位被撤回論文最多的作者，全都是麻醉學者，但這並不代表麻醉學界的造假現象特別多。你若認為麻醉學界的造假現象特別多，那就是在誤導你自己，因為你只看見顯而易見的現象，卻沒有看見缺失的資訊。實際情況可能是許多領域都有不少造假研究，只是在卡萊爾的影響之下，麻醉學研究界更有能力揭發眾多造假的研究。

38. 麥當勞漢堡的品質非常一致，在每間門市，甚至在每個國家販售的漢堡，幾乎一模一樣。《經濟學人》也由此發明一種比較各國生活標準的指數，計算方法是研究各國的平均薪資，能買多少個大麥克漢堡 [https://www.economist.com/big-mac-index].

06 熟悉：不可盡信熟悉的事物

1. 阿蒂爾斯的行為向來備受爭議。根據安德森（Curt Anderson）報導：「2017 年，他在塔拉哈西（Tallahassee）一間酒吧，與兩位黑人議員交談時說出種族歧視言論，隨即辭去州參議員一職。他後來又遭揭露，私自挪用政治委員會的資金，聘請《花花公子》前任模特兒、Hooters 波霸餐廳前任侍者擔任顧問。」見 C. Anderson, "Ex-Florida Senator Charged in Fake Candidate Scheme," AP News, March 18, 2021 [https://apnews.com/article/miami-senate-elections-florida-elections-e8b70ce3270bd170e37a71ca80b5aaae]. 選舉事件的資料來源，包括 D. Kam, "Florida Democrats Call for New State Senate Elections Amid Ongoing Campaign Fraud Case," *Orlando Weekly*, March 22, 2021 [https://web.archive.org/web/20210418060352/https://www.orlandoweekly.com/Blogs/archives/2021/03/22/florida-democrats-call-for-new-state-senate-elections-amid-ongoing-campaign-fraud-case]; K. Shepherd, "Ex-Florida State Senator Paid Bogus Candidate to 'Siphon Votes,' Police Say, in Race GOP Narrowly Won," *Washington Post*, March 19, 2021 [https://www.washingtonpost.com/nation/2021/03/19/florida-fraud-artiles-rodriguez-election/].
2. A. Fins, "Palm Beach County Ghost Candidate Exposes 'Lies' Behind Florida Election Reform, Voter Groups Say," *Palm Beach Post*, August 31, 2021 [https://www.palmbeachpost.com/story/news/politics/2021/08/31/palm-beach-county-ghost-candidate-pleads-guilty-election-case/5593843001/]; G.

Fox, "Deception and Dark Money: Court Documents Show Scheme of Ghost Candidates in Florida Senate Races," WESH, August 5, 2021 [https://www.wesh.com/article/scheme-ghost-candidates-florida-senate-races/37236133].

3. J. Garcia and A. Martin, "Big Business-Linked Group Gave Over $1 Million to Dark-Money Entity Promoting 'Ghost' Candidates," *Orlando Sentinel*, November 18, 2021 [https://www.orlandosentinel.com/news/os-ne-lets-preserve-the-american-dream-senate-ghost-candidates-20211118-fhplycqaijcixkrr3nipee5qne-story.html].
4. 見 N. Cooper, F. Maier, and H. Fineman, "LaRouched in Illinois: How to Shred a Ticket," *Newsweek*, March 31, 1986, 22; 亦見 T. Rische, "What's in a Name? Favoritism, Prejudice," *Los Angeles Times*, April 2, 1986 [https://www.latimes.com/archives/la-xpm-1986-04-02-me-2428-story.html] 關於姓名熟悉度的影響的討論。
5. C. S. O'Sullivan, A. Chen, S. Mohapatra, L. Sigelman, and E. Lewis, "Voting in Ignorance: The Politics of Smooth-Sounding Names," *Journal of Applied Social Psychology* 18 (1988): 1094–1106 [https://doi.org/10.1111/j.1559-1816.1988.tb01195.x]. 麥特森（Marsha Matson）與范恩（Terri Susan Fine）研究 1996 年佛羅里達州邁阿密 - 戴德郡（Miami-Dade County）一場不甚重要，且選民對候選人所知甚少的選舉，候選人的姓名對於投票行為的影響。五十七位知名度較低的候選人，角逐該郡的諮詢委員會與規劃委員會的十五個開放的、非黨派的席位。在這些沒有知名度的候選人當中，花較多錢的，得票數通常較高。整體而言，擁有西班牙裔姓名的候選人，得票數低於非西班牙裔姓名的候選人（不過姓名的效應會受到性別影響）。見 M. Matson and T. S. Fine, "Gender, Ethnicity, and Ballot Information: Ballot Cues in Low-Information Elections," *State Politics and Policy Quarterly* 6 (2006): 49–72 [https://doi.org/10.1177/153244000600600103]. 瑞士一場選民對候選人同樣所知甚少的選舉，非瑞士姓名的候選人，得票數也是比較低：L. Portmann and N. Stojanović, "Electoral Discrimination Against Immigrant-Origin Candidates," *Political Behavior* 41 (2019): 105–134 [https://doi.org/10.1007/s11109-017-9440-6].
6. L. L. Jacoby, C. Kelley, J. Brown, and J. Jasechko, "Becoming Famous Overnight: Limits on the Ability to Avoid Unconscious Influences of the

Past," *Journal of Personality and Social Psychology* 56 (1989): 326–338 [https://doi.org/10.1037/0022-3514.56.3.326].

7. C. D. Kam and E. J. Zechmeister, "Name Recognition and Candidate Support," *American Journal of Political Science* 57 (2013): 971–986 [doi:10.1111/ajps.12034]. 在選票上列於第一位的優勢是很大的，尤其是在不甚重要，或是無關黨派的選舉。根據美國俄亥俄州幾場選舉的資料，在選票上列於第一位，而不是最後一位的優勢，是平均 2.33 個百分點。目前並不確定候選人的姓名在選票上的位置，究竟影響了幾次選舉的結果，因為在很多選舉，其他因素對選舉結果的影響可能更大。而且在某些選舉，選票上候選人姓名的次序會有所變化，以排除候選人姓名所在位置對於選舉結果的影響。候選人姓名所在位置的效應的相關數據與討論，見 J. M. Miller and J. A. Krosnick, "The Impact of Candidate Name Order on Election Outcomes," *Public Opinion Quarterly* 62 (1998): 291–330 [https://doi.org/10.1086/297848].

8. 要知道，這種熟悉度所能引發的效應其實不大。院子標牌的影響力沒那麼強大，還有許多因素也會影響投票意向。如此普遍的廣告手法，實際的影響力卻相對較小。顯然我們應當留心，不要誇大包括姓名熟悉度效應在內等較為細微的促發機制的實質效應。見 D. P. Green et al., "The Effects of Lawn Signs on Vote Outcomes: Results from Four Randomized Field Experiments," *Electoral Studies* 41 (2016): 143–150.

9. A. R. Pratkanis, A. G. Greenwald, M. R. Leippe, and M. H. Baumgardner, "In Search of Reliable Persuasion Effects: III. The Sleeper Effect Is Dead: Long Live the Sleeper Effect," *Journal of Personality and Social Psychology* 54 (1988): 203–218 [https://doi.org/10.1037/0022-3514.54.2.203]; G. T. Kumkale and D. Albarracín, "The Sleeper Effect in Persuasion: A Meta-Analytic Review," *Psychological Bulletin* 130 (2004): 143–172 [https://doi.org/10.1037/0033-2909.130.1.143].

10. M. Wilson, "Ray's Pizza, 'The' Ray's Pizza, Will Close on Sunday," *New York Times*, October 24, 2011 [https://cityroom.blogs.nytimes.com/2011/10/24/rays-pizza-the-rays-pizza-will-close-on-sunday/]; J. Tierney, "In a Pizza War, It's 3 Rays Against the World," *New York Times*, March 25, 1991 [https://www.nytimes.com/1991/03/25/nyregion/in-a-pizza-war-it-s-3-rays-against-the-rest.html].「雷的知名原創比薩」現有的幾家連鎖店，販

售超好吃的大蒜麵包捲。

11. J. Torchinsky, "It's Infiniti's 30th Anniversary So Let's Remember When It Had a Vision," *Jalopnik*, November 8, 2019 [https://jalopnik.com/its-infinitis-30th-anniversary-so-lets-remember-when-it-1839724145]; A. Rodriguez, "Why Did a Lumber Company Make the Most Emotionally Gripping Ad to Air During Super Bowl 51?," *Quartz*, February 6, 2017 [https://qz.com/903902/84-lumbers-super-bowl-51-commercial-the-story-behind-the-most-emotionally-gripping-ad-of-the-night]. 我們估算 84 Lumber 廣告的成本，是依據廣告的長度（九十秒），以及多年來關於超級盃廣告時段費用的各項報導：M. Williams, "Super Bowl Commercial Cost in 2022: How Much Money Is an Ad for Super Bowl 56?," *Sporting News*, February 13, 2022 [https://www.sportingnews.com/us/nfl/news/super-bowl-commercials-cost-2022/v9ytfqzx74pjrcdvxyhevlzd]. 職業足球比賽並不會在中場休息時間播放廣告，因此贊助商在球員的球衣正面印上自家公司的名稱與商標，藉此提升知名度。

12. D. Davies, *Lying for Money: How Legendary Frauds Reveal the Workings of the World* (New York: Scribner, 2021), 30. 中文版《商業大騙局》，丹．戴維斯著，行路出版，2020.07。華特（Tom Wright）與霍普（Bradley Hope）的著作 *Billion Dollar Whale: The Man Who Fooled Wall Street, Hollywood, and the World* (New York: Hachette Books, 2018) 中文版《鯨吞億萬：一個大馬年輕人，行騙華爾街與好萊塢的真實故事》，湯姆．萊特、布萊利．霍普，早安財經，2019.10，平裝本細述劉特佐與馬來西亞發展有限公司的事件始末。萊特與霍普亦於《華爾街日報》報導此案。想了解金融詐騙的人，應該看看他們兩位的報導，以深入了解史上最大、最完全的竊案之一。劉特佐遭到起訴 [https://www.justice.gov/opa/pr/malaysian-financier-low-taek-jho-also-known-jho-low-and-former-banker-ng-chong-hwa-also-known]. 前高盛投資銀行家黃宗華賄賂、洗錢的罪名也成立 [https://www.justice.gov/opa/pr/former-goldman-sachs-investment-banker-convicted-massive-bribery-and-money-laundering-scheme]. 高盛的萊斯納（Tim Leissner）同樣涉及此案，最終認罪。高盛集團也認罪。馬來西亞首相則是在馬來西亞被定罪：M. Goldstein, "The Key to a $4 Billion Fraud Case: A Banker Who Says He 'Lied a Lot,'" *New York Times*, March 13, 2022 [https://www.nytimes.com/2022/03/13/business/tim-leissner-

roger-ng-goldman-sachs.html].

13. N. Lafond, "Ex-Sinclair News Director: Promos 'Equivalent to a Proof-of-Life Hostage Video,'" *TPM*, April 4, 2018 [https://web.archive.org/web/20220823073109/https://talkingpointsmemo.com/livewire/former-sinclair-news-director-promos-proof-life-hostage-videos].
14. A. Weiss, "Confessions of a Former Sinclair News Director," *Huffington Post*, April 3 2018 [https://www.huffpost.com/entry/opinion-weiss-sinclair-television-propaganda_n_5ac2c6d4e4b09712fec38b95]; E. Stewart, "Watch: Dozens of Local TV Anchors Read the Same Anti-'False News' Script in Unison," *Vox*, April 2, 2018 [https://www.vox.com/policy-and-politics/2018/4/2/17189302/sinclair-broadcast-fake-news-biased-trump-viral-video].
15. M. Hall, "USA Today Wrapped Its Newspaper with a Fake Cover About 'Hybrid Babies' with Antlers to Advertise a New Netflix Show," *Insider*, June 5, 2021 [http://archive.today/2021.06.05-022641/https://www.insider.com/usa-today-fake-cover-hybrid-babies-netflix-show-2021-6].《紐約時報》自己也報導美孚石油購買專欄版廣編稿的行動：W. D. Smith, "Advertising," August 22, 1975 [https://www.nytimes.com/1975/08/22/archives/advertising-mobil-finds-speaking-out-pays-ftc-fuelclaim-bar.html]. 這項研究分析美孚石油從 1985 至 2000 年，在《紐約時報》的社論式廣告的內容：C. Brown and W. Waltzer, "Every Thursday: Advertorials by Mobil Oil on the Op-Ed Page of *The New York Times*," *Public Relations Review* 31 (2005): 197–208 [doi.org/10.1016/j.pubrev.2005.02.019].
16. D. Henriques, *The Wizard of Lies: Bernie Madoff and the Death of Trust* (New York: St. Martin's Griffin, 2017) 中文版《謊言教父馬多夫》，黛安娜·亨利克著，時報出版，2012.01。
17. E. L. Henderson, D. J. Simons, and D. J. Barr, "The Trajectory of Truth: A Longitudinal Study of the Illusory Truth Effect," *Journal of Cognition* 4 (2021): 1–23 [https://doi.org/10.5334/joc.161].
18. 隨著投票日愈來愈接近，勞勃·瑞福飾演的候選人，對於一再重複能討好選民的演說感到厭煩。他前往一場又一場的活動，開始嘲笑自己的競選口號，彷彿精神錯亂："The Candidate 1972 Robert Redford," YouTube [https://www.youtube.com/watch?v=b0Dvqxmj5Ps]. 首度發現虛幻真相效應：L. Hasher, D. Goldstein, and T. Toppino, "Frequency and the Conference of Referential Validity," *Journal of Verbal Learning and Verbal Behavior* 16 (1977): 107–112 [https://doi.org/10.1016/S0022-5371(77)80012-1]. 虛幻真相的相關研究增加：艾瑪・韓德森、薩繆爾・維斯伍德（Samuel Westwood）以及丹尼爾在 2020 年進行一項有系統的文獻研究，結果發現他們檢視的九十三篇論文當中，超過半數是在 2010 至 2019 年間發表。見 E. L. Henderson, S. J. Westwood, and D. J. Simons, "A Reproducible Systematic Map of Research on the Illusory Truth Effect," *Psychonomic Bulletin & Review* 29 (2022): 1065–1088 [https://doi.org/10.3758/s13423-021-01995-w].

19. V. Bergengruen, "How 'America's Frontline Doctors' Sold Access to Bogus COVID-19 Treatments—and Left Patients in the Lurch," *Time* magazine, August 26, 2021 [https://time.com/6092368/americas-frontline-doctors-covid-19-misinformation/]. *Astral Codex Ten* 部落格詳細分析伊維菌素的相關研究："Ivermectin: Much More Than You Wanted to Know," November 16, 2021 [https://astralcodexten.substack.com/p/ivermectin-much-more-than-you-wanted]. 雖然天底下並沒有「即時後設分析」這回事，但傳統的後設分析，是結合一項文獻中所有相關的研究，以量化方法評估一項效應的整體大小。如果評估範圍內的每一項研究都是正確的，那後設分析的結果，即可做為規劃未來研究的依據。但後設分析要是納入錯誤或是造假的研究，那其他研究人員可能就會誤以為，效應比實際上更大。舉個例子，佐藤美洋的造假研究，至今對於相關文獻仍有影響：J. Brainard, "'Zombie Papers' Just Won't Die: Retracted Papers by Notorious Fraudster Still Cited Years Later," *Science*, June 27, 2022 [https://www.science.org/content/article/zombie-papers-wont-die-retracted-papers-notorious-fraudster-still-cited-years-later] 另外一項探討助推效用的後設分析，就是因為納入許多布萊恩・萬辛克所做的有瑕疵的研究，導致得出錯誤的結論，見 S. Mertens, M. Herberz, U. J. J. Hahnel, and T. Brosch, "The Effectiveness of Nudging: A Meta-Analysis of Choice Architecture Interventions Across Behavioral Domains," *Proceedings of the National Academy of Sciences* 119 (2022): e2107346118 [https://doi.org/10.1073/pnas.2107346118]; 請注意，這篇論文在首度發表之後，曾發布重大更正。

20. Theranos 董事會成員的相關資訊，見 J. Carreyrou, *Bad Blood: Secrets and*

Lies in a Silicon Valley Startup (New York: Knopf, 2018) 中文版《惡血：矽谷獨角獸的醫療騙局！深藏血液裡的祕密、謊言與金錢》約翰．凱瑞魯著，商業周刊，2018.09。放空股票的言論，是一位擅長找出該放空的股票的投資人，在一場投資會議上所說。所謂找出該放空的股票，意思是這些企業將名人納入董事會，是想掩蓋企業經營的可疑之處，因此他研判，這些企業的股價將會下跌。董事會成員的研究，見Z. Li and M. Rainville, "Do Military Independent Directors Improve Firm Performance?," *Finance Research Letters* 43 (2021): 101988 [https://doi.org/10.1016/j.frl.2021.101988].

21. 經驗豐富的作者，知道推薦短文是出版業的例行公事之一。作者之間也經常互相幫忙寫推薦短文，彼此拉抬。這也是不可盡信推薦短文的另一個理由。
22. 正面評價、按讚的數量，也深受出現次序影響。如果第一個評價是正面，而非負面，那即使加入數百則新評價，總評價仍然更有可能是高分。即使第一項正面、中立，或負面評價是完全隨機產生，也是如此。L. Muchnik, S. Aral, and S. J. Taylor, "Social Influence Bias: A Randomized Experiment," *Science* 341 (2013): 647–651 [https://doi.org/10.1126/science.1240466].
23. K. Grind, T. McGinty, and S. Krouse, "The Morningstar Mirage," *Wall Street Journal*, October 25, 2017 [https://www.wsj.com/articles/the-morningstar-mirage-1508946687].
24. Akili Interactive 獲得美國食品藥物管理局許可，將其所研發的 EndeavorRx 電玩遊戲，做為治療注意力缺失／過動疾患（attention-deficit/hyperactivity disorder，ADHD）的處方療法。該公司立刻在網站上宣傳，這款遊戲經過「美國食品藥物管理局許可」[https://web.archive.org/web/20220906030421/https://www.akiliinteractive.com/]. 遊戲名稱帶有「Rx」（處方），明確表示這款遊戲是處方藥物，但遊戲的核准程序，並不如處方藥物嚴格。這項產品是經由 De Novo 上市前審查途徑得到許可。De Novo 上市前審查的重點是「呈交給美國食品藥物管理局的數據與資訊，足以證明產品的一般控制機制，或是一般與特殊的控制機制，能充分保證產品的安全性與效用，而且產品的潛在效益，大於潛在風險」："FDA Permits Marketing of First Game-Based Digital Therapeutic to Improve Attention Function in Children with ADHD," US

Food and Drug Administration, June 15, 2020 [https://www.fda.gov/news-events/press-announcements/fda-permits-marketing-first-game-based-digital-therapeutic-improve-attention-function-children-adhd]. 電玩遊戲並不會引發重大風險（只是玩家用於玩遊戲的時間，是有機會成本的）。衡量遊戲效用的客觀證據，是安排研究對象進行類似這款電玩遊戲的注意力實驗室研究，而結果顯示研究對象的注意力確實有所提升。完成一項任務，未來遇到極為類似的任務，通常就會表現得更好，但在真實世界的注意力卻不見得能因此大幅改善，甚至完全沒有改善。

25. T. Abdollah and M. Biesecker, "Hackers Apparently Fooled Clinton Official with Bogus Email," AP News, October 29, 2016. 原始電子郵件載於維基解密 [https://web.archive.org/web/20220919052534/https://wikileaks.org/podesta-emails/emailid/34899].
26. 網路釣魚的英文字 phishing 以「ph」開頭，而不是以釣魚的英文字 fishing 的「f」開頭，也許是因為一種更早出現的駭客攻擊，亦即「電話竊打」（phone phreaking），英文詞是以兩個 ph 開頭的字組成："Phishing," Wikipedia [https://en.wikipedia.org/wiki/Phishing].
27. S. Cain, "Literary Mystery May Finally Be Solved as Man Arrested for Allegedly Stealing Unpublished Books," *Guardian*, January 5, 2022 [https://www.theguardian.com/books/2022/jan/06/literary-mystery-may-finally-be-solved-as-man-arrested-for-allegedly-stealing-unpublished-books].
28. 商務電子郵件詐騙：Federal Bureau of Investigation, "Business Email Compromise" [https://www.fbi.gov/how-we-can-help-you/safety-resources/scams-and-safety/common-scams-and-crimes/business-email-compromise]. 醫療機構員工點選連結：W. J. Gordon et al., "Assessment of Employee Susceptibility to Phishing Attacks at US Health Care Institutions," *JAMA Network Open* 2 (2019): e190393 [https://doi.org/10.1001/jamanetworkopen.2019.0393]; A. Baillon, J. de Bruin, A. Emirmahmutoglu, E. van de Veer, and B. van Dijk, "Informing, Simulating Experience, or Both: A Field Experiment on Phishing Risks," *PLoS ONE* 14 (2019): e0224216 [https://doi.org/10.1371/journal.pone.0224216]. 經歷過一次網路釣魚，或是知道何謂網路釣魚的人，比較不會隨意透露自己的密碼，但研究人員第二次出招，還是有很多人上當。根據網際網路安全公司 DomainTools，於 2017 年針對美國消費者所做的調查，「91% 的受訪者，都知道……假

冒知名品牌的網站或電子郵件的存在」：“Majority of Consumers Aware of Online Phishing Scams, Yet Still May Fall Victim This Cyber Monday,” November 8, 2017 [https://www.prnewswire.com/news-releases/majority-of-consumers-aware-of-online-phishing-scams-yet-still-may-fall-victim-this-cyber-monday-300551430.html].

29. “Parliament of Suckers,” *Spy*, February 1993, 46–47, 51.
30. A. D. Sokal, “Transgressing the Boundaries: Toward a Transformative Hermeneutics of Quantum Gravity,” *Social Text* 46/47 (1996): 217–252 [https://doi.org/10.2307/466856]. 根據 Google Scholar 資料庫（2022 年 9 月 12 日資料），索卡爾的惡作劇論文，引用次數將近兩千次，在《社會文本》的論文引用次數排行榜上高居第五名。亦見 A. Sokal, “A Physicist Experiments with Cultural Studies,” *Lingua Franca* 6 (1996): 62–64.
31. 位於澳洲荷巴特的新舊藝術博物館，於 2019 年舉辦 Gorillas in Our Midst 展覽。展覽手冊收錄了一篇我們寫的文章，裡面談到厄尼斯特·馬利的事件。那次展覽也展出澳洲知名畫家西德尼·諾蘭（Sydney Nolan）所畫的「馬利畫作」。
32. “‘Angry Penguins’ Will Be Angrier,” *Mail* (Adelaide, SA), June 24, 1944 [https://trove.nla.gov.au/newspaper/article/55882811]. 史都華與麥考利也表示，他們編造馬利的背景故事，花費的時間比創作馬利的「詩作」還多。馬利的「詩作」載於 *Jacket* 雜誌 [http://jacketmagazine.com/17/ern-poems.html].
33. W. James, *The Principles of Psychology* (1890; 再版 , Cambridge, MA: Harvard University Press, 1983), 1007.
34. 改變工作場合：D. Epstein, “A Technique Championed by Russian Writers (and Fraggles) Can Give You a New Perspective,” *Range Widely*, November 16, 2021 [https://davidepstein.bulletin.com/308221507559816/].
35. 羅伯托探討喬氏超市案例：“Should America Be Run by . . .Trader Joe’s?,” *Freakonomics* Podcast, November 28, 2018 [https://freakonomics.com/podcast/should-america-be-run-by-trader-joes/]). 亦見 D. L. Ager and M. A. Roberto, “Trader Joe’s,” Harvard Business School Case 714-419, September 2013 (April 2014 修訂).
36. 亦可參考獨立網站，例如 ISideWith [https://www.isidewith.com/political-

quiz]、Britannica ProCon [https://www.procon.org/] 以及 Pew Research 的政治傾向測驗 [https://www.pewresearch.org/politics/quiz/political-typology/]. 這些網站以相對客觀，更為資料導向的機制，依據你對於各項議題的意見，分析你應該會支持的候選人或政黨。

37. M. Lewis, *Moneyball: The Art of Winning an Unfair Game* (New York: W. W. Norton, 2003) 中文版《魔球：逆境中致勝的智慧》，麥可・路易士著，早安財經，2014.09。其他運動分析工具的例子：Stephen Shea, "Analytics and Shot Selection," ShotTracker [https://shottracker.com/articles/analytics-shot-selection]; Next Gen Stats Analytics Team, "Introducing the Next Gen Stats Decision Guide: A New Analytics Tool for Fourth Down, Two-Point Conversions," NFL.com, September 7, 2021 [https://www.nfl.com/news/introducing-the-next-gen-stats-decision-guide-a-new-analytics-tool-for-fourth-do].

07　精準：以正確的標準衡量

1. Ivory 肥皂的廣告片之一："Ivory Soap—99 44/100 Pure—As Real as Ivory—Commercial—1988," YouTube [https://www.youtube.com/watch?v=t5FJfmOy4Ro].
2. A. Orben, and A. K. Przybylski, "The Association Between Adolescent Well-Being and Digital Technology Use," *Nature Human Behaviour* 3 (2019): 173–182 [https://doi.org/10.1038/s41562-018-0506-1]. 這些關聯就只是關聯而已，並不足以構成介入效應的因果關係。舉個例子，有些人可能是因為較為快樂，所以睡眠時間較長，而不是因為睡眠時間較長，所以較為快樂。也有的人可能因為從家庭得到更多關愛，所以比較快樂，而且睡眠品質也較好。較為輕微的使用科技的效應也是如此。認為使用科技會形成危害的人，多半是誤把關聯當成因果關係。
3. 「99.44%，是很多還是很少？」是個好問題，但同樣重要的問題是「究竟是 99.44% 的什麼？」何謂肥皂的「純度」？純度很重要嗎？純度高的肥皂，就是比較好的肥皂嗎？騙子常以精準的數字與言論，引開我們的注意力，我們就不會去思考（據說）衡量得如此精準的標準，究竟值不值得重視。
4. 保羅發言的影片："Viral Moment: Rand Paul Goes Off in epic Rant About

Government Waste," YouTube [https://www.youtube.com/watch?v=jbUOoMtxX9A&t=140s]. 補助這項研究的科學方面的理由，見 "Cocaine and the Sexual Habits of Quail, or, Why Does NIH Fund What It Does?," *The Scicurious Brain*, *Scientific American*, December 28, 2011 [https://blogs.scientificamerican.com/scicurious-brain/cocaine-and-the-sexual-habits-of-quail-or-why-does-nih-fund-what-it-does/].

5. K. Yamagishi, "When a 12.86% Mortality Is More Dangerous Than 21.14%: Implications for Risk Communication," *Applied Cognitive Psychology* 11 (1997): 495–506 [https://doi.org/10.1002/(SICI)1099-0720(199712)11:6<495::AID-ACP481>3.0.CO;2-J].

6. P. Bump, "The Various Dishonesties in Rand Paul's Cocaine-Quail Presentation," *Washington Post*, May 28, 2021 [https://www.washingtonpost.com/politics/2021/05/28/various-dishonesties-rand-pauls-cocaine-quail-presentation/]. 保羅的資料顯然是向湯姆・柯本（Tom Coburn）參議員抄來的。這項研究補助還在進行的期間，柯本曾用這份資料嘲諷政府浪費經費。柯本於 2012 年寫下經費的金額三十五萬六千九百三十三美元，再於金額數字右上方標注注腳「140」。不曉得是保羅本人還是他的幕僚，顯然在使用柯本的舊資料製作海報時，誤把注腳當成小數。這個版本的海報，出現在保羅於 2021 年 5 月 29 日演說的〇分四十五秒處："Rand Paul's half an hour rant on wasteful government programs," YouTube [https://www.youtube.com/watch?v=DsNDd29azGU&t=45s]. 這份海報顯然與他在 2018 年 2 月展示的是同一版本。

7. 這一段的某些文字，修訂自 C. F. Chabris and D. J. Simons, "Obama and the Oil Spill: In the Abstract," *Huffington Post*, November 17, 2011 [https://www.huffpost.com/entry/obama-and-the-oil-spill-i_b_619595].

8. T. Erikson, *Surrounded by Idiots: The Four Types of Human Behaviour* (London: Vermilion, 2019) 中文版《拆解人性的四色溝通術：瑞典行為教練教你駕馭職場、團隊與人際交流》，湯瑪斯・埃里克森著，商業周刊，2020.01; D. J. Pittenger, "Cautionary Comments Regarding the Myers-Briggs Type Indicator," *Consulting Psychology Journal: Practice and Research* 57 (2005): 210–221 [https://doi.org/10.1037/1065-9293.57.3.210].

9. 見 M. Thomas, D. H. Simon, and V. Kadiyali, "The Price Precision Effect: Evidence from Laboratory and Market Data," *Marketing Science* 29 (2010):

175–190 [doi.org/10.1287/mksc.1090.0512] 研究五。同樣道理，人們估計量化的事實時，一開始拿到的若是較為接近整數的數字（更多個位數為零的數字），估計出的數字就會更偏離一開始拿到的數字：C. Janiszewski and D. Uy, "Precision of the Anchor Influences the Amount of Adjustment," *Psychological Science* 19 (2008): 121–127 [https://doi.org/10.1111/j.1467-9280.2008.02057.x].

10. 三・六侖琴事件：S. Plokhy, *Chernobyl: The History of a Nuclear Catastrophe* (New York: Basic Books, 2018), 107–113. 核能電廠反應爐核心熔毀，會產生一大塊爐心熔融物（corium）。爐心熔融物大約過了一週，就會凝固成重達十一噸的一大塊放射性物質，稱為「象腳」（elephant's foot）。根據高登伯格（David Goldenberg）的報導，象腳一開始的放射性，是每小時超過一萬侖琴，足以讓靠近的人在幾分鐘內喪命。即使在十五年後，象腳的放射性仍舊高達每小時八百侖琴以上。見 D. Goldenberg, "The Famous Photo of Chernobyl's Most Dangerous Radioactive Material Was a Selfie," *Atlas Obscura*, January 24, 2016 [https://www.atlasobscura.com/articles/elephants-foot-chernobyl].

11. 英國政府統計錯誤的報導：L. Kelion and R. Cuffe, "Covid: Test Error 'Should Never Have Happened'—Hancock," BBC News, October 5, 2020 [https://www.bbc.com/news/uk-54422505]. 請注意，新冠病毒檢測陽性者，確實得知自己的檢測結果，但報表有誤，就代表數以萬計的密切接觸者並不知道自己曾接觸確診者。使用較舊的系統，而系統當初設計的容量或限制太小，不敷使用，或是要修改的成本太高，就特別容易發生這種問題。所謂的千禧蟲（Y2K bug），是舊軟體顯示的年分數字只有兩位數，而非四位數的問題。僅僅是美國的政府機關與私營機構，就耗費大約一千億美元處理此問題。見 R. Chandrasekaran, "Y2K Repair Bill: $100 Billion," *Washington Post*, November 18, 1999 [https://www.washingtonpost.com/wp-srv/WPcap/1999-11/18/077r-111899-idx.html]. 格羅斯科夫（Chris Groskopf）發表了非常實用的指南，告訴大家看見資料集出現哪些警訊，就代表可能有這種問題。見 C. Groskopf, "The Quartz Guide to Bad Data," *Quartz*, December 15, 2015 [https://qz.com/572338/the-quartz-guide-to-bad-data/]; 最新版本見 Github [https://github.com/Quartz/bad-data-guide].

12. B. L. Fredrickson and M. F. Losada, "Positive Affect and the Complex

Dynamics of Human Flourishing," *American Psychologist* 60 (2005): 678–686 https://doi.org/10.1037/0003-066X.60.7.678]; 這篇論文的引用次數已超過三千七百次。

13. 我們的計算：如果總共有三十一萬兩千一百零五個經驗，其中二十三萬兩千一百零五為正面經驗，八萬為負面經驗，那正面經驗與負面經驗的比率為二・九〇一三。如果八萬個負面經驗的其中之一轉為正面，那比率就會變成二・九〇一三六，四捨五入為二・九〇一四。因此為了要得知「正確」的比率是二・九〇一三，而非二・九〇一四，就必須正確衡量、分類數十萬個經驗。
14. 馬斯克於 2022 年 5 月 13 日於推特發文 [https://twitter.com/elonmusk/status/1525291586669531137]; "Twitter Announces First Quarter 2022 Results," April 28, 2022 [https://s22.q4cdn.com/826641620/files/doc_financials/2022/q1/Final-Q1%e2%80%9922-earnings-release.pdf].
15. 馬斯克提出的調查推特有多少機器人帳號的方法，還有另外幾個問題。他建議從 @twitter 帳號的追蹤者取樣，但這樣的樣本，並不見得能代表所有的推特用戶。例如我們兩人現在就都沒有追蹤 @twitter，也不知道機器人追蹤這個帳號的機率，是高於還是低於人類。第二，他建議略過追蹤 @twitter 的第一至第一千個帳號，後面的帳號，則是每逢第十個就檢查。但即使略過最早追蹤的一千個帳號，他的樣本仍然會偏重最早開始使用推特的人。而且以固定間隔取樣，也不算是隨機取樣。最後，他建議其他人按照他的方法調查，再互相比較結果。原則上，獨立調查的結果若是與你自己調查的結果相同，那絕對是好事。但完全照著馬斯克的方法做，那可不叫獨立調查！其他人若能發明與他不同，但同樣有效的獨立研究方法，而不是全都仿效他，還比較有可能達成馬斯克的目標。馬斯克想判斷行為類似人類的一大群實體的本質，也就是要在社會科學做到精確，但有時並不如表面上看起來那麼容易。
16. M. Losada, "The Complex Dynamics of High Performance Teams," *Mathematical and Computer Modelling* 30 (1999): 179–192 [https://doi.org/10.1016/S0895-7177 (99)00189-2]. N. J. L. Brown, A. D. Sokal, and H. L. Friedman, "The Complex Dynamics of Wishful Thinking: The Critical Positivity Ratio," *American Psychologist* 68 (2013): 801–813 [https://doi.org/10.1037/a0032850]. 這篇文章闡述洛沙達如何誤用羅倫茲（Lorenz）的方程式。

17. 弗雷德里克森的更正啟事，於 2013 年刊載於《美國心理學家》（*American Psychologist*）[https://doi.org/10.1037/0003-066X.60.7.678]. 雖然論文摘要的最後一句，是以有瑕疵的模型做為前提，但論文的其他部分並未被撤回，作者也並未自行收回。
18. 這裡的代表性問題，與馬斯克想抓出推特上的機器人帳號，所面臨的代表性問題是一樣的。但馬斯克的樣本只有一百個帳號，遠不足以代表所有的推特使用者。
19. 民調機構甚至能從同樣的民調數據歸納出不同結論。包括 FiveThirtyEight 在內的網站，對照各民調機構的預測結果，發現某些民調的結果一再偏向共和黨，而其他民調則是偏向民主黨。對於有能力進行民調的民調機構而言，這種系統性的差異，通常是來自加權方法的假設。民調機構當然也可以改變他們的加權演算法，而且不見得會公開他們的假設與程序。
20. A. Gelman, S. Goel, D. Rivers, and D. Rothschild, "The Mythical Swing Voter," *Quarterly Journal of Political Science* 11 (2016): 103–130 [https://doi.org/10.1561/100.00015031].《紐約時報》評論 Daybreak 民調：N. Cohn, "How One 19-Year-Old Illinois Man Is Distorting National Polling Averages," *New York Times*, October 12, 2016 [https://www.nytimes.com/2016/10/13/upshot/how-one-19-year-old-illinois-man-is-distorting-national-polling-averages.html].《洛杉磯時報》的回應，雖然標題有駁斥的意思，但內容或多或少坦承有問題：D. Lauter, "No, One 19-Year-Old Trump Supporter Probably Isn't Distorting the Polling Averages All by Himself," *Los Angeles Times*, October 13, 2016 [https://www.latimes.com/politics/la-na-pol-daybreak-poll-questions-20161013-snap-story.html].
21. 諷刺的是，Daybreak 民調呈現的川普與希拉蕊・柯林頓的整體支持度，竟然比其他許多民調正確。（停擺的時鐘雖然一天只會準兩次，但始終是精確的！）不過因為會有人分析這些民調，想研究哪些子群支持哪一位候選人，所以這些數字若是不正確，後果還是很嚴重。
22. 關於科學研究的望遠鏡隱喻的討論，見 U. Simonsohn, "Small Telescopes: Detectability and the Evaluation of Replication Results," *Psychological Science* 26 (2015): 559–569 [https://doi.org/10.1177/0956797614567341].
23. J. Simmons, "MTurk vs. the Lab: Either Way We Need Big Samples," *Data Colada*, April 4, 2014 [http://datacolada.org/18].

24. 兩位總教練對於 2022 年 5 月 8 日連賽兩場棒球賽的第一場的評論：“Chris Woodward Jabs at Gleyber Torres' Walk-Off HR, Calls Yankee Stadium 'A Little League Ballpark,'" ESPN, May 9, 2022 [https://www.espn.com/mlb/story/_/id/33886269/chris-woodward-jabs-gleyber-torres-walk-hr-calls-yankee-stadium-little-league-ballpark].
25. 再加上四捨五入，那就需要至少六十七座棒球場（66/67 = 0.98507，四捨五入為0.99）。見J. Heathers, "The GRIM Test—a Method for Evaluating Published Research," *Medium*, May 23, 2016 [https://jamesheathers.medium.com/the-grim-test-a-method-for-evaluating-published-research-9a4e5f05e870]; N. J. L. Brown and J. A. J. Heathers, "The GRIM Test: A Simple Technique Detects Numerous Anomalies in the Reporting of Results in Psychology," *Social Psychological and Personality Science* 8 (2017): 363–369 [https://doi.org/10.1177/1948550616673876].
26. 尼克・布朗與我們對談時，大致說明了這項概念：不到一百人的樣本，可能出現的小數點後兩位數字的組合數量，就是樣本的人數。所以二十九人以一至七分，為自己的快樂程度評分，就會產生二十九種有效的小數點後兩位的數字組合（以及七十一種無效的組合）。
27. 僅憑 GRIM 檢測，不足以斷定一位研究人員造假。不過一篇文章要是有許多 GRIM 錯誤，文章結論的效力恐怕要打折扣。如果研究人員粗心大意到寫錯了許多數字，那我們也很難相信研究過程會有多嚴謹。舉個例子，布朗與同僚范德澤（Tim van der Zee）、阿納亞（Jordan Anaya）也在前康乃爾大學教授布萊恩・萬辛克的論文中，找出不少 GRIM 錯誤。我們先前也提到過萬辛克。萬辛克在其中一篇出現 GRIM 錯誤的論文中，安排十個人以一至九分的評分量表，衡量他們吃了三片比薩之後，身體不舒服的程度。他得到的平均分數是 2.25，表面上看來合理（精準到小數點後二位耶！），但十個整數評分的平均值，小數點後的第二位數一定是零。可能是 2.20，或是 2.30，但不可能是 2.25。萬辛克發表的數據過於精準，反而不可能為真。同一篇論文的許多數值也是如此。見 T. van der Zee, J. Anaya, and N. J. L. Brown, "Statistical Heartburn: An Attempt to Digest Four Pizza Publications from the Cornell Food and Brand Lab," *BMC Nutrition* 3 (2017): 54 [https://doi.org/10.1186/s40795-017-0167-x]; N. Brown, "Strange Patterns in Some Results from the Food and Brand Lab," *Nick Brown's Blog*, March 22, 2017 [http://steamtraen.

blogspot.com/2017/03/strange-patterns-in-some-results-from.html].

28. 美國運輸部「國內公路、橋梁、運輸現況：狀態與績效」報告可在網路上找到 [https://www.transit.dot.gov/research-innovation/status-nations-highways-bridges-and-transit-condition-and-performance]. 桑奎斯特的分析：E. Sundquist, "New Travel Demand Projections Are Due from U.S. DOT: Will They Be Accurate this Time?," State Smart Transportation Initiative, December 16, 2013 [https://ssti.us/2013/12/16/new-travel-demand-projections-are-due-from-u-s-dot-will-they-be-accurate-this-time/]. 更多相關討論：A. Gelman, "The Commissar for Traffic Presents the Latest Five-Year Plan," *Statistical Modeling, Causal Inference, and Social Science*, January 21, 2014 [https://statmodeling.stat.columbia.edu/2014/01/21/commissar-traffic-presents-latest-five-year-plan/]; C. Williams-Derry, "Traffic Forecast Follies: The US DOT Refuses to Learn from Recent Travel Trends," Sightline Institute, December 23, 2013 [https://www.sightline.org/2013/12/23/traffic-forecast-follies/].

29. 維基百科記載之過往世界紀錄："Women's 100 Metres World Record Progression" [https://en.wikipedia.org/wiki/Women%27s_100_metres_world_record_progression]; "Men's 100 Metres World Record Progression" [https://en.wikipedia.org/wiki/Men%27s_100_metres_world_record_progression]. 請注意，計時精確度與跑速均有進步。賽跑完成時間的預測：A. Tatem et al., "Momentous Sprint at the 2156 Olympics?," *Nature* 431 (2004): 525 [https://doi.org/10.1038/431525a]. 這篇文章並沒有提到最符合這些數據的線性方程式，但可以從文章裡的某些預測時間，看出每年平均進步幅度。原始文章有一則評論，提到推斷至 2636 年的情形：K. Rice, "Sprint Research Runs into a Credibility Gap," *Nature* 432 (2004): 147 [https://doi.org/10.1038/432147b]. 這種推斷錯誤，在運動領域似乎很常見。較為新近的一篇探討鐵人三項完成時間紀錄的文章，依據 1987 年至今的七項紀錄，建構了一個線性模型。文章接下來提到「將這條直線延伸下去，就會發現依照現今的趨勢，在 2049 年會出現一位在七小時內完成鐵人三項的鐵人。」當然，如果你循著同樣的線性趨勢推斷下去，就能預測到了 2494 年，會有人還沒出發，就已完成鐵人三項。見 A. Hutchinson, "The Science Says a Sub-Seven-Hour Ironman Is (Sort of) Possible," *Triathlete*, May 30, 2022 [https://www.triathlete.com/training/the-

science-says-a-sub-seven-hour-ironman-is-sort-of-possible/].

30. M. Yglesias, "The Trump Administration's 'Cubic Model' of Coronavirus Deaths, Explained," *Vox*, May 8, 2020 [https://www.vox.com/2020/5/8/21250641/kevin-hassett-cubic-model-smoothing].
31. 哈塞特在與人合著的一本於 1999 年出版的書中，也預測道瓊工業平均指數到了 2004 年，會達到三萬六千點。會這樣預測，也許並非巧合：J. K. Glassman and K. L. Hassett, *Dow 36,000: The New Strategy for Profiting from the Coming Rise in the Stock Market* (New York: Three Rivers Press, 1999). 結果道瓊工業平均指數是在 2021 年，才升上三萬六千點。這是很精準，卻完全不正確的預測的絕佳例子。
32. 依　據 "Trends in Number of COVID-19 Cases and Deaths in the US Reported to CDC, by State/Territory," COVID Tracker, Centers for Disease Control and Prevention [https://covid.cdc.gov/covid-data-tracker/#trends_dailydeaths].
33. 丹尼爾寫了一篇文章，詳細分析伊利諾大學厄巴納－香檳校區一開始的新冠疫情因應策略："Fall 2020 Covid Summary," dansimons.com, December 8, 2020 [http://dansimons.com/Covid/fall2020summary.html]. 註冊的入學人數約為三萬三千五百人，但那個學期有不少學生遠距上課，因為大多數的課程都採用線上教學。因此在那個學期，校區的大學生人數可能介於兩萬至兩萬五千人之間。關於伊利諾大學預測的討論："COVID-19 Briefing Series: Data Modeling," YouTube [https://www.youtube.com/watch?v=VmwK9tyNe8A&t=1734s].
34. 製作模型的學者，依據大學生遵守防疫措施的程度，以及檢測延遲的各種初始假設，提出多種可能的預測。但這些細節，只在伊利諾大學首席模型學者高登菲爾德（Nigel Goldenfeld）所做的簡報影片中簡短提及，"COVID-19 Briefing Series: Data Modeling," YouTube [https://www.youtube.com/watch?v=VmwK9tyNe8A&t=1840]，校方後來也沒再提起。高登菲爾德在簡報中，提出一張複雜的圖表。若是正確解讀，就會發現預測的結果是七百個確診案例。依據這張圖表，一個確診案例通報延遲一天，就會導致模型預測伊利諾大學那年秋季學期的確診案例，為將近四千例。模型顯然沒問題，但伊利諾大學只大肆宣傳一項預測：提出不具代表性的結果，宣稱這就是預期的最糟狀況，而且也沒有表示實際結果可能有所不同。

08　效力：當心「蝴蝶效應」

1. C. Flanagan, "Caroline Calloway Isn't a Scammer," *Atlantic*, September 27, 2019 [https://www.theatlantic.com/ideas/archive/2019/09/i-get-caroline-calloway/598918/]. 維基百科的卡羅琳・卡洛威條目，含有其背景與言論的詳細資料："Caroline Calloway" [https://en.wikipedia.org/wiki/Caroline_Calloway]. 請注意，精油的英文 essential oils 的 essential 字面上是「重要」的意思，但在此處，並不是「對健康很重要」的意思，而只是代表精油源自植物的「香精」（essence），也就是香氣。我們覺得幾十年來，可能已有很多人被「essential」誤導，以為精油產品對人類的健康非常重要。也許將精油的名稱改為「香氛油」（odoriferous oils），就能解決這個問題。
2. T. Hsu, "A Century After Phony Flu Ads, Companies Hype Dubious Covid Cures," *New York Times*, December 24, 2020 [https://www.nytimes.com/2020/12/24/business/media/dubious-covid-cures.html]. 1918 年流感疫情期間，報紙及其他媒體刊登了許多此類療法的廣告：M. M. Phillips and D. Cole, "Coronavirus Advice Is Everywhere. It Was the Same with Spanish Flu," *Wall Street Journal*, January 22, 2021 [https://www.wsj.com/story/coronavirus-advice-is-everywhere-it-was-the-same-with-the-spanish-flu-6a25d0d4]. 即使到了現在，許多備受尊崇的醫療機構以及專業醫療人員，仍然提供或推薦沒有充足科學根據，生理機制也不詳的療法。
3. 有些品種的蛇，例如中國使用的水蛇，生產的蛇油具有高濃度 omega-3 脂肪酸，對人體健康有益。響尾蛇油的 omega-3 脂肪酸含量顯然少得多。見 R. A. Kunin, "Snake Oil," *Western Journal of Medicine* 151 (1989): 208 [https://www.ncbi.nlm.nih.gov/pmc/articles/PMC1026931/pdf/westjmed00120-0094a.pdf].
4. 見 "Questions and Answers on Dietary Supplements," US Food and Drug Administration [https://www.fda.gov/food/information-consumers-using-dietary-supplements/questions-and-answers-dietary-supplements]. 由於某些人遊說成功，因此 1994 年頒布的美國《膳食補充劑健康與教育法》（Dietary Supplement Health and Education Act），明令禁止美國食品藥物管理局將補充劑當成藥品管理。因此，補充劑製造商在產品上市之前，無須向美國食品藥物管理局證明他們的產品安全有效。

5. 克拉克・史丹利相關資料來源："Clark Stanley," Wikipedia [https://en.wikipedia.org/wiki/Clark_Stanley]; "Clark Stanley's Snake Oil Liniment," Smithsonian Institution [https://americanhistory.si.edu/collections/search/object/nmah_1298331]; L. Gandhi, "A History of 'Snake Oil Salesmen,'" NPR, August 26, 2013 [https://www.npr.org/sections/codeswitch/2013/08/26/215761377/a-history-of-snake-oil-salesmen].
6. 美國聯邦貿易委員會宣布對 Lumos Labs [https://www.ftc.gov/system/files/documents/cases/160105lumoslabsstip.pdf], [https://www.ftc.gov/news-events/news/press-releases/2016/01/lumosity-pay-2-million-settle-ftc-deceptive-advertising-charges-its-brain-training-program]、Carrot Neurotechnology [https://www.ftc.gov/system/files/documents/cases/160223carrotneurodo.pdf]，以及 LearningRx [https://www.ftc.gov/system/files/documents/cases/160518learningrxorder.pdf], [https://www.ftc.gov/system/files/documents/cases/160518learningrxcmpt.pdf], [https://www.ftc.gov/news-events/news/press-releases/2016/05/marketers-one-one-brain-training-programs-settle-ftc-charges-claims-about-ability-treat-severe] 處以罰款。
7. 很多人未經思考就相信的錯誤觀念，是我們有「未發揮的潛能」（見《為什麼你沒看見大猩猩？：教你擺脫六大錯覺的操縱》第六章），亦即我們只要發揮那些隱藏在大腦的潛能，就能「立刻變聰明」。很多誇大介入效果的言論，就是利用這種錯誤觀念。有一種普遍的迷思，是「我們只使用了 10% 的大腦」。這種迷思也是很多人堅信我們有「未發揮的潛能」的主因。若真是如此，想想我們只要「發揮」尚未利用的潛能，就能有多大的成就。很多人受到這種迷思影響，所以很容易被不實的大腦訓練廣告欺騙。某些科學家大概也是受到迷思誤導，才以為自己發現了蝴蝶效應，例如只要聽十分鐘的莫札特音樂，智商就會變高八至九分（並不會），或是擺幾分鐘的「力量姿勢」，睪固酮數值就會改變，「人生的結果」也會不同（並不會）。我們與同僚合作，在 2016 年檢視各大大腦訓練公司引用的每一項研究，發現大多數都有嚴重瑕疵，無法提供有力證據：D. J. Simons et al., "Do 'Brain-Training' Programs Work?," *Psychological Science in the Public Interest* 17 (2016): 103–186 [https://doi.org/10.1177/1529100616661983].
8. 麥爾坎・葛拉威爾 2000 年的著作《引爆趨勢：小改變如何引發大流

行》，也許是史上最暢銷的社會科學書籍。這本書英文原版的副書名，是「How Little Things Can Make a Big Difference」（小小的事物如何能引發大大的不同）(Boston: Little, Brown, 2000)。

9. D. Kahneman, *Thinking, Fast and Slow* (New York: Farrar, Straus and Giroux, 2011) 中文版《快思慢想》，康納曼著，天下文化，2012.10。
10. 馬克白夫人效應：S. Schnall, J. Benton, and S. Harvey, "With a Clean Conscience: Cleanliness Reduces the Severity of Moral Judgments," *Psychological Science* 19 (2008): 1219–1222 [https://doi.org/10.1111%2Fj.1467-9280.2008.02227.x]. 以眼睛為主題的照片：M. Bateson, D. Nettle, and G. Roberts, "Cues of Being Watched Enhance Cooperation in a Real-World Setting," *Biology Letters* 2 (2006): 412–414 [https://doi.org/10.1098/rsbl.2006.0509]. 高齡促發：J. A. Bargh, M. Chen, and L. Burrows, "Automaticity of Social Behavior: Direct Effects of Trait Construct and Stereotype Activation on Action," *Journal of Personality and Social Psychology* 71 (1996): 230–244 [https://doi.org/10.1037/0022-3514.71.2.230].
11. 複製高齡促發研究失敗：S. Doyen, O. Klein, C. L. Pichon, and A. Cleeremans, "Behavioral Priming: It's All in the Mind, but Whose Mind?," *PLoS ONE* 7 (2012): e29081 [https://doi.org/10.1371/journal.pone.0029081]. 康納曼寫的信，以及史瓦茲的回應：E. Yong, "Nobel Laureate Challenges Psychologists to Clean Up Their Act," *Nature* 490 (2012): 7418 [https://doi.org/10.1038/nature.2012.11535].
12. J. Bargh, *Before You Know It: The Unconscious Reasons We Do What We Do* (New York: Simon and Schuster, 2017) 中文版《為什麼我們會這麼想、那樣做？：耶魯心理學權威揭開你不能不知道的「無意識」法則》，約翰・巴吉著，平安文化，2018.03。烏立克・司馬克細細檢視巴吉在這本書提及的各項研究所揭露的證據：U. Schimmack, "'Before You Know It' by John A. Bargh: A Quantitative Book Review," Replicability-Index, November 28, 2017 [https://replicationindex.com/2017/11/28/bargh-book/]. 亦見 I. Shalev and J. A. Bargh, "Use of Priming-Based Interventions to Facilitate Psychological Health: Commentary on Kazdin and Blase (2011)," *Perspectives on Psychological Science* 6 (2011): 488–492 [https://doi.org/10.1177/1745691611416993].

13. 康納曼的引文：U. Schimmack, M. Heene, and K. Kesavan, "Reconstruction of a Train Wreck: How Priming Research Went Off the Rails," Replicability-Index, February 2, 2017 [https://replicationindex.com/2017/02/02/reconstruction-of-a-train-wreck-how-priming-research-went-of-the-rails/comment-page-1/#comment-1454]. 對於複製研究的評論：J. Mitchell, *On the Evidentiary Emptiness of Failed Replications,* July 1, 2014 [https://web.archive.org/web/20220415162317/https://jasonmitchell.fas.harvard.edu/Papers/Mitchell_failed_science_2014.pdf]; W. Stroebe and F. Strack, "The Alleged Crisis and the Illusion of Exact Replication," *Perspectives on Psychological Science* 9 (2014): 59–71 [https://doi.org/10.1177/1745691613514450]. 丹尼爾發文回應這些言論：D. J. Simons, "The Value of Direct Replication," *Perspectives on Psychological Science* 9 (2014): 76–80 [https://doi.org/10.1177/1745691613514755].
14. 我們也注意到，巴吉與同僚在 1996 年發表的原始論文中，提及分別進行的兩次高齡促發試驗，所得結果是出奇的一致。在兩次試驗中，受到促發的研究對象，從實驗室走到電梯所用的時間，幾乎一模一樣。而沒有受到促發，也就是沒有看見關於高齡字詞的研究對象，在兩次試驗走到電梯所用的時間，幾乎正好都比另一組少一秒。
15. C. F. Chabris, P. R. Heck, J. Mandart, D. J. Benjamin, and D. J. Simons, "No Evidence That Experiencing Physical Warmth Promotes Interpersonal Warmth: Two Failures to Replicate Williams and Bargh (2008)," *Social Psychology* 50 (2019): 127–132 [https://doi.org/10.1027/1864-9335/a000361]. 另一個獨立團隊想複製熱敷袋研究，結果也是失敗收場：D. Lynott et al., "Replication of 'Experiencing Physical Warmth Promotes Interpersonal Warmth' by Williams and Bargh (2008)," *Social Psychology* 45 (2014): 216–222 [https://doi.org/10.1027/1864-9335/a000187].
16. 丹尼爾擔任編輯的幾項大型複製研究計畫：M. O'Donnell et al., "Registered Replication Report: Dijksterhuis and van Knippenberg (1998)," *Perspectives on Psychological Science* 13 (2018): 268–294 [https://doi.org/10.1177/1745691618755704]; R. J. McCarthy et al., "Registered Replication Report on Srull and Wyer (1979)," *Advances in Methods and Practices in Psychological Science* 1 (2018): 321–336 [https://doi.org/10.1177/2515245918777487]; B. Verschuere et al., "Registered

Replication Report on Mazar, Amir, and Ariely (2008)," *Advances in Methods and Practices in Psychological Science* 1 (2018): 299–317 [https://doi.org/10.1177/2515245918781032]. 斯魯爾與懷爾的研究：T. K. Srull and R. S. Wyer, "The Role of Category Accessibility in the Interpretation of Information About Persons: Some Determinants and Implications," *Journal of Personality and Social Psychology* 37 (1979): 1660–1672 [https://doi.org/10.1037/0022-3514.37.10.1660]. 這項研究率先採用字詞造句做為促發手段，再評估研究對象對於虛構人物的看法，以此衡量促發效應。這種促發手段，成為後來的研究採用的標準方法之一。這項研究的第二作者羅伯特．懷爾對丹尼爾說，原始的統計數據可能有一處誤植，但目前不得而知是怎樣的錯誤，才能得出如此強大到不可思議的效應。可惜的是，那篇原始期刊論文的眾位審查人員與編輯，以及絕大多數在自己論文引用這項研究的成千上萬作者，並未察覺這項研究發現的效應強大到誇張的地步。諷刺的是，在一項依據斯魯爾與懷爾的研究所進行的複製研究，第二次測試不但仍未發現原本預期的促發效應，還出現與原始研究的結果相反，且微幅相差〇．〇八的結果。

17. 司馬克的二次分析：U. Schimmack, "Reconstruction of a Train Wreck: How Priming Research Went Off the Rails," Replicability-Index, February 2, 2017 [https://replicationindex.com/2017/02/02/reconstruction-of-a-train-wreck-how-priming-research-went-of-the-rails/]. 這幾項研究依循這個研究領域大約在 1980 至 2010 年的普遍做法，測試的研究對象人數往往很少，而且多半還會選擇性分析研究結果。「馬克白夫人效應」原始研究：S. Schnall, J. Benton, and S. Harvey, "With a Clean Conscience: Cleanliness Reduces the Severity of Moral Judgments," *Psychological Science* 19 (2008): 1219–1222 [https://doi.org/10.1111%2Fj.1467-9280.2008.02227.x]. 複製研究：F. Cheung and M. B. Donnellan, "Does Cleanliness Influence Moral Judgments? A Direct Replication of Schnall, Benton, and Harvey (2008)," *Social Psychology* 45 (2014): 209–215 [https://doi.org/10.1027/1864-9335/a000186]. 原始「《十誡》」研究：N. Mazar, O. Amir, and D. Ariely, "The Dishonesty of Honest People: A Theory of Self-Concept Maintenance," *Journal of Marketing Research* 45 (2008): 633–644 [https://doi.org/10.1509/jmkr.45.6.633]. 複製研究：B. Verschuere et al., "Registered Replication Report on Mazar, Amir, and Ariely

(2008)," *Advances in Methods and Practices in Psychological Science* 1 (2018): 299–317 [https://doi.org/10.1177/2515245918781032]. 金錢圖像促發效應的原始研究：K. D. Vohs, N. L. Mead, and M. R. Goode, "The Psychological Consequences of Money," *Science* 314 (2006): 1154–1156 [https://doi.org/10.1126/science.1132491]; E. M. Caruso, K. D. Vohs, B. Baxter, and A. Waytz, "Mere Exposure to Money Increases Endorsement of Free-Market Systems and Social Inequality," *Journal of Experimental Psychology: General* 142 (2013): 301–306 [https://doi.org/10.1037/a0029288]. 探討這項效應的幾篇論文的作者之一，所主持的複製研究：E. M. Caruso, O. Shapira, and J. F. Landy, "Show Me the Money: A Systematic Exploration of Manipulations, Moderators, and Mechanisms of Priming Effects," *Psychological Science* 28 (2017): 1148–1159 [https://doi.org/10.1177/0956797617706161].

18. 康納曼的回應內容，是發表於 Replicability-Index 的一則評論 [https://replicationindex.com/2017/02/02/reconstruction-of-a-train-wreck-how-priming-research-went-of-the-rails/comment-page-1/#comment-1454]. A. Tversky and D. Kahneman, "Belief in the Law of Small Numbers," *Psychological Bulletin* 76 (1971): 105–110 [https://doi.org/10.1037/h0031322].
19. J. Berger, M. Meredith, and S. C. Wheeler, "Contextual Priming: Where People Vote Affects How They Vote," *Proceedings of the National Academy of Sciences* 105 (2008): 8846–8849 [https://doi.org/10.1073/pnas.0711988105]. 這篇論文率先發表的研究結果，是亞利桑納州補助學校的公民投票投下贊成票的機率，分配到學校投票的真實選民，比在教堂投票的選民高出 2%（56% 的贊成票，相對於 54% 的贊成票）。在這項促發研究，研究對象必須檢視包含或不包含學校照片的圖像，然後再針對補助學校的公投案，「投票」表示贊成或反對。溫度促發與慈善捐款的研究，是依據拿著溫熱物品，與在第二項試驗所展現的利社會行為之間的關聯的大小判斷（相關性 r = .28）：L. E. Williams and J. A. Bargh, "Experiencing Physical Warmth Promotes Interpersonal Warmth," *Science* 322 (2008): 606–607 [https://doi.org/10.1126/science.1162548]. 所得高低與向世俗慈善機構捐獻的關聯（r = .23），來自這項針對一千八百名美國人的研究：N. G. Choi and D. M. DiNitto, "Predictors of Time Volunteering, Religious Giving, and Secular Giving: Implications for

Nonprofit Organizations," *Journal of Sociology and Social Welfare* 39 (2012): 93–120 [https://heinonline.org/HOL/LandingPage?handle=hein.journals/jrlsasw39&div=19&id=&page]. 將這兩個數字開平方，得出可解釋變異百分比：(.28)^2 = .0784 以及 (.23)^2 = .0529。再計算這兩者的比率 .0784/.0529 = 1.482，即算出差異為 48.2%。

20. D. P. Green and A. S. Gerber, *Get Out the Vote!*, 3rd ed. (Washington, DC: Brookings Institution Press, 2015) 附錄 A–C。
21. C. J. Bryan, G. M. Walton, T. Rogers, and C. S. Dweck, "Motivating Voter Turnout by Invoking the Self," *Proceedings of the National Academy of Sciences* 108 (2011): 12653–12656 [https://doi.org/10.1073/pnas.1103343108].
22. 投票率數據是依據公開紀錄計算。在美國的許多州，公開紀錄只會揭露哪些選民前來投票，並不會顯示他們投票給哪一位候選人。我們以粗體字強調問題的遣詞用字（「投票」以及「做個投票者」），以凸顯兩者之間的細微差異。
23. A. S. Gerber, G. A. Huber, D. R. Biggers, and D. J. Hendry, "A Field Experiment Shows That Subtle Linguistic Cues Might Not Affect Voter Behavior," *Proceedings of the National Academy of Sciences* 113 (2016): 7112–7117 [https://doi.org/10.1073/pnas.1513727113].
24. 動詞時態的原始研究：W. Hart and D. Albarracín, "Learning About What Others Were Doing: Verb Aspect and Attributions of Mundane and Criminal Intent for Past Actions," *Psychological Science* 22 (2011): 261–266 [https://doi.org/10.1177/0956797610395393]. 失敗的複製研究：A. Eerland et al., "Registered Replication Report: Hart and Albarracín (2011)," *Perspectives on Psychological Science* 11 (2016): 158–171 [https://doi.org/10.1177/1745691615605826]. 注意：不能僅因為原始研究發現的效應過於強大，或是無法複製，就認定研究必然是造假，或者涉及不端行為。學術刊物通常較為青睞重大發現，因此偶然發現的極為強大的效應，通常得以刊出，而偶然發現的過於微弱的效應，則多半不受期刊青睞。研究總難免受到偶然性影響，有時即使研究人員正規行事，也難免會有意外的發現。
25. G. M. Walton and G. L. Cohen, "A Brief Social-Belonging Intervention Improves Academic and Health Outcomes of Minority Students," *Science*

331 (2011): 1447–1451 [https://doi.org/10.1126/science.1198364]; G. D. Borman, J. Pyne, C. S. Rozek, and A. Schmidt, "A Replicable Identity-Based Intervention Reduces the Black-White Suspension Gap at Scale," *American Educational Research Journal* 59 (2022): 284–314 [https://doi.org/10.3102/00028312211042251].

26. 這些介入要是真如其所宣稱的那樣有效，學校就不必一再汰舊換新，彷彿緊緊跟隨最新時尚一樣。關於這些研究，以及這些研究的問題的討論，見 E. Yong, "A Worrying Trend for Psychology's 'Simple Little Tricks,'" *Atlantic*, September 9, 2016 [https://www.theatlantic.com/science/archive/2016/09/can-simple-tricks-mobilise-voters-and-help-students/499109/].

27. 原始研究：C. Green and D. Bavelier, "Action Video Game Modifies Visual Selective Attention," *Nature* 423 (2003): 534–537 [https://doi.org/10.1038/nature01647]. TED 演講：[https://www.ted.com/talks/daphne_bavelier_your_brain_on_video_games]. 後設分析：G. Sala, K. S. Tatlidil, and F. Gobet, "Video Game Training Does Not Enhance Cognitive Ability: A Comprehensive Meta-Analytic Investigation," *Psychological Bulletin* 144 (2018): 111–139 [https://psycnet.apa.org/doi/10.1037/bul0000139]; J. Hilgard, G. Sala, W. R. Boot, and D. J. Simons, "Overestimation of Action-Game Training Effects: Publication Bias and Salami Slicing," *Collabra: Psychology* 5 (2019) [https://doi.org/10.1525/collabra.231].

28. 原始研究：D. R. Carney, A. J. Cuddy, and A. J. Yap, "Power Posing: Brief Nonverbal Displays Affect Neuroendocrine Levels and Risk Tolerance," *Psychological Science* 21 (2010): 1363–1368. TED 演講：Amy Cuddy, "Your Body Language May Shape Who You Are," YouTube, October 1, 2012 [https://www.ted.com/talks/amy_cuddy_your_body_language_may_shape_who_you_are]. 失敗的複製研究：E. Ranehill, A. Dreber, M. Johannesson, S. Leiberg, S. Sul, and R. A. Weber, "Assessing the Robustness of Power Posing: No Effect on Hormones and Risk Tolerance in a Large Sample of Men and Women," *Psychological Science* 33 (2015): 1–4 [https://doi.org/10.1177/0956797614553946]. 這項研究的第一作者卡尼（Dana Carney）發表的聲明："My Position on 'Power Poses'" [https://faculty.haas.berkeley.edu/dana_carney/pdf_my%20position%20on%20power%20poses.pdf].

29. 先前研究的總結：C. S. Dweck, "Motivational Processes Affecting Learning," *American Psychologist* 41 (1986): 1040–1048 [https://doi.org/10.1037/0003-066X.41.10.1040]. 書：C. S. Dweck, *Mindset: The New Psychology of Success* (New York: Random House, 2006) 中文版《心態致勝：全新成功心理學》，卡蘿・杜維克著，天下文化，2017.03。TED 演講：Carol Dweck, "The Power of Believing That You Can Improve," YouTube, December 17, 2014 [https://www.ted.com/talks/carol_dweck_the_power_of_believing_that_you_can_improve]. 史都華・利奇的討論：S. Ritchie, "How Growth Mindset Shrank," *Science Fictions*, October 11, 2022 [https://stuartritchie.substack.com/p/growth-mindset-decline]; S. Ritchie, *Science Fictions: How Fraud, Bias, Negligence, and Hype Undermine the Search for Truth* (New York: Metropolitan Books, 2020) 中文版《科學的假象：造假、偏見、疏忽與炒作，如何阻礙我們追尋事實》，史都華・利奇著，貓頭鷹出版，2023.11。後設分析：B. N. Macnamara and A. P. Burgoyne, "Do Growth Mindset Interventions Impact Students' Academic Achievement? A Systematic Review and Meta-Analysis with Recommendations for Best Practices," *Psychological Bulletin* (2022), 線上預行出版論文 [https://doi.org/10.1037/bul0000352].
30. 關於將選項個別逐一評估，以及將所有選項集中在一起比較之間的差異的分析，見 M. H. Bazerman, D. A. Moore, A. E. Tenbrunsel, K. A. Wade-Benzoni, and S. Blount, "Explaining How Preferences Change Across Joint Versus Separate Evaluation," *Journal of Economic Behavior and Organization* 39 (1999): 41–58 [https://doi.org/10.1016/s0167-2681(99)00025-6].
31. 我們在這篇文章探討「電腦與網際網路工具，會導致認知能力衰減」的恐慌心態：C. F. Chabris and D. J. Simons, "Digital Alarmists Are Wrong," *Los Angeles Times*, July 25, 2010 [https://www.latimes.com/archives/la-xpm-2010-jul-25-la-oe-chabris-computers-brain-20100725-story.html]. 就連高尚的填字遊戲，也曾遭到《紐約時報》於 1924 年發表社論譴責。該社論指出「天底下沒有一種比填字遊戲更糟糕的活動」。然而到了二十一世紀，《紐約時報》卻必須仰仗填字遊戲，才能吸引大半讀者。在柏拉圖的《費德羅篇》（*Phaedrus*），蘇格拉底駁斥「書面資訊『優於相同資訊的相關知識與記憶』」的觀念。見 N. Carr, *The Shallows: What the*

Internet Is Doing to Our Brains (New York: W. W. Norton, 2010), 54–55. 中文版《網路讓我們變笨？：數位科技正在改變我們的大腦、思考與閱讀行為》，卡爾著，貓頭鷹出版，2019.10; N. Carr, "Is Google Making Us Stoopid?," *Atlantic*, July 1, 2008 [https://www.theatlantic.com/magazine/archive/2008/07/is-google-making-us-stupid/306868/]（在雜誌封面，「變笨」的英文字拼法為「stoopid」）。

32. 探討「大腦訓練」效益的研究也是如此。這類研究幾乎全都在衡量研究對象在任意的電腦化實驗室作業的表現。但幾乎沒有一項探討大腦訓練的真實效益與成本。見 D. J. Simons et al., "Do 'Brain-Training' Programs Work?," *Psychological Science in the Public Interest* 17 (2016): 103–186 [https://doi.org/10.1177%2F1529100616661983].
33. J. Hilgard, "Maximal Positive Controls: A Method for Estimating the Largest Plausible Effect Size," *Journal of Experimental Social Psychology* 93 (2021): 104082 [https://doi.org/10.1016/j.jesp.2020.104082]. 希爾嘉重新檢視的原始研究：Y. Hasan, L. Bègue, M. Scharkow, and B. J. Bushman, "The More You Play, the More Aggressive You Become: A Long-Term Experimental Study of Cumulative Violent Video Game Effects on Hostile Expectations and Aggressive Behavior," *Journal of Experimental Social Psychology* 49 (2013): 224–227 [https://doi.org/10.1016/j.jesp.2012.10.016]. 這篇論文的資深作者布希曼（Brad Bushman），是研究攻擊行為的知名學者。根據「撤稿觀察」資料庫，截至 2022 年 9 月，他有三篇論文被撤回。一篇是因為一稿多投，另一篇是因為一位學生的不端行為，還有一篇是數據有問題，且研究結果無法複製。
34. 將實際表現，與理想表現或最大表現予以比較，也能揪出我們先前討論的一致性過高的問題。希爾嘉在一篇相關的論文，重新檢視另一項探討攻擊行為的研究。在這項研究，衡量攻擊行為的標準，是研究對象倒給另一位研究對象食用的辣醬量。在這項研究，以反派身分玩電玩遊戲的研究對象，比起以英雄身分玩電玩遊戲的研究對象，平均而言倒出的辣醬量多出許多。但每一位反派身分的研究對象，倒出的辣醬量幾乎一樣多（每一位英雄身分的研究對象也是如此）。在不使用吸量管的情況下，要倒出同樣多的辣醬量，並不容易。希爾嘉重做辣醬試驗，但這次的研究對象並沒有先玩電玩遊戲。他只是先倒出一些辣醬，再請每一位研究對象倒出跟他一樣多的辣醬。結果研究對象辦不到。他們倒出的辣醬量的差異，甚至比攻擊行為研究的對象所倒出的還多！原始研究之所以能發現巨大的效應，是因為研究對象過於一致的離奇表現。J. Hilgard, "Comment on Yoon and Vargas (2014): An Implausibly Large Effect from Implausibly Invariant Data," *Psychological Science* 30 (2019): 1099–1102 [https://doi.org/10.1177/0956797618815434].

35. "Perceptions of Science in America," American Academy of Arts and Sciences, 2018 [https://www.amacad.org/sites/default/files/publication/downloads/PFoS-Perceptions-Science-America.pdf]; C. Funk, M. Heffernon, B. Kennedy, and C. Johnson, "Trust and Mistrust in Americans' Views of Scientific Experts," Pew Research Center, August 2, 2019 [https://www.pewresearch.org/science/2019/08/02/trust-and-mistrust-in-americans-views-of-scientific-experts/].

結論　人生難免有當傻瓜的時候

1. H. G. Frankfurt, *On Bullshit* (Princeton, NJ: Princeton University Press, 2005) 中文版《放屁！名利雙收的詭話》，哈里・法蘭克福著，時報出版，2019.08。原版於 1985 年發表於 *Raritan Review* [http://www2.csudh.edu/ccauthen/576f12/frankfurt__harry_-on_bullshit.pdf].
2. G. Pennycook, J. A. Cheyne, N. Barr, D. J. Koehler, and J. A. Fugelsang, "On the Reception and Detection of Pseudo-Profound Bullshit," *Judgment and Decision Making* 10 (2015): 549–563 [http://journal.sjdm.org/15/15923a/jdm15923a.pdf]. 這項研究使用的喬普拉主義句子產生器，是 "Wisdom of Chopra" [http://wisdomofchopra.com/] 以及 "New Age Bullshit Generator" [http://sebpearce.com/bullshit/].
3. D. J. Simons and C. F. Chabris, "What People Believe About How Memory Works: A Representative Survey of the US Population," *PLoS ONE* 6 (2011): e22757 [https://doi.org/10.1371/journal.pone.0022757]; D. J. Simons and C. F. Chabris, "Common (Mis)Beliefs About Memory: A Replication and Comparison of Telephone and Mechanical Turk Survey Methods," *PLoS ONE* 7 (2012): e51876 [https://doi.org/10.1371/journal.pone.0051876].
4. 下列文章曾質疑道格・布魯斯故事的真實性與完整性：D. Segal, "A Trip down Memory Lane: Did Doug Bruce Forget It All, or Just the Boring

Truth?," *Washington Post*, March 22, 2006 [https://www.washingtonpost.com/archive/lifestyle/2006/03/22/a-trip-down-memory-lane-span-classbankheaddid-doug-bruce-forget-it-all-or-just-the-boring-truthspan/f5b3d8da-7aa3-4f7f-a3a8-3b6077433f7f/]; R. Ebert, "Is This Documentary a Fake?," RogerEbert.com, February 19, 2006 [https://www.rogerebert.com/roger-ebert/is-this-documentary-a-fake]; M. Dargis, "Mysteries, If Not Sunshine, of Another Spotless Mind," *New York Times*, February 24, 2006 [https://www.nytimes.com/2006/02/24/movies/mysteries-if-not-sunshine-of-another-spotless-mind.html].

5. T. Drew, M. L. H. Võ, and J. M. Wolfe, "The Invisible Gorilla Strikes Again: Sustained Inattentional Blindness in Expert Observers," *Psychological Science* 24 (2013): 1848–1853 [https://doi.org/10.1177%2F0956797613479386].
6. G. Marcus, "Horse Rides Astronaut," *The Road to AI We Can Trust*, May 28, 2022 [https://garymarcus.substack.com/p/horse-rides-astronaut]. 馬庫斯表示，這類模型並不能真正「理解」物體之間的關係，所以你給出的新奇提示，若是與模型訓練所用的資料有重大差異，模型就有可能生成非常愚蠢的結果。舉個例子，馬庫斯表示，Imagen 模型得到「馬騎太空人」的提示，生成的卻是太空人騎馬的影像。其實模型就是將「人咬狗」的說法倒過來，因為人咬狗的說法不（常）出現在模型的訓練資料。2019 年之前的人工智慧的局限，以及實際表現與炒作之間的差距，詳見 G. Marcus and E. Davis, *Rebooting AI: Building Artificial Intelligence We Can Trust* (New York: Pantheon, 2019) 第一章。炒作模型在有限的文字處理作業表現逐漸進步的經典案例，是關於中國科技公司阿里巴巴的新聞稿的一篇報導：A. Cuthbertson, "Robots Can Now Read Better Than Humans, Putting Millions of Jobs at Risk," *Newsweek*, January 15, 2018 [https://www.newsweek.com/robots-can-now-read-better-humans-putting-millions-jobs-risk-781393]. 勒穆安（Blake Lemoine）宣稱 Google 的 LaMDA 已有知覺，相關討論：N. Tiku, "The Google Engineer Who Thinks the Company's AI Has Come to Life," *Washington Post*, June 11, 2022 [https://www.washingtonpost.com/technology/2022/06/11/google-ai-lamda-blake-lemoine/]. 蓋瑞・馬庫斯的回應，對於 LaMDA 功能的說明較為透澈，「它是預測哪些字詞最符合已知的上下文，努力做個最佳版本的自動完成而已。」："Nonsense on Stilts," *The Road to AI We Can*

Trust [https://garymarcus.substack.com/p/nonsense-on-stilts]. 有些人同樣被 1970 年代的聊天機器人先驅 ELIZA 所騙。ELIZA 能假扮心理治療師，聽見「我與母親關係不睦」之類的話，就會說出「多跟我說說你的母親」之類的遁詞。發明 ELIZA 的維森鮑姆（Joseph Weizenbaum）感到很意外，竟有那麼多人將聊天機器人的玩笑話當真，而且與之互動，還投入真感情。他說：「我真想不到……完全正常的人，與一個很簡單的電腦程式接觸那樣短暫，竟然就會有如此嚴重的妄想。」見 J. Weizenbaum, *Computer Power and Human Reason: From Judgment to Calculation* (San Francisco: W. H. Freeman, 1976), 7. ELIZA 詳細資訊，以及 ELIZA 與人類對話的螢幕截圖，見維基百科 "ELIZA" 條目 [https://en.wikipedia.org/wiki/ELIZA].

7. 姆博特上尉的受害者：M. Zuckoff, "The Perfect Mark," *New Yorker*, May 15, 2006 [https://www.newyorker.com/magazine/2006/05/15/the-perfect-mark]. 預付費用詐騙不法所得："Advance-Fee Fraud Scams Rise Dramatically in 2009," Ultrascan AGI [https://ultrascan-agi.com/Advance-fee%20Fraud%20Scams%20Rise%20Dramatically%20in%202009.html]. 根據較為新近的估計，這些騙局至今每年的不法獲利，仍高達七十萬美元以上：M. Leonhardt, "'Nigerian Prince' Email Scams Still Rake in over $700,000 a Year—Here's How to Protect Yourself," CNBC, April 18, 2019 [https://www.cnbc.com/2019/04/18/nigerian-prince-scams-still-rake-in-over-700000-dollars-a-year.html]. 我們寫過一篇文章探討「奈及利亞詐騙」：C. Chabris and D. Simons, "Why We Should Scam the Scammers," *Wall Street Journal*, August 3, 2012 [https://www.wsj.com/articles/SB10000872396390443931404577548813973954518]; 這一段的某些文字，是改寫自這篇文章。大多數的騙子並未落網，也未被起訴，但還是有一名美國人因在「奈及利亞親王」詐騙案協助洗錢，在 2017 年以涉及兩百六十九項聯邦罪嫌，而遭到起訴。更諷刺的是，這名美國男子顯然是陷入來自奈及利亞的騙子所設計的假戀愛騙局，才會幫忙洗錢，將詐騙所得轉給兩名騙子。見 B. Warren, "'Nigerian Prince' and Online Romance Scams Raked in at Least $250,000, Slidell Police Say," NOLA.com, January 2, 2018 [https://www.nola.com/news/northshore/article_f7f6f13d-6d5a-55de-99c8-1a3f48b46a40.html]; C. Caron, "Louisiana Man Charged in 'Nigerian Prince' Scheme." *New York Times*, December 31, 2017 [https://www.nytimes.

com/2017/12/31/us/nigerian-prince-fraud.html]; L. Vaas, "Your Nigerian Prince Is a 67 Year Old from Louisiana," *Naked Security*, January 3, 2018 [https://nakedsecurity.sophos.com/2018/01/03/your-nigerian-prince-is-a-67-year-old-from-louisiana/]. 近年來出現在荷蘭的一種預付費用詐騙，則是訴諸民族主義情結：如果你是荷蘭的「主權公民」，那政府已經為你設置了一百五十萬歐元的信託基金。要領取信託基金，第一步就是支付一百歐元，加入一家俱樂部：A. Kouwenhoven and W. Heck, "Separated from the Netherlands, with 1.5 Million Euros Added," NRC, April 21, 2022 [https://www.nrc.nl/nieuws/2022/04/21/losgemaakt-van-nederland-met-15-miljoen-euro-toe-a4116891].

8. C. Herley, "Why Do Nigerian Scammers Say They Are from Nigeria?," *Proceedings of the Workshop on Information Security*, Berlin, June 25–26, 2012 [https://www.microsoft.com/en-us/research/wp-content/uploads/2016/02/WhyFromNigeria.pdf].

9. G. B. Trudeau, *Doonesbury*, January 27, 1985 [https://www.gocomics.com/doonesbury/1985/01/27].

10. 拉尼埃爾詐欺、共謀詐欺、性販運、性販運未遂、共謀性販運、共謀強迫勞動、共謀電信詐騙罪名成立，被判處一百二十年有期徒刑 [https://www.justice.gov/usao-edny/pr/nxivm-leader-keith-raniere-sentenced-120-years-prison-racketeering-and-sex-trafficking]. NXIVM 一案的詳細介紹，包括 HBO2020 至 2022 年的紀錄片影集 *The Vow* [https://www.hbo.com/the-vow]、CBC 調查式 Podcast *Uncover* 的第一季（2018 年）[https://www.cbc.ca/radio/uncover]，以及《紐約時報》的多篇文章，首先刊出的是 B. Meier, "Inside a Secretive Group Where Women Are Branded," *New York Times*, October 17, 2017 [https://www.nytimes.com/2017/10/17/nyregion/nxivm-women-branded-albany.html]. 東妮・娜塔莉回顧參與 NXIVM 經歷的回憶錄（與哈丁〔Chet Hardin〕合著），是 *The Program: Inside the Mind of Keith Raniere and the Rise of NXIVM* (New York: Grand Central Publishing, 2019); 她的原話摘自該書第 10 頁。請注意，多層次傳銷組織常被人形容為老鼠會，而老鼠會經常涉及商業詐騙。

11. 也有人以類似的手法，對付在網路上為恐怖組織招兵買馬的組織。也許有朝一日，採用機器學習語言模型的網路機器人，能取代詐騙剋星。打擊詐騙的工作就可以全部交給網路機器人，人類再也不必耗費時間。如果你只聽過騙子經營離奇的騙局，進而得逞的「成功故事」，那你可能會以為這些騙子都是說服大師。有人說，只要給知名詐騙高手吉爾伯特・奇克利一支電話，他就能說服任何人做任何事。但詐騙高手的成功方程式比較重要，也是最容易被忽略的關鍵，是他們不辭勞苦，每聯繫數十位可能上當的對象，才會有一個人真的交出自己的銀子。如果你想加入詐騙業，但才被五人、十人，或是一百人掛電話，就黯然放棄，那顯然你不是這塊料。

12. 這個假設的情境，原型是一家名為 Fine Art Treasures 的公司。這家公司在 2000 年代初，連續幾年每週末在衛星電視台拍賣藝術品。這家公司專營微噴畫作，亦即以噴墨印刷技術製作的限量版畫作。公司推出的廣告宣稱是畫家親簽、完全授權的畫作，但其實多半是大量生產的作品，畫家也並未收到應得的費用。類似的騙局以畢卡索、達利，以及其他二十世紀藝術大師的作品為幌子。這類畫作甚至在郵輪上，賣給志在收藏，或是想開設藝廊的天真買家。有時候買家在下一趟郵輪之旅，看見同樣的畫作又在販售，騙局就會敗露。見 A. M. Amore, *The Art of the Con* (New York: Palgrave Macmillan, 2015). 三人因涉及微噴畫作騙局，在認罪之後遭到判刑：尤班克斯（Kristine Eubanks）、她的丈夫蘇利文（Gerald Sullivan），以及莫布利（James Mobley）[https://www.justice.gov/archive/usao/cac/Pressroom/pr2010/060.html]; [https://www.justice.gov/archive/usao/cac/Pressroom/pr2010/158.html].
13. G. Klein, "Performing a Project Premortem," *Harvard Business Review* 85 (2007): 18–19.
14. H. Schofield, "The Fake French Minister in a Silicone Mask Who Stole Millions," BBC News, June 19, 2019 [https://www.bbc.com/news/world-europe-48510027]; 亦見 *Persona: The French Deception* Podcast.
15. D. Mangan and B. Schwartz, "Jeffrey Epstein 'Misappropriated Vast Sums of Money from Me,' Les Wexner Says," CNBC, August 7, 2019 [https://www.cnbc.com/2019/08/07/jeffrey-epstein-misappropriated-vast-sums-les-wexner-says.html]; G. Sherman, "The Mogul and the Monster: Inside Jeffrey Epstein's Decades-Long Relationship with His Biggest Client," *Vanity Fair*, July–August 2021 [https://www.vanityfair.com/news/2021/06/inside-jeffrey-epsteins-decades-long-relationship-with-his-biggest-client].
16. 布拉戈耶維奇十八項重罪成立，被判處十四年有期徒刑 [https://www.

justice.gov/archive/usao/iln/chicago/2011/pr1207_01.pdf].《伊利諾州官員暨雇員倫理法》簽署：Illinois State Bar Association, "Ethics Corner: Blagojevich Signs Ethics Reform into Law," *Public Servant*, March 2004. 倫理課程的詳細資訊可在網路上找到："Services," Office of Executive Inspector General, Illinois.gov [https://www2.illinois.gov/oeig/ethics/Pages/EthicsTraining.aspx].

17. 「倫理課程能否防範蓄意不當行為」的答案，很顯然是「不能」，至少對於布拉戈耶維奇起不了作用，因為他身為州長，也完成了倫理課程。D. Baron, "Did Indicted Illinois Ex-Governor Skip the Online Ethics Training That He Mandated for All State Employees?," *The Web of Language*, December 10, 2008 [https://blogs.illinois.edu/view/25/5658]. 存心玩弄制度的人，無論是否曾經「受訓」，都會為非作歹。而在州政府員工當中的這些不法之徒，可能會犯下布拉戈耶維奇式的巨額貪腐。如果倫理課程最主要的效益，是少數員工比較不會在工時打卡小小作弊，那這樣的投資顯然不划算。
18. 珍咪・佩卓認罪後，被判處九年有期徒刑 [https://www.justice.gov/usao-ct/pr/former-yale-med-school-employee-who-stole-40-million-electronics-sentenced-9-years-prison].
19. 美國政府關於分拆交易的法令："4.26.13 Structuring," Internal Revenue Service, April 10, 2020 [https://www.irs.gov/irm/part4/irm_04-026-013].
20. L. Tompkins, "To Avoid Quarantining Students, a School District Tries Moving Them Around Every 15 Minutes," *New York Times*, October 20, 2020 [https://www.nytimes.com/2020/10/20/us/billings-schools-montana-covid.html].
21. 自行車運動員服用禁藥，以及藥檢措施的詳細歷史，見 "Doping at the Tour de France," Wikipedia [https://en.wikipedia.org/wiki/Doping_at_the_Tour_de_France].

財經企管 BCB822

為什麼我們會被騙？

破解金錢騙局、假新聞、政治謊言背後的詐騙機制

Nobody's Fool: Why We Get Taken In and What We Can Do about It

國家圖書館出版品預行編目（CIP）資料

為什麼我們會被騙？：破解金錢騙局、假新聞、政治謊言背後的詐騙機制／丹尼爾．西蒙斯（Daniel Simons）、克里斯．查布利斯（Christopher Chabris）作；龐元媛譯. -- 第一版. -- 臺北市：遠見天下文化出版股份有限公司, 2023.12
面； 公分. --（財經企管；BCB822）
譯自：Nobody's fool: why we get taken in and what we can do about it.
ISBN 978-626-355-528-0（平裝）
1. CST：欺騙 2. CST：社會心理學
541.75 112019522

作者 — 丹尼爾．西蒙斯 Daniel Simons
克里斯．查布利斯 Christopher Chabris
譯者 — 龐元媛

總編輯 — 吳佩穎
資深主編暨責任編輯 — 陳怡琳
校對 — 呂佳真
封面設計 — BIANCO TSAI
內頁排版 — 張靜怡、楊仕堯
封面圖片 — iStock / Vectordivider
內頁圖片 — Shutterstock / Uglegorets（p.31, p.32）

出版者 — 遠見天下文化出版股份有限公司
創辦人 — 高希均、王力行
遠見．天下文化 事業群榮譽董事長 — 高希均
遠見．天下文化 事業群董事長 — 王力行
天下文化社長 — 林天來
國際事務開發部兼版權中心總監 — 潘欣
法律顧問 — 理律法律事務所陳長文律師
著作權顧問 — 魏啟翔律師
地址 — 台北市 104 松江路 93 巷 1 號 2 樓

讀者服務專線 — (02) 2662-0012 ｜傳真 — (02) 2662-0007；(02) 2662-0009
電子郵件信箱 — cwpc@cwgv.com.tw
直接郵撥帳號 — 1326703-6 號　遠見天下文化出版股份有限公司

製版廠 — 東豪印刷事業有限公司
印刷廠 — 祥峰印刷事業有限公司
裝訂廠 — 台興印刷裝訂股份有限公司
登記證 — 局版台業字第 2517 號
總經銷 — 大和書報圖書股份有限公司 電話／ (02) 8990-2588
出版日期 — 2023 年 12 月 25 日第一版第 1 次印行

定價 — NT 480 元
ISBN — 978-626-355-528-0
EISBN — 9786263555204（EPUB）；9786263555211（PDF）
書號 — BCB822
天下文化官網 — bookzone.cwgv.com.tw

天下文化

BELIEVE IN READING